W0082965

# Kleines Wörterbuch der frühchristlichen Kunst und Archäologie

Von Heinrich Laag

Mit einem Anhang
altgriechischer Fachwörter
und 100 Abbildungen

Fourier Verlag · Wiesbaden

Überarbeitete und neu illustrierte Ausgabe
des 1959 im Verlag Johannes Stauda, Kassel,
erschienenen »Wörterbuchs der altchristlichen Kunst«

Fourier Verlag GmbH, Wiesbaden
Lizenzausgabe mit freundlicher
Genehmigung der Philipp Reclam
jun. GmbH & Co., Stuttgart
© 1990 Philipp Reclam jun. GmbH & Co., Stuttgart
Einband: Mosaik in der im 5 Jh. gebauten Kirche von
Heptapegon am See Genezareth
Gesamtherstellung:
Graphischer Großbetrieb Pößneck GmbH
ISBN 3-932412-00-1

# Inhalt

# Vorwort zur Erstausgabe

Die altchristliche Kunst, die vor etwa hundert Jahren erst ein eigenes Fachgebiet der Theologie wurde, hat naturgemäß zunächst nur einen kleinen Kreis von Interessierten in ihren Bann gezogen. Durch die bequemen Reisemöglichkeiten in das Mittelmeergebiet sind plötzlich Tausende und Abertausende den altchristlichen Kunstwerken gegenübergestellt, die vor einigen Jahrzehnten noch nichts von ihrem Vorhandensein und ihrem Wert ahnten. Man denke nur etwa an Ravenna! An den Universitäten kann man feststellen, wie der Verfasser selbst in jahrelanger Vorlesungstätigkeit beobachten konnte, daß das Gebiet nicht nur bei Fachstudenten, sondern auch bei Studierenden anderer Fakultäten reges Interesse findet. Und wenn es möglich ist, daß heute laufend in Zeitungen und Zeitschriften Artikel über diesen Gegenstand gebracht werden, so erkennt man hieran neben vielen anderen Anzeichen, wie aufgeschlossen der heutige Mensch für die Kunstwerke der altchristlichen Zeit geworden ist. Greift nun ein Laie zu den einschlägigen Fachbüchern, dann legt er sie oft nach kurzer Zeit resigniert beiseite. Die Fülle von Fachausdrücken erschwert ihm die Lektüre. Die großen Kunstlexika können nur zum Teil auf das spezielle Gebiet der altchristlichen Kunst in ihren Erklärungen eingehen. Dann wird es auch nötig sein, Begriffe der Liturgie und Daten der Kirchengeschichte, die mit ihr in engem Zusammenhang stehen, in gewissem Umfang mit zu berücksichtigen. Hier will unser Lexikon dem Laien helfen.

Aber auch die Fachstudenten haben oft darüber geklagt, daß viele Ausdrücke, die sie suchen, wenn überhaupt, dann nur sehr verstreut in den Lexika zu finden seien. Die Bücher von Otte und Müller (vgl. Literaturhinweise) aus den 80er und 90er Jahren des vorigen Jahrhunderts, die wenigstens bei den eigentlichen Kunstausdrücken eine Hilfe waren, sind längst vergriffen. Unser Lexikon will ein handliches und möglichst umfassendes Nachschlagebuch sein. Dem Fachstudenten soll aber noch eine andere Hilfe gegeben werden. Um das Quellenstudium auf dem Gebiet der altchristlichen Kunst zu ermöglichen, wurde eine große Zahl von Vokabeln aus dem Gebiet der altchristlichen Architektur und Kunst aufgenommen, die man bisher mühsam zusammensuchen mußte. Im Unterschied zu den Ausdrücken, die etymologisch und sachlich erklärt werden, genügt dabei eine einfache Übersetzung.

Während in dem ersten Teil des Lexikons eine möglichst umfassende und geschlossene Zusammenstellung erstrebt wurde, hat sich der Verfasser bei dem griechischen Anhang auf die wichtigsten Ausdrücke beschränkt.

Da die christliche Archäologie weitgehend von der Antike abhängig ist und andererseits in das frühe Mittelalter weist, wird es nicht wundernehmen, daß viele Ausdrücke aus der klassischen Archäologie und aus der Kunstgeschichte des frühen Mittelalters in unserem Buch Aufnahme gefunden haben. Im allgemeinen ist der Zeitraum bis etwa 800 berücksichtigt, da das Wörterbuch auf die altchristliche Kunst beschränkt bleiben soll.

*D. Heinrich Laag*

# Vorwort zur Neuausgabe

Die Revision des »Wörterbuchs der altchristlichen Kunst« für eine auch im Titel veränderte Neuausgabe hat Heinrich Laag (1892–1972), der frühere Direktor des Marburger Universitätsinstituts für Christliche Archäologie, selbst nicht mehr vornehmen können. An seiner Stelle haben kunsthistorisches Lektorat und Redaktion des Reclam Verlags diese Aufgabe übernommen und im Sinne des Verfassers durchzuführen versucht. Das Konzept des Autors, wie es sich implizit in der Anlage des Bandes und in der Fassung der rund 3000 Stichworterläuterungen, dezidiert in der Absichtserklärung seines Vorworts zur Erstausgabe äußert, ist dabei durchaus bewahrt geblieben.

Die Bearbeitung beschränkte sich allerdings nicht auf die Durchsicht und notfalls die formale oder inhaltliche Korrektur des Bestandes. Gegenüber der Erstauflage wurde der Anteil der Stichwörter aus den Bereichen Architektur, Liturgie, Ikonographie und Byzantinische Kunst etwas erhöht. Eine Reihe von Artikeln aus entlegenen, der Christlichen Archäologie und den Kunstwissenschaften sehr entfernten Bereichen schienen uns andererseits entbehrlich. Den Bestand an erläuternden Abbildungen glaubten wir unter didaktischen Gesichtspunkten neu ordnen und zum größten Teil austauschen zu müssen. Schließlich sind die Literaturhinweise aktualisiert und um wichtige Referenzwerke erweitert worden.

*Der Verlag*

# Abkürzungen

Abb. = Abbildung
ägypt. = ägyptisch
arab. = arabisch
armen. = armenisch
byz. = byzantinisch
christl. = christlich
Dan. = Buch Daniel
d. h. = das heißt
dimin. = diminutiv
eigtl. = eigentlich
Ez. = Buch Ezechiel, Hesekiel
f. = Femininum
ff. = folgende
frz. = französisch
Gen. = Genitiv
griech. = griechisch
hebr. = hebräisch
hellenist. = hellenistisch
it. = italienisch
Jes. = Buch Jesaja
Jh. = Jahrhundert
Joh. = Johannes-Evangelium

jüd. = jüdisch
lat. = lateinisch
Lk. = Lukas-Evangelium
m. = Maskulinum
Mt. = Matthäus-Evangelium
n. = Neutrum
n. Chr. = nach Christi Geburt
Offb. = Offenbarung (Johannes)
pl. = Plural
Ps. = Psalm
röm. = römisch
russ. = russisch
sg. = Singular
sog. = sogenannt
syr. = syrisch
u. a. = und andere, unter anderem
urspr. = ursprünglich
usw. = und so weiter
v. a. = vor allem
v. Chr. = vor Christi Geburt
vgl. = vergleiche
z. B. = zum Beispiel

Abgekürzt wird ferner das jeweilige Stichwort im zugehörigen Artikel.

# A

**A** → Alpha und Omega, → Apokalyptische Buchstaben.

**A.,** Abkürzung des Vornamens *Aulus*.

**A,** Abkürzung auf Münzen für *Antiochia* sowie für *Arelas*, *Arelate* (Arles).

**A. A. U. C.,** als Inschrift: *Anno ab urbe condita*, im Jahre nach der Gründung der Stadt (Rom), die nach unserer Zeitrechnung 753 v. Chr. erfolgte.

**Abaculus,** Mosaikstift, Mosaikwürfel.

**Abakus,** zunächst jede rechteckige Tischplatte, dann rechteckige oder quadratische Deckplatte eines Kapitells. Die Seiten sind über dem korinthischen und dem Kompositkapitell oft etwas nach innen gezogen, profiliert oder auch sonst verziert. (Abb. 37, 38, 39, 75.)

**Abamurus,** Futtermauer, Stützmauer.

**Abaton,** heiliger Ort, der entweder gar nicht oder nur von bestimmten Personen betreten werden durfte.

**abbinden,** zugerichtete Holzteile aufrichten und verzapfen.

**Abbreviatur** (lat. *brevis* ›kurz‹), Abkürzung einer Inschrift auf Steinen, Münzen, Siegeln usw.

**Abditorium,** Kasten, im besonderen Reliquienkasten.

**abfasen,** eine Kante abschrägen, etwa an einem Steinpfeiler.

**abfluchten,** Bauteile nach einer bestimmten Linie ausrichten. → Flucht.

**Abgar-Bild.** Nach der im 5. Jh. entstandenen Legende soll der kranke König Abgar von Edessa Christus in einem Brief um Heilung gebeten und von ihm durch einen Boten ein Tuch mit dem Abdruck seines Gesichtes erhalten haben. → Mandilion.

**Ablutio,** Taufe.

**Abrasax** → Abraxas.

**Abraxadabra,** auch **Abrakadabra,** Beschwörungswort bei einzelnen Gnostikern.

**Abraxas,** auch **Abrasax,** Geheimwort der Gnosis, das verschieden ausgelegt wird. Der Zahlenwert der Buchstaben des Wortes ergibt 365. Der Gnostiker Basilides (2. Jh.) rechnete mit 365 Himmelssphären, in denen angeblich der Geist, der Logos und die Engel ihren Ursprung haben. – In der frühchristl. Kunst spricht man auch von Abraxen: Das sind Gemmen, die anscheinend als Amulette galten. Sie hatten auf dem Stein eingeschnitten ein Fabelwesen mit Hahnenkopf und mit zwei Schlangenfüßen, das in der Rechten fast immer eine Peitsche und in der Linken einen Schild trug. – Der Name A. kommt aus der ägyptischen Zauberliteratur.

**Abrenuntiatio** (zu ergänzen: *diaboli*), Absage an den Teufel und sein Werk: liturgischer Akt während der Tauffeier.

**Abseite,** Seitenschiff einer Kirche.

**Absida gradata** = → Ambon, → Subsellien.

**Abside,** Absis → Apsis.

**Absitanum,** goldähnliches Metall.

**Abstersorium,** Handtuch, das der Meßpriester gebraucht.

**Abt** (eigtl. ›Vater‹ [der Mönche]), Vorsteher eines Klosters.

**Abtei,** ein Kloster, dem ein Abt vorsteht.

**Abundantia,** Sinnbild des Überflusses, wird durch eine Frau personifiziert, die ähnlich wie Demeter dargestellt ist, nur daß sie das Füllhorn nach unten wendet.

**Abyssos** (griech. ἄβυσσος ›grundlos‹), Hölle, Totenort, Abgrund, Ort der Teufel und Dämonen.

**Accenthuraria,** Rauchfaß.

**Acclamatio,** auch **Adclamatio. 1.** Zuruf einer großen Menge bei Erscheinen von Kaisern und Würdenträgern, meist mit gleichzeitiger Erhebung der Hand, später auch bei öffentlichem Auftreten der Bischöfe oder während einer Predigt. – **2.** Ermunterung bei Gelagen, die auch als Inschrift auf Trinkgefäßen angebracht wurde, z. B. *Bene tibi,* ›Möge es dir gut gehen!‹. – **3.** Mahnruf bei Denkmalsinschriften, die sich auf das Grab und die Grabesruhe beziehen.

**Accubitalia** (n. pl.), Polster, Kissen.

**Accubitorium,** kleiner oberirdischer Grabbau auf einer → Area. Entspricht der → Cella und dem → Coemeterium.

**Accubitum, Accubitus,** erhöhtes weiches Lager als Stütze für die dahinter liegenden Tischgenossen. Vgl. → Sigma.

**Acerra,** Weihrauchbüchse. Schon frühchristl. Pyxiden (→ Pyxis) wurden gern als A.e benutzt.

**Acetabulum,** Becher, Essigkrug, Gefäß zur Aufbewahrung des Weines neben dem Altar.

**Acetrum,** metallene Urne.

**Achat,** Schmuckstein, eine Quarzart, genannt nach der Fundstelle des Achatesflusses (heute Dirillo) auf Sizilien.

**Acheiropoietos** (griech., ›nicht mit Händen gemacht‹), christl. Bild, v. a. von Christus selbst, das angeblich nicht von Menschenhänden geschaffen, sondern auf wunderbare Weise entstanden ist. Seit der Zeit Justinians wurde der Ausdruck v. a. für das → Abgar-Bild gebraucht. Vgl. → Keramidia, → Mandilion.

**Achse,** architektonische Konstruktionsgerade, längs oder quer verlaufend, auf die alle Bauteile bezogen sind. Die Mittel-A. bildet oft die Symmetrie-A. eines Gebäudes.

**Achsenneigung,** das Abbiegen der Längsachse, etwa in einer Kirche.

**Achteck** → Oktogon.

**Acisculum,** Spitzhammer.

**Acropodium,** Postament einer Statue aus Bronze, Marmor oder anderem Stein.

**Acta martyrum** → Märtyrerakten.

**Acta praeconsularia, Acta praesidialia, Acta judiciaria,** amtliche Gerichtsakten, die auch Christenprozesse behandeln, zum größten Teil verlorengegangen, teilweise auch bei den → Märtyrerakten mitbenutzt.

**Acta sanctorum,** Lebensbeschreibung der Heiligen, speziell das gleichnamige Sammelwerk des Johannes Bollandus u. a. (1643 ff.), das alles

Wissen über das Leben der Heiligen enthält, nach ihren Feiertagen im Kalenderjahr geordnet.

**Actus,** röm. Längenmaß von 35,49 m. Der *A. quadratus* maß 1259,45 m$^2$, der *A. simplex* 41,98 m$^2$. (Alle Angaben sind Durchschnittswerte.)

**Aculeus,** Stift.

**acupictus,** gestickt.

**Acus,** Nadel zum Nähen, Spange zum Befestigen.

**A. D.,** Abkürzung für lat. *Anno Domini,* ›im Jahr des Herrn‹.

**Adamas,** Stahl, Kieselstein.

**Ad aquas Salvias,** angebliche Hinrichtungsstätte des Paulus vor Rom (Abbazia alla Tre Fontane).

**Adclamatio** = → Acclamatio.

**Adiectio** = → Entasis.

**Adiuratio,** das Beschwören (mit Gen.: bei irgend etwas).

**adjustieren,** zurichten, einpassen.

**Adlerpult,** ein Pult, bei dem Adlerflügel die schräge Fläche tragen, auf der das Evange-

lien- oder das Epistelbuch liegt. Entweder befindet es sich auf einem dazugehörigen Gestell oder auf der Brüstung eines Ambon.

**Admasurus,** Tuch.

**Adminiculator,** Armenpfleger, Inhaber eines kirchlichen Amtes.

**Admissio. 1.** Audienz bei einem Fürsten. Die Bittsteller waren dabei in Rangordnung aufgestellt. – **2.** Bezeichnung für eine Zeremonie, wenn Frauen nach der Geburt eines Kindes das erste Mal in der Kirche waren und den Segen empfingen.

**Adoratio,** Anbetung.

**ad sanctos, ad martyres, ante/retro martyres** (lat., ›bei den Heiligen, bei den Märtyrern, vor/hinter den Märtyrern‹), Formeln, die auf frühchristl. Inschriften häufig vorkommen. Betont wird damit, wie wichtig eine Beisetzung in der Nähe eines Heiligen ist.

**Adumbratio,** Linienumriß, Skizze, Scheinbild, Perspektive.

**Adyton, Adytum. 1.** Das Allerheiligste im griech. Tempel, der nur dem Priester zugängliche Raum der → Cella (Abb. 88). – **2.** Der Altarraum hinter den → Cancelli, der auf Grund des Beschlusses des Konzils von Laodicea 343/344 nur den Geistlichen vorbehalten wurde. Vgl. → Presbyterium, → Apsis, → Sacrarium, → Sanctuarium.

**Aedes,** Wohnraum, Tempel.

**Aedes sacra,** Kirchengebäude.

*Abb. 1.* Aedicula.

**Aedicula** (lat., ›Tempelchen‹). – **1.** Kleiner Aufbau im Tempel, der eine Statue enthält. – **2.** In der frühchristl. Kunst v. a. oberirdische Grabkapelle. Die Mumie des Lazarus wird oft in der Ae. gezeigt. – **3.** Viersäuliger Überbau, unter dem der Altar steht. → Ciborium, → Tabernakel. – **4.** Rahmender architektonischer Aufbau um Nischen, Portale, Fenster, Reliefs (Abb. 1).

**Aedil,** hoher röm. Stadtbeamter, zuständig für das Polizei- und Marktwesen, Leiter des Bauamts.

**Aedituus,** Türhüter, niedrigster Rang in der geistlichen Hierarchie.

**Aegyptilla,** Onyxart aus Ägypten.

**Aena,** Kessel aus Bronze.

**Aenigma,** zunächst Rätsel, dann Münze, speziell das geprägte Bild derselben.

**Aenophoron** = → Lagena.

**aequicrurius,** gleichschenklig.

**aequilibris,** waagerecht, horizontal.

**Aerarium,** Depot für öffentliche Gelder, Staatskasse.

**Aeratophron** = → Lagena.

**Aeruga,** Patinaüberzug auf alten Bronzen.

**Aetheria,** spanische oder südfranzösische Pilgerin im Heili-

gen Land, um 400. Ihre Reise-
beschreibung trägt den Titel
→ Peregrinatio Sanctae Silviae.

**Affusio,** das Übergießen mit
Wasser bei der Taufe.

**Agape,** frühchristl. Liebes-
mahlzeit, oft in den Häusern
von Begüterten gehalten, zur
Erinnerung an das Mahl des
Herrn; es ist umstritten, ob sie
mit der → Eucharistie in Verbindung stand.

**Agellus,** kleines Stück Land
für Beerdigungszwecke.

**Agenda** (n. pl.), Ritualbü-
cher.

**Agnus Dei** (lat., ›Lamm Gottes‹). – **1.** Auf Grund von
Joh. 1,29 wird Christus in der
Kunst häufig als Lamm dargestellt. Das Lamm ist dann meistens gekennzeichnet durch
sein → Monogramm, einen
Nimbus oder ein Kreuz. – **2.**
Runde Wachsscheibe mit einem Aufdruck des Lammes.
Sie wurde aus einer Wachs-
masse unter Beimischung von
geweihtem Öl hergestellt.
Sehr unterschiedliche Ver-
wendungszwecke. Im 9. Jh.
schon in Rom bekannt.

**Agora,** Marktplatz, städti-
sches Zentrum.

**Agraffe** (lat. *agrappa, agripe-
rius*), eine verzierte Spange,
eine Schließe, die ein Gewand
(Mantel) zusammenhalten
soll. Vgl. → Fibula.

**Agrimensor,** Feldmesser.

**Aguamanile** = → Aquamanile.

*Abb. 2.* Akanthus.

**Akanthus,** distelartige Pflanze aus dem Mittelmeergebiet.
Ihre Blätter werden stilisiert

als Ornament u. a. des korinthischen und des Kompositkapitells verwendet (Abb. 2, 39, 41, 78). → Kapitell.

**Akklamation** → Acclamatio.

**Akoluth** (von griech. *ἀκόλουθος* ›Diener‹), **Akolyth,** ein Kirchendiener, der in der Reihe der → Ordines minores an viertunterster Stelle rangierte. Er war der persönliche Gehilfe des Bischofs. Im Orient ist dieses Amt unbekannt.

**Akoluthenleuchter,** auch **Cereostatae,** Handleuchter, der mit brennenden Kerzen dem Meßpriester von den → Akoluthen vorangetragen und auf dem Fußboden vor dem Altar niedergesetzt wurde.

**Akrogoniaios,** Stein am äußersten Winkel, etwa der unterste Eckstein eines Gebäudes.

**Akropolis** (griech., ›Hochstadt‹), der Burgberg einer Stadt.

**Akrostichon,** Gedicht, bei dem die Anfangsbuchstaben der Verszeilen ein Wort oder bei dem die Anfangsworte oder auch nur Silben einen Satz bilden. Bei einem alphabetischen A. ergeben die Anfangsbuchstaben das Alphabet.

**Akroterie, Akroter. 1.** Verzierung der Giebelecken (**Eck-A.**) und der Giebelspitzen (**Mittel-A.**) des antiken Tempels mit aufstrebendem Ornament, auch in Gestalt von Tieren, Fabelwesen und Menschen (Abb. 89). – **2.** Erhöhte Eckverzierung am Grabrelief, v. a. an den Sarkophagdeckeln.

**AL,** Abkürzung auf Münzen für *Alexandria.*

**Ala,** schmales Seitengemach im röm. Haus, das nach dem Atrium hin offen ist.

**Alabandena** → Gemma Alabandena.

**Alabaster,** ein feinkörniger, kohlensaurer Kalk. Bei geringer Dicke ist er durchscheinend und eignet sich daher gut für Fenster. Gebrannter A. wird als eine Art Gips benutzt. Es wurden aus ihm Lampen, Vasen, Wandverkleidungen hergestellt. Der Name kommt von der altägypt. Stadt Alabastron.

**Alabastron,** beutelförmiges, schlankes Salbfläschchen ohne Fuß und Henkel (Abb. 97).

**Alba** (zu ergänzen: *vestis*, ›weißes Gewand‹). – **1.** Ein anderer Ausdruck für die *Talartunika* (→ Tunika) wegen der weißen Farbe. Im Mittelalter hat der Name A. den anderen völlig verdrängt, als sie ein liturgisches Gewand wurde, ein bodenlanges, hemdartiges Kleidungsstück unter dem Meßgewand (Abb. 19, 70). – **2.** Auch das Kleid, das der Täufling in den ersten Jahrhunderten am Tag der Taufe und an den darauf folgenden Tagen trug, wurde so genannt.

**Albarium, Opus a.,** Stuck als Unterlage für Temperamalerei, dann überhaupt Weißstuckarbeit.

**Albarius,** Stuckarbeiter.

**Albatus. 1.** Neugetaufter, eigtl.: Weißgekleideter; → Alba. – **2.** Mit Stuck überzogen.

**albiceratus,** weißgelb.

**Album.** Im Altertum: öffentlich aufgestellte Gipstafel mit Inschrift. In christl. Zeit wurden auf ihr auch Namen der Kleriker verzeichnet.

**al fresco** (it., ›aufs Frische‹) → Fresko.

**Alicula,** ein für die Zeit Konstantins d. Gr. charakteristischer Schulterkragen mit einer Kapuze, hat den Namen von dem flügelartigen Aussehen (lat. *ala* ›Flügel‹) des Kleidungsstückes. Wurde von Hirten, Jägern und Arbeitern getragen. Nur bei schlechtem

*Abb. 3.* Alicula.

Wetter wurde die Kapuze über den Kopf gezogen. (Abb. 3.) Vgl. → Caracalla maior.

**Allegorie** (in der Kunst). Das Bemühen, das Abstrakte, Unanschauliche, Begriffliche durch Mittel der Kunst verständlich zu machen, indem man es in Personifikationen und Handlungen umsetzt. Das entsprechende griech. Wort ἀλληγορία wird erst seit hellenist. Zeit gebraucht.

**Almar, Almer,** Kurzformen von → Armarium.

**Alpha und Omega,** *A* und *Ω*, der erste und der letzte Buchstabe des griech. Alphabets, bezeichnen Christus, der nach der Offenbarung des Johannes (1,8; 21,6) der Erste und der Letzte ist. (Vgl. → Apokalyptische Buchstaben.)

**al secco** (it., ›aufs Trockene‹), Wandmalerei auf trockenem Putz. Vgl. → Fresko.

**Altar** (spätlat. *altare*), ursprünglich erhöhte Opferstätte. Besteht in der christl. Zeit im allgemeinen aus der → Mensa und dem → Stipes (Unterbau). In frühchristl. Zeit war der Tisch-A. vorherrschend. Seit dem 5. Jh. gehört zu dem A. eine Reliquie. Altäre werden gelegentlich durch ein Ciborium überdacht. Im Laufe der Zeit entsteht ein Unterschied zwischen dem an einem Ort feststehenden A., dem → Altare fixum, und dem

beweglichen → Altare portatile.

**Altarbühne,** armenische Sonderheit: Aufbau von 1 m Höhe etwa, der von einem Ciborium überdeckt ist. Er ist von links und rechts durch Treppenstufen zu erreichen. Die Vorderwand wird häufig verziert. Sie steht an der Stelle der Ikonostasis der Ostkirche.

**Altare,** Altar.

**Altare fixum,** Altar, der an einem Ort unverrückt feststeht.

**Altare portatile** (= **mobile**), leichter, tragbarer Altar, auch **Ara** genannt. Besteht meistens nur aus einer geweihten Altarplatte, die auf einen ungeweihten Altar gelegt werden konnte und diesen damit für die Messe benutzbar machte. Seit dem 6. Jh. nachweisbar.

**Altare quasifixum,** ein fester Altar, der zunächst nicht konsekriert ist, der aber durch das → Portatile für einige Zeit zu einer Meßfeier hergerichtet werden kann.

**Altargrab,** auf Grund von Offb. Joh. 6,9 geschaffen, wo es heißt: »sah ich unter dem

Altar die Seelen derer, die hingerichtet worden waren um des Wortes Gottes willen und um des Zeugnisses willen, das sie festhielten.« Man unterscheidet: **1.** *Bodengrab:* In diesem Fall befindet sich der Leichnam oder die Reliquie unter dem Altar. – **2.** *Stipesgrab:* Die Reliquie ist dann im → Stipes untergebracht. – **3.** *Mensagrab:* Hier ist die Reliquie in der Mitte der Platte (Mensa) eingelassen und durch einen Stein (→ Sigillum) verschlossen. Vgl. → Sepulcrum.

**Altarium. 1.** Altarraum in der Kirche. – **2.** Altartuch: Die christl. Altäre wurden wahrscheinlich schon von Anfang an mit Tüchern bedeckt.

**Altitudo parietum,** Dachfirst.

**Alveus,** Kannelur einer Säule oder eines Pilasters.

**Ama** = → Amula.

**Ambitus. 1.** Befugnis, um einen Bau herumzugehen. – **2.** Der freie Platz, der um die Basilika gelegt und häufig mit einer Mauer umgeben war. – **3.** Atriumumgang. – **4.** Kreuzgang im Kloster. – **5.** Nischen im Columbarium.

**Ambitus stillicidiorum,** Ablauf der Dachtraufen.

**Ambon, Ambo** (griech. *ἀναβαίνειν* ›hinaufsteigen‹), ein erhöhtes Podium, von dem in frühchristl. Zeit Lektionen verlesen und auch wohl die Predigten gehalten wurden. Bei zwei A.en diente der südliche (im Blick auf den Altar: rechte) der Verlesung der Epistel, der nördliche (linke) der des Evangeliums. Bei den A.en, die wahrscheinlich seit dem 4. Jh. gebraucht wurden, unterscheidet man *Gradus ascensionis* und *descensionis* (Stufen zum Hinauf- und Heruntersteigen). Das Podest des A. kann rund, viereckig oder polygonal sein. Der A. wurde bisweilen auch von Sängern benutzt.

**Ambonaltar,** Altar, der unter dem Ambon errichtet ist, wobei dieser für den Altar dann eine Art Ciborium bildete.

**Ambonciborium,** Überdeckung eines Ambon.

**Ambulatorium** = → Imbulus.

**Amethyst,** violetter Schmuckstein, erwähnt in Offb. Joh. 21,20 als Schmuck des 12. Fundaments der Stadtmauern des himmlischen Jerusalem.

**Amikt, Amictus** (lat. *amicire* ›umgeben‹), auch **Superhumerale,** querrechteckiges liturgisches Tuch aus Leinen, das Hals und Schultern umgibt. Schon im 8. Jh. unter der röm.-liturgischen Kleidung zu finden. Urspr. wurde es im Unterschied zu heute unmittelbar unter dem Obergewand und nicht unter der Alba getragen.

**Amoretten,** geflügelte oder auch ungeflügelte nackte Knaben, die sich urspr. im Gefolge von Amor, Aphrodite und Bacchus befanden, die aber auch die frühchristl. Kunst gern darstellt. → Eroten, → Putten.

**Amphibalus,** gelegentliche Bezeichnung für Kasel (→ Casula) in vorkarolingischer Zeit.

**Amphiprostylos** (Abb. 87) → Prostylos.

**Amphora** (griech. ἀμφιφέρειν ›herumtragen‹). – **1.** Großes bauchiges Gefäß mit zwei Henkeln zur Aufbewahrung von Flüssigkeiten (Abb. 97). Hohe, langgestreckte Amphoren wurden in gewissen Mittelmeergebieten auch zur Aufbewahrung von Leichen benutzt. – **2.** Griech. Volumenmaß, etwa $19^{1}/_{2}$ Liter. Bei den Römern maß es später $26^{1}/_{4}$ Liter und war unterteilt in 2 Urnae = 8 Congii = 48 Sextarii = 96 Heminae.

**Ampulla,** Fläschchen oder kleiner Krug aus Glas, Ton oder Metall zur Aufbewahrung von Meßwein oder geweihtem Öl. Berühmt sind die reichgeschmückten Ölampullen, die im oberitalienischen Monza aufbewahrt werden. Sie stammen aus dem 5. oder 6. Jh. und enthielten geweihtes Öl von heiligen Stätten Palästinas.

**Ampullae sanguinolentae,** Ampullen verschiedener Art, die in der Nähe von Katakombengräbern gefunden wurden und angeblich Blut (lat. *sanguis*) von Märtyrern enthielten. Von der neueren Forschung wurde diese Behauptung nicht mehr aufrechterhalten. – Blutbehälter waren auch *Phialae cruentae* und *Phialae rubricatae*.

**Amula,** Eimer, Kännchen,

Gefäß, in dem man gespende-
ten Wein aufbewahrte, bis er
in den Abendmahlskelch gegossen wurde.

**Amulett** (das Wort ist im
18. Jh. aus dem Französischen
ins Deutsche übernommen),
der Sache nach schon seit
Jahrtausenden bekannt. Es
handelt sich um einen Gegenstand, der dämonische Kräfte
abzuwehren vermag. Auch
die Christen haben es übernommen. Das Material und
die Form können sehr ver-
schieden sein.

**Amussis,** Lineal der Zimmer-
leute.

**AN,** Abkürzung auf Münzen
für *Antiochia.*

**Anaboladium,** ein Kleidungsstück der Frauen, das unter
dem Obergewand getragen
wurde und Schulter und Brust
bedeckte, das man aber auch
über den Kopf legen konnte.

**Anacampterium,** Asyl, Herberge neben der Kirche.

**Anachoret,** Mönch, der als
Einsiedler lebt.

**Anacliterium,** Rückenlehne
am Ruhebett.

**Anaglyptika** (n. pl.) → Kamee.

**Anaglyphum, Anaglypta,** getriebene Arbeit in Metall.

**Anagnost,** Vorleser in der
griech. Kirche.

**Anagolai, Anagolagi** = →
Amikt.

**Anaktoron,** der heiligste
Raum im Tempel. → Adyton.

**Analemna,** Stützpfeiler, Stre-
bebogen.

**Analogium** = → Ambon.

**Anaphora,** eucharistische Op-
ferhandlung.

**Anastasis** (griech., ›Auferstehung‹). – **1.** → Höllenfahrt
Christi. – **2.** Bezeichnung für
einen Rundbau in Jerusalem,
der das Heilige Grab angeblich überdeckte. Er wurde um
340/350 errichtet.

**Anathema,** Verfluchung.
Verfluchungsformeln kamen
auch auf frühchristl. Grabmä-
lern vor. Man wollte durch sie
eine Schändung der Gräber
verhindern. Urspr. war A.
auch eine Bezeichnung für ein
Weihgeschenk an die Götter.

**Anathyrose,** zur besseren
Verfugung besonders bear-

beitete Anschlußfläche eines Quaders im Mauerverband des antiken Steinbaus: Nur ein schmaler Randstreifen auf allen vier Seiten ist plan gearbeitet, die Binnenfläche eingetieft (Abb. 4).

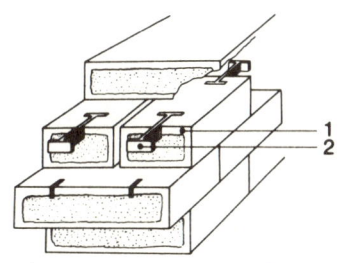

*Abb. 4.* Mauerwerk mit 1. Anathyrose, 2. Bronzedübeln.

**Anaticula,** Türangel.

**Anax,** Gefäß, Krug, → Urceus.

**Ancaesa** (n. pl.), Gefäß mit erhabener Schmuckarbeit.

**anceps,** doppelseitig.

**Anch, Ank,** ein Lebenskreuz der Ägypter, auch → Henkelkreuz genannt (Abb. 21). → Crux.

**Anchora cruciformis,** ein Anker mit Querbalken in Kreuzform (Abb. 21). → Crux.

**Ancilla Dei** (lat., ›Magd Gottes‹). Der Begriff, nicht selten in Grabinschriften, bedeutet die Hingabe an Gott, nicht ein kirchliches Amt.

**Ancon,** Schenkel eines Winkels, auch: kragendes Teil. Vgl. → Konsole.

**Andreaskreuz** → Crux decussata (Abb. 21).

**Andropolis,** Begräbnisplatz.

**Anfänger** (Abb. 14) → Kämpferstein.

**angeblendet,** blind, vorgetäuscht, z. B. ein Bogen, der als Schmuck auf einer Mauer aufliegt, ohne Durchlaß zu gewähren.

**Angelica vestis,** Ausdruck für Mönchsgewand. Von Kirchenvätern wird das klösterliche Leben oft als *»vita angelica«* bezeichnet.

**Angeloktistos** (griech., ›Herrin der Engel‹), Bezeichnung für eine Darstellung, bei der sich der Maria von links der Erzengel Michael und von rechts der Erzengel Gabriel anbetend nähern.

**Angelophanie,** Engelserscheinung.

**Ank** → Anch.

**Ankerkreuz** → Anchora cruciformis (Abb. 21).

**Anniserlampe,** Sepulkrallampe mit dem eingedruckten Fabrikstempel »Anniser«. Es handelt sich um eine Firma, die schon im frühen Christentum in Ostia Lampen produzierte.

**Anniversarium,** alljährliche Gedenkfeier zu Ehren der Märtyrer, fand in der Gedächtniskirche (→ Memoria) statt.

**Annona,** Getreide, Getreidemarkt, dann Versorgung der städtischen Bevölkerung mit Lebensmitteln, jährliche Ablieferung von Früchten, Getreide usw., die auf Staatskosten in Magazinen gespeichert wurden. Dieser Vorgang ist vereinzelt in der frühchristl. Kunst dargestellt.

**annonarische Verwaltung,** hat das jährliche Ablieferungssoll von Korn usw. unter sich. → Annona.

**Annullus** → Anulus.

**Annuntiatio B. M. V.** (*A. Beatae Mariae Virginis*, der seligen Jungfrau Maria), Verkündigung der Geburt Jesu an Maria (Lk. 1,26 ff.).

**Annuntiatorium,** Ort der Verkündigung. → Ambon.

**Ansa. 1.** Henkel bei Öllampen, überhaupt Griff. – **2.** Ziseliertes Gefäß.

**ansata,** mit Henkeln versehen, z. B. eine Vase; aber auch eine Tafel mit Inschrift kann eine Ausladung in Form von Henkeln haben; vgl. → Tabula ansata (Abb. 86), → Crux ansata (Abb. 21).

**Ansula. 1.** Ring ohne Inschrift oder bildlichen Schmuck, der aus einfachem Material wie Knochen oder Eisen geformt ist. – **2.** Kleine Henkelöse.

**ANT,** Abkürzung auf Münzen für *Antiochia.*

**Antae** (f. pl.), **Ante** (sg.), die Stirnseite der verlängerten Cellawand des antiken Tempels, meist mit profiliertem Fuß und Kapitell. *In antis* bedeutet, daß Säulen zwischen den A. stehen. → Antentempel.

**Antefixum, Antefix,** die Schmuckplatte auf dem First oder Dachrand eines antiken Gebäudes (Abb. 5, 89).

**ante martyres** → ad sanctos.

**Antemurale,** Außenwerk.

**Antentempel, Templum in antis,** ein antiker Tempeltyp, dessen Pronaos zwei Säulen zwischen den Anten aufweist. Beim **Doppel-A.** ist diese Gestaltung an der Rückfront der Cella wiederholt. → Tempel (Abb. 87).

**Antepagmentum,** Gesims der Einrahmung einer Tür, Sturz einer Tür, Türumrahmung, Türbekleidung.

**Antependium,** Schmuck der Altarseiten, v. a. der Vorderseite, durch Textilien oder kostbare Platten.

*Abb. 5.* Antefix.

**Anterion,** Untergewand der Kleriker in der Ostkirche in Form einer Tunika. Wird von Klerikern aller Grade getragen.

**Anteris,** an die Außenmauer angesetzter Strebepfeiler.

**Antetemplum,** Vorhalle.

*Abb. 6.* Anthemion.

**Anthemion,** ein Fries, der aus Palmetten und stilisierten Lotosblüten besteht (Abb. 6).

**Anthropographos,** Porträtist.

**Anthypatos,** Prokonsul.

**Antiae** (f. pl.), Stirnlocken.

**Antidorum** (griech., ›Gegengabe‹), gelegentliche Bezeichnung für → Eulogia (2).

**Antimensium,** Altardecke, die bei der Konsekration eines Altars in der griech. Kirche mitgeweiht wurde. Sie gab (ähnlich wie beim → Altare portatile) einem ungeweihten

Altar durch Auflegen die Weihe für die Zelebration.

**Antiphon** (lat., ›Wechselgesang‹), urspr. eine Reihe von Psalmen, die von zwei Sängern abwechselnd vorgetragen wurden, dann nur der von der Gemeinde als Refrain gesungene Vers am Anfang und Ende des Psalms, den der Vorsänger singt.

**Antiphonarium,** liturgisches Buch mit Melodien und Gesangstexten der Antiphonen für die Liturgie und für das Chorgebet. Es war bisweilen mit Miniaturen verziert.

**Antitypus,** Gegenbild. Es wird in Beziehung gesetzt zu einem *Typus*. Beispiele: Dem Typus der erhöhten Schlange im Alten Testament wird im Neuen Testament als Antitypus Christus am Kreuz gegenübergestellt. → Typologie.

**Antoniuskreuz,** Crux commissa. → Crux Antoniana (Abb. 21).

**Antrum,** Höhle, Grotte.

**Anulus,    Annulus.    1.** Schmuckring. – **2.** (pl.) Kleine Riemen am unteren Ansatz des Echinus vom dorischen → Kapitell (Abb. 37, 75).

**AP.,** Abkürzung des Vornamens *Appius*.

**Apa** (›Unser Vater‹), Ehrenbezeichnung in Ägypten, besonders für Märtyrer und Heilige, aber auch für Priester.

**apiatus,** getüpfelt.

**Apodyterium,** ursprünglich Umkleideraum der → Thermen (Abb. 90), später Sakristei.

**Apogaeum** → Krypta.

**Apokalypsen,** Schriften, die auf Grund angeblicher göttlicher Offenbarung Bilder der Endzeit entwerfen. Sie sind für die frühchristl. Kunst von Bedeutung, die z. B. der Offenbarung des Johannes viele Motive verdankt.

**Apokalyptische Buchstaben** heißen die griech. Buchstaben *A* und *Ω*. In der Apokalypse des Johannes (Offb. 1,8; 21,6) bezeichnet sich Christus als *A* und *Ω*: als Anfang und Ende. Denn *A* und *Ω* sind im griech. Alphabet der erste und der letzte Buchstabe. (Vgl. → Alpha und Omega.)

**Apokombion,** Geldspende des Kaisers an eine Kirche.

**Apokryphen,** Schriften religiösen Inhalts mit unbekanntem Verfasser, die aber berühmten Männern des Alten und Neuen Testaments zugeschrieben wurden. Sie sind den kanonischen Schriften nicht gleichgestellt, bilden jedoch gerade für die frühchristl. Kunst eine wertvolle Fundgrube.

**Apologie,** Verteidigung, auch Verteidigungsschrift. Männer, die sich in den ersten Jahrhunderten besonders die Verteidigung des Christentums angelegen sein ließen, nannte man **Apologeten.**

**Apophoretum,** Behälter für Reliquien, auch Weihegeschenke. Ursprünglich flache Schüssel.

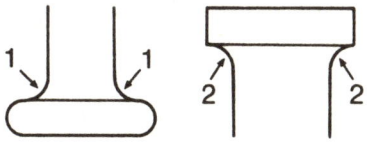

*Abb. 7.* Apophyge. 1. Anlauf. 2. Ablauf.

**Apophyge,** An- und Ablauf der Säulenschäfte und anderer Bauglieder (Abb. 7).

**Aposphragisma,** eingeschnittenes Bild auf Siegelring.

**Apostat,** Abtrünniger. Bezeichnung der Christen für den Kaiser Julian (361–363), weil er dem Christentum abtrünnig wurde.

**Apostolische Konstitutionen,** wichtige Kirchenordnung des späten 4. Jh. (Kirchenrecht, Liturgie u. a.), in Syrien zusammengestellt.

**Apotaxis** = → Abrenuntiatio.

**Apotheca,** Magazin, Speicher, in dem der Wein abgelagert wurde.

**Apotheose,** auch **Apothesis,** Vergöttlichung. Zunächst wurden Heroen, später verstorbene Kaiser, noch später lebende Kaiser zur Gottheit erhöht.

**apotropäisch,** Böses abwendend. Zur Abwehr von Unheil wurden entsprechende Symbole, die a.en Zeichen, gesetzt.

**Appagineculi,** Zierate.

**Appallarea,** eine Art Baldachin über dem Altar.

**Appendicium,** Schirmdach, Wetterdach.

**Applar,** Löffel.

**Applikationstechnik,** moderner Ausdruck für eine der Sache nach im Altertum schon bekannte Arbeitsweise, ausgeschnittene Stoffreste auf einen anderen Stoff aufzunähen. Ein entsprechendes Verfahren kann man auch bei Metallarbeiten anwenden.

**Apsida gradata** = → Ambon, → Subsellien.

**Apsidiola,** kleine Apsis.

**Apsis,** auch **Absis, Absida** (griech., ›Rundgang, Gewölbe‹), ein an eine Schmalseite der Basilika gefügter, meistens mit einem Gewölbe versehener halbzylindrischer Raum (Abb. 12). Seine Grundrißform kann halbrund, vieleckig, auch rechteckig sein. Die A. kann aber auch in den eigentlichen Bau mit einbezogen werden. Liegt vor der A. ein Querschiff, das seinerseits an beiden Seiten mit einer A. abschließt, so spricht man von einem Kleeblattgrundriß (→ Trikonchos, Abb. 93). Seit dem 6. Jh. baute man oft drei Apsiden nebeneinander: → Prothesis, → Diakonikon (Abb. 64). Die A. enthielt in alter Zeit die Kathedra des Bischofs, die Subsellien der Presbyter und den Altar, wenn dieser nicht unmittelbar vor der A. stand.

**AQ,** Abkürzung auf Münzen für *Aquileia.*

**Aqua benedicta,** Weihwasser.

**Aqua calda** → calda.

**Aquamanile,** auch **Aguamanile, Aquamanualis. 1.** Handwaschbecken. – **2.** Liturgisches Gefäß, das der Priester zum Händewaschen bei der Zelebrationsfeier benutzte. Es wird im 5. und 6. Jh. schon erwähnt.

**Aquila,** Adler. Vgl. → Adlerpult.

**AR,** Abkürzung auf Münzen für *Arelas, Arelate* (Arles).

**Ara** (griech. αἴρειν ›etwas erheben‹). In der Antike ist es die Bezeichnung für den Altar, der zur Darbringung eines Opfers dient. Das Material kann sehr verschieden sein. Die Christen nannten ihn meistens Altare. (Vgl. → Altare portatile.)

**araeostylos,** weitsäulig.

**Arbores,** urspr.: Bäume, dann im besonderen: großer siebenarmiger Handleuchter.

**Arca. 1.** Ursprünglich große metallene oder mit Eisen beschlagene Geldkiste. – **2.** Kleiner Behälter. – **3.** Gelegentlich auch Sarg. – **4.** Evangelien-A.e zur Aufbewahrung der Evangelien. – **5.** Behälter für das Brot der Eucharistie und für Reliquien. – **6.** Gleichbedeutend mit → Pyxis und → Patene. – **7.** Mensaaltar, der aus drei Marmorplatten besteht. – **8.** Zisterne.

**Arcarius,** Schatzmeister der Kirche.

**Arcatura,** Bogenführung, Reihung von Bogen. Vgl. → Arkade.

**Arca turalis** = → Acerra.

**Archaismus** bezeichnet die Frühzeit einer Kultur. Man bedient sich auch des Wortes für das »gesucht Altertümliche«.

**Archangeli** (pl.) → Erzengel.

**Archiclavus,** Schatzmeister.

**Archidiakon.** Zunächst (4. bis 7. Jh.) Vorgesetzter des niederen Klerus, aber auch Verwalter des bischöflichen Hauses und Hofes. Später (8. – 9. Jh.) übte er v. a. die Jurisdiktion im Bistum aus.

**Archiepiskopos,** geistlicher Würdenträger, der im Rang über dem Metropoliten = Patriarchen stand.

**Archimandrit** (griech. *ἀρχι-μανδρίτης* ›Leiter einer Schäferei‹), seit dem 5. Jh. Bezeichnung für den Oberen eines Klosters, später auch für den Vorsitzenden von Klosterverbänden in der Ostkirche.

**Archimonasterium,** Mutterkloster, das zum Ausgangspunkt für andere Klöster wird.

**Archipresbyter,** Bezeichnung für den Inhaber eines Amtes, das in der werdenden katholischen Kirche schon vorhanden war, dessen Funktion sich aber heute nicht mehr genau umreißen läßt.

**archistratikos,** dem Erzengel Michael geweiht.

**Architekt** (griech. *ἀρχιτέκτων*), wörtlich: Leiter der Baugeschäfte, Baumeister.

**Architektur** (griech. *ἀρχιτεκτονικὴ τέχνη*), Baukunst.

**Architrav** (= **Epistyl**), waagerechter Balken über Säulen, der den Oberbau mitträgt

(Abb. 75, 76, 77, 89). → Säulenordnung.

**Archivolte,** urspr.: profilierte und geschmückte Stirnseite eines → Bogens. Während des Mittelalters wurde auch die geschmückte → Laibung des Bogens so bezeichnet.

**Arcisellium,** Lehnsessel.

**Arcuatio,** Wölbung.

**Arcus,** Bogen. Vgl. → Triumphbogen.

**Arcus cuneus,** Entlastungsbogen.

**Arcus maior,** Bogendurchgang vom Mittelschiff zum Querschiff.

**Arcus semicirculus** → Semicirculus.

**Arcus triumphalis,** Triumphbogen.

**Ardica,** selten vorkommende Bezeichnung für die Vorhalle einer Kirche, → Narthex.

**Area,** auch **Ariola** (von lat. *arere* ›dürr sein‹). – **1.** Fläche, freier Platz, speziell Platz für Begräbnisse unter freiem Himmel (daher auch **A. sepulturae** genannt). – **2.** Oft ist der Name auf ein kleines Stück Feld begrenzt, das das Grabmal umgibt. Die Straßenseite der A. hieß **A. in fronte,** die in die Tiefe führende **A. in agro.** Schloß sich an die Rückseite des Platzes noch ein Stück Feld an, so hieß es **A. adiecta.** – **3.** Auch das Grab selbst wurde manchmal so bezeichnet. – **4.** Bildrahmen, Reißbrett.

**Arena,** Sand.

**Arenaria,** Sandgrube. Sand wurde wesentlich zur Mörtelbereitung benutzt. Unterirdische A.e, die für die Sandgewinnung nicht mehr in Frage kamen, dienten häufig als Begräbnisstätten.

**Arenatio,** Bewurf mit Mörtel (lat. *arenatum*).

**Arenifodina,** Sandgrube.

**Arianer,** Anhänger des Arius (um 260–336). Dieser war ein Gegner des Athanasius in der Frage der Präexistenz Christi (Christus ist nach der Lehre des Arius nicht gottgleich, also ein endliches Geschöpf). Der Arianismus wurde auf dem Konzil von Nicaea (325) verurteilt. In späterer Zeit waren große Teile der Germanen Anhänger des Arianismus.

**Ariola** → Area.

**Aristato,** Leichentuch.

**Arkade,** offener Bogen über Säulen oder Pfeilern. – **Blend-A.n** sind Bogen, die nur vorgetäuscht sind. Sie liegen als Dekoration auf oder in einer geschlossenen Wand. – Eine Reihung von Bogen wird **Arkatur** genannt; → Arcatura.

**Arkadensims** ist das Gesims, das über den Arkaden schwach hervortritt.

**Arkandisziplin.** Die Bezeichnung ist neu; gemeint ist die Forderung der alten Kirche, bestimmte Dinge wie Taufhandlung und Abendmahlsfeier der Außenwelt gegenüber geheimzuhalten.

**Arkatur** → Arcatura, → Arkade.

**Arkosolium, Arkosolgrab** (lat. *arcus* ›Bogen‹, *solium* ›Thron‹, auch ›Grab‹), Grabform, v. a. in den Katakomben. Über einem in die Wand eingelassenen Senkgrab, das mit einem Deckel verschlossen ist, wölbt sich ein Bogen. Die Laibung dieses Bogens ebenso wie die Rückwand der Grabanlage sind meistens mit biblischen Szenen und Ornamenten geschmückt. Ein A. kann innerhalb einer Coemeterialkirche auch an einer Mauer angebracht sein. (Vgl. → Baldachingrab, Abb. 10.)

**ARL,** Abkürzung auf Münzen für *Arelas, Arelate* (Arles).

**Armarium,** Schrank, v. a. Bücherschrank, Behälter für heilige Geräte, auch Bezeichnung für Sakristei.

**Armatorium,** Weiterbildung von → Armarium.

**Armillum,** auch **Armellum. 1.** Armband für Männer und Frauen, gewöhnlich am Handgelenk getragen, bisweilen aber auch am Ober- oder Unterarm. – **2.** Reliquienbehälter.

**arrepticius, arreptus,** vom Teufel besessen.

**Ars clusoria,** Gemmeneinfassung.

**Ars quadrataria,** Bezeichnung für → Quadertechnik, → Mosaik.

**Ars statuaria,** Bildhauerkunst.

**Artifex,** Meister der Kunst im Unterschied zum Handwerksmeister (*Magister*).

**Artigraphus,** Kunstschreiber, Verfasser eines grammatischen Lehrbuches.

**Artoclasio,** Brotbrechen.

**Artophorion,** Büchse, die zur Aufbewahrung von Oblaten diente. → Pyxis.

**Arula,** kleine Mensa, kleiner Altar, oft in Form einer Stele.

**Arundo** (lat., ›Rohr‹), = → Fistula. Auch Rohr zum Schreiben.

**Arx coelestis,** Himmel.

**Aryballos,** kugelförmiges Salbengefäß mit kurzem Hals (Abb. 97).

**As. 1.** Röm. Gewichtsmaß (**A. librarius**) von 272,88 g (leichtes röm. Pfund) bzw. 327,45 g (schweres röm. Pfund). 1 A. ist unterteilt in 12 Unciae. Vgl. → Gewichtseinheiten. – **2.** Münze, seit ca. 130 v. Chr. im Wert von $^1/_{16}$ Denar (davor $^1/_{10}$ Denar). 4 Asses = 1 Sesterz (davor $2^1/_2$ Asses = 1 Sesterz). Alle genannten Maße sind Durchschnittswerte!

**Asarotos,** Mosaikfußboden, v. a. mit Darstellungen von Essensüberbleibseln.

**Ascensio,** Himmelfahrt Christi.

**Ascensorium,** Stufe, Stiege, Treppe.

**Ascensus,** Treppe. → Ambon.

**Asceterium** = → Koinobion.

**Ascia. 1.** Genauer: **A. fossoria,** axtähnliches Werkzeug, das in den Katakomben beim Aushauen der Gänge und Kammern benutzt wurde (vgl. → Fossor). Form und Größe variierten sehr und richteten sich nach der Härte des Gesteins (vgl. → Dolabra). Die A. hat auf der einen Seite eine Schneide und auf der anderen eine Art Hammer. – **2.** Mörtelscharre, Kelle.

**Asema tunica,** Tunika ohne → Clavi.

**Ashburnham-Pentateuch,** Handschrift der 5 Bücher Mose, etwa 7. Jh., enthält 142 Pergamentfolien mit 19 Miniaturen. Benannt nach seinem zeitweiligen (19. Jh.) Besitzer Lord Ashburnham (jetzt Paris, Bibliothèque Nationale).

**Asinarius,** Spottname für Christen. Christus selbst wurde von den Gegnern mit einem Esel verglichen. So wird auf einem alten Spottbild Christus als Esel am Kreuz dargestellt.

**Aspergillum** (lat. *aspergere* ›sprengen‹), Sprengwedel, Weihwedel.

**Aspersio,** Besprengung bei der Taufe. Auch eine Besprengung mit dem Weihwedel kann so bezeichnet werden.

**Aspersorium,** Weihwassergefäß, Weihwedel.

**Asser,** Latte zum Einhängen der Ziegel.

**Asses** (lat., m. pl.). – **1.** → As, Münzeinheit. – **2.** Die Deckel von Prachtbänden.

**Assessor, A. praesidis,** sach- und rechtskundiger Beisitzer bei Gericht. Im Gerichtssaal saß er hinter dem richtenden Magistratus. Ein A. wird häufig im Zusammenhang mit dem richtenden Pilatus auf Sarkophagen gezeigt.

**Assist,** in der Ikonenkunst die Bezeichnung für das Auftragen von Goldstrichen auf dem Gewand des Heilands.

**Assumptio B. M. V.** (*A. Beatae Mariae Virginis*), Himmelfahrt der Maria.

**Asteriskos,** ein kreuzförmiges Gestell, das im griech. Kult dem Kelch aufliegt und so die schützende Decke über dem geweihten Brot hält.

**Astragal,** Perlstab, Zierstreifen in Form einer Perlenreihe. Tritt oft in Verbindung mit dem Dorischen und Ionischen → Kyma auf. (Abb. 8, 39, 49, 76.)

*Abb. 8.* Astragal.

**Astricus,** Estrich.

**astulosus,** bröcklig.

**Atlant,** männliche Gestalt, die statt einer Säule oder eines Pfeilers das Gebälk trägt. Der Name wird hergeleitet von Atlas, der das Himmelsgewölbe stützt. (Vgl. → Karyatiden, die entsprechenden weiblichen Gestalten.)

**Atramentarium,** Tintenfaß.

**Atramentum,** schwarze Tinte.

**Atrium,** die große offene Halle des röm. Hauses, die an die Vorhalle grenzt. In christl. Zeit ist es der Vorhof der Basilika (Abb. 12). Seine Form ist meistens quadratisch. Das A. ist oft von Säulen umgeben. In der Mitte der Anlage befindet sich gewöhnlich ein Brunnen (→ Kantharos). War kein solcher vorhanden, so wurde statt dessen bisweilen ein Ablutionsbecken in die Westwand des A.s eingelassen. Das A. diente als Aufenthaltsraum, im besonderen als Stätte des Verweilens für die → Katechumenen, und auch als Begräbnisplatz.

**Attika. 1.** Niedrige, geschlossene Wand über dem Kranzgesims eines Gebäudes, schon in der Antike durch Wandpfeiler gegliedert und mit Reliefs geschmückt. – **2.** Der Aufsatz über dem Unterbau eines Sarkophags wird bisweilen so genannt.

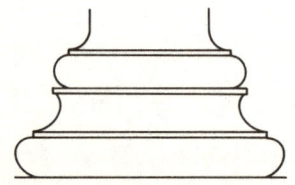

*Abb. 9.* Attische Basis.

**Attische Basis,** eine urspr. in Attika übliche Form der → Basis der ionischen Säule. Sie besteht aus dem Wulst (→ Torus), der Hohlkehle (→ Trochilus) und einem zweiten Wulst (Abb. 9, auch 77, 83).

**Aucupium,** Vogelfang, der Augenblick, in dem der Vogelfänger das Netz zusammenzieht.

**Audientes,** Büßende zweiter Klasse, die ihren Platz im Narthex hatten.

**Auditorium,** Ort der Kirche, wo die → Katechumenen standen (das Atrium und v. a. der Narthex).

**Auflager,** Tragebalken: z. B. eine Schwelle über den Fenstern, welche die Tragfähigkeit für den Überbau gewährleistet.

**Aufriß,** technische Zeichnung mit der Darstellung eines senkrechten Mauerwerks (Außenwand eines Gebäudes, Wand eines Raumes) in Aufsicht.

**Auge,** Bezeichnung für eine Lichtöffnung im Scheitelpunkt der Kuppel.

**Augusteum,** urspr. ein dem Augustus geweihter Tempel,

später auch Bezeichnung für → Apsis.

**Aula,** vielfältig gebrauchter Ausdruck: **1.** Atrium. – **2.** Mittelschiff. – **3.** Ganze Kirche (so Paulinus von Nola, um 353–431).

**Aulaeum,** Baldachin, Vorhang.

**Auramentum,** Goldgeschirr.

**Aureole** (lat., ›goldfarbig‹), Strahlenkranz, der Heiligenschein, der die Figur ganz umgibt im Unterschied zum → Nimbus. Man findet sie für gewöhnlich nur bei Christus, Maria und der Darstellung der Dreifaltigkeit. Eine besondere Form ist die → Mandorla.

**Aureus,** wichtige röm. Goldmünze. Ihr Gewicht betrug seit Julius Caesar 8,19 g, seit Nero 7,28 g, später noch weniger. Seit dem 4. Jh. wird sie auch → Solidus und A. solidus genannt. Ein A. hat den Wert von 25 → Denaren = 100 Sesterzen = 200 Dupondien = 400 Asses. Vgl. → Münzen.

**Auriclavus,** Goldstreifenbesatz auf Gewändern.

**Aurifrigia,** Goldfransen, Goldborte.

**Aurilegium,** Schatzkammer.

**Aurum coronarium,** ein Geschenk, das die Bevölkerung des Reiches oder der angrenzenden Länder den Herrschern in der Gestalt von goldenen Kränzen brachte. Die Huldigung der Magier ist in ihrer künstlerischen Darstellung wohl durch diese Sitte mitbestimmt (vgl. auch die Huldigung der Ältesten in Offb. Joh. 4,4).

**Auskragung,** das Vorspringen eines Bauteils über die Bauflucht.

**Ausladung** bedeutet dasselbe wie → Auskragung. Man versteht darunter beispielsweise das Hervortreten eines Gesimsgliedes über den dahinter liegenden Teil.

**aussparen** (in der Architektur), etwas offenlassen, z. B. einen Gang oder eine Nische in einer Mauer.

**Autokephalen,** → Metropoliten, die nach der Einrichtung des ihnen übergeordneten Patriarchats von diesem unabhängig blieben.

**Avandatum,** → Diakonikon bei den Armeniern.

**Avers,** Vorderseite einer Münze.

**Avolta,** Gewölbe.

**Axis,** Diele, Brett, Bohle, Rand der Volute.

# B

**B und A**, die das → Monogramm Christi umgeben, sind wahrscheinlich Anfangs- und Endbuchstaben des griech. Wortes βοήθεια, ›Hilfe‹. Die Abkürzung würde dann also bedeuten: Christus der Helfer.

**Bacapulus, Baccapulus**, Totenbahre.

**Bacca**, Becken, Napf.

**Bacchanalien**, altröm. Bacchusfest, verbunden mit ausschweifenden Gelagen.

**Backsteinbau**, Bau aus nichtverputzten Ziegeln. Im Röm. Reich hatte zunächst der Haustein den Vorrang. Der aus dem Orient kommende B. verdrängte ihn vielerorts.

**Baculus**, Stock, Stab, Zepter.

**Baga**, Kiste, Kasten.

**Bagario**, kleiner Krug.

**Balatoferum**, Hospiz.

**Balco**, Stockwerk.

**Baldachin. 1.** Bezeichnung für Seidenstoff aus Bagdad (früher Baldac), der mit Gold durchwirkt ist. – **2.** Überbau bei einem Altar; → Ciborium. – **3.** Überbau bei einem Grab. – **4.** Überbau bei einem → Kantharos. Der B. als Überbau wird gewöhnlich von vier Stützen gehalten.

**Baldachingrab**, eine Bestattungsform, die auf Malta und auf Sizilien vorkommt: Mehrere → Arkosolgräber werden in einem quadratischen Raum vereinigt (Abb. 10).

*Abb. 10.* Baldachingrab.

**Balineum** = → Balneus.

**Balkenköpfe** heißen die Enden der Balken. Sie ruhen entweder auf dem Mauerwerk oder sind darin eingelassen. Manchmal überragen sie auch die Außenwände und sind dann häufig verziert.

**Balma**, Grabstein, Grab.

**Balneus, Balineum,** Baptisterium, ursprünglich Badehaus.

**Balteus,** auch **Baltheus. 1.** Gürtel, der das Gewand über den Hüften zusammenhält. – **2.** Verlängerter Zipfel der röm. Toga, der über die Brust von der rechten nach der linken Schulter gezogen wurde. – **3.** Gurt des ionischen Kapitells (Abb. 38).

**Balustrade,** durchbrochene Brüstung.

**Bancales,** Sitzkissen, Lagerstätte.

**Bandellus. 1.** Band, Einfassung. – **2.** Weiße Stirnbinde der Gefirmten.

**Bankgrab,** Auflegegrab, eine aus dem Felsen ausgehauene Steinbank als Unterlage für die in Tücher eingehüllte Leiche.

**Baptisma,** Taufe.

**Baptismalis aula** = → Baptisterium.

**Baptisterii basilica** = → Baptisterium.

**Baptisterium,** Taufkapelle. Der Name bedeutet in der Antike Badewanne, Badebassin, Warmbad. Bei den Christen kam er vom 4. Jh. ab zunächst für das Wasserbecken (→ Piscina), dann für das Gebäude, in dem das Wasserbecken eingebaut war, selbst in Anwendung. Das B. ist meistens ein Zentralbau mit rundem oder polygonalem Grundriß. Das Taufbecken befand sich in der Mitte des Gebäudes. Das B. konnte ein selbständiges Gebäude oder ein Annex des Kirchenbaus sein. Die Piscina befand sich auch oft in der Basilika selbst.

**Barbaricarius,** jemand, der sich mit Goldstickerei auf Stoff oder mit Silberinkrustationen in Metall beschäftigt. Goldweber, Goldwirker.

**Bardocucullus,** gallisches Oberkleid mit Kapuze.

**Bargina,** Pergament.

**Barra,** Stange, Schrank, Torziegel.

**Basalt,** Eruptivgestein, das sich künstlerisch gut bearbeiten läßt (grüner Basalt war im Altertum besonders beliebt).

**Basement, Basament,** Sockel eines Gebäudes oder eines Teiles desselben.

**Basilica** → Basilika.

*Abb. 11.* Basilika. 1. Mittelschiff.
2. Seitenschiff. 3. Triumphbogen.
4. Empore. 5. Pultdach. 6. Obergaden. 7. Gebälk; offener Dachstuhl. 8. Satteldach.

**Basilica coelestis,** Ausdruck
für Himmel.

**Basilica discoperta,** als eine
Vorform der christl. Basilika
vermuteter Bautyp, bei dem
nur die Seitenschiffe gedeckt
sind, das Mittelschiff offen ist.

**Basilica ecclesiae** wird bisweilen das Hauptportal einer Kirche genannt, wahrscheinlich

aber erst in frühmittelalterlicher Zeit.

**Basilicarii,** auch **Basilicani,**
Subdiakone, die die äußere
Sorge für die Basilika hatten,
die aber auch Gehilfen des Bischofs bei heiligen Handlungen waren.

**Basilicula,** kleine Kirche über
einem Grab oder einem
Grabmal.

**Basilika** (griech. $\beta\alpha\sigma\iota\lambda\iota\kappa\dot{\eta}$
$\sigma\tau o\acute{\alpha}$ ›Königshalle‹), wurde
von den Christen als Ver-

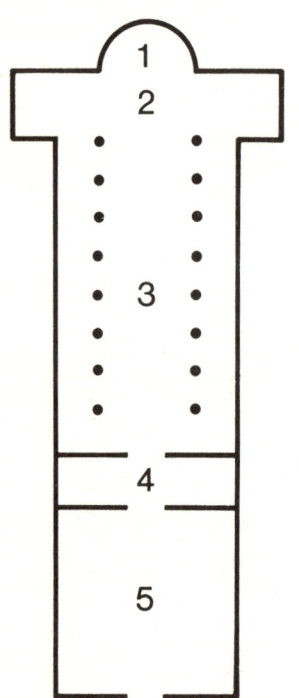

*Abb. 12.* Basilika, Grundriß. 1. Apsis. 2. Querhaus. 3. Langhaus. 4. Narthex. 5. Atrium.

sammlungsraum übernommen, vom röm. Bautypus der Markthalle (mit Apsis für ein Bild des Kaisers) und dem des kaiserlichen Audienzsaales hauptsächlich. Die B. hat gewöhnlich einen rechteckigen Grundriß. Sie besteht aus drei, fünf oder auch mehr Schiffen. Ein Charakteristikum ist die Überhöhung des Mittelschiffs über die Seitenschiffe durch den Obergaden. An einer Schmalseite, meistens im Osten, zum Heiligen Land mit den Stätten Christi hin, ist eine Apsis angefügt oder in den Grundriß einbeschrieben. Sie dient zur Aufnahme der Kathedra und der Subsellien, gewöhnlich auch des Altars. Oft findet die Apsis eine Erweiterung in einem ihr vorgelegten Querschiff; auch drei Apsiden sind möglich. Der B. vorgelagert ist entweder ein quadratisches Atrium oder ein rechteckiger Narthex. Auch eine Verbindung dieser beiden Räume kann stattfinden. (Abb. 11, 12.) Vgl. → Hypaethralbasilika, → Pfeilerbasilika, → Säulenbasilika.

**Basilisk. 1.** Viper, Natter; Eidechsenart. – **2.** Fabelwesen in Gestalt eines gekrönten Vogels (Hahn) mit Schlangenschwanz. In Anlehnung an Ps. 91,13 ist es das Bild des Teufels.

**Basis,** gegliedertes Fußstück einer Säule, eines Pfeilers oder eines Pilasters, auch Bezeichnung für den Sockel einer Statue oder eines Monuments. Vgl. → Säulenordnungen (Abb. 76, 77, ferner 9 [Attische B.] und 83).

**Basrelief,** flach hervortretendes, halberhabenes → Relief.

**Bastagarius,** Angehöriger des niederen Klerus. Er trägt das Heiligenbild bei der Prozession.

**Batiola, Batioca,** kleines Gefäß, Becher.

**Batrachites** (griech. *βάτρα-χος* ›Frosch‹), Edelstein von froschgrüner Farbe.

**Battutilis,** geschlagenes oder getriebenes Metall.

**Bauca,** Krug, Becher, Pokal, v. a. Gefäß für Wein.

**Baucus,** Ring, v. a. Armring.

**Bauflucht** → Flucht.

**Baukeramik,** Töpferwaren für den Bau, z. B. Zierglieder jeder Art und Fliesen.

**Baunaht. 1.** Bezeichnung für die Stelle eines Bauwerks, wo Mauern verschiedener Zeitperioden zusammenstoßen. – **2.** Die Stelle, wo verschieden gerichtete Mauern oder Ziegeldächer zusammentreffen.

**Bauplastik,** eine Plastik, die in Verbindung mit einem Mauerwerk steht. Sie kann ornamental und figural sein und eine mehr oder weniger innige Verbindung mit dem Bauwerk eingehen.

**Baxea,** Sandale aus Papyrus oder Weiden. Die Bänder wurden dabei bis zum Knie hinaufgewickelt.

**B. B.,** Abkürzung v. a. auf afrikanischen Inschriften. Wahrscheinlich bedeutet es: *bonis bene,* ›den Guten möge es gutgehen!‹.

**Behema, Behemoth** (hebr.), urspr. ägyptisches Nilpferd (Hiob 40,15 ff.). In der apokalyptischen Literatur ist damit der Drache der Endzeit gemeint. Gelegentlich wird das Meerungeheuer, das Jona verschlingt, so bezeichnet.

**Belothera, Belothyrum,** Altarvelum. → Velum.

**beluatus,** mit gestickten Tierfiguren geschmückt.

**Bema** (griech., ›Bühne‹). – **1.** Schon in der Antike ist es die Bezeichnung für eine erhöhte Fläche in Gestalt eines Halbrunds. – **2.** In der christl. Kirche ist es der Altarraum. – **3.** Man unterschied von diesem B. das βῆμα τῶν ἀναγνωστῶν = → Ambon.

**Benedictio panis et piscis,** Segnung von Brot und Fisch durch Christus. Häufige Darstellung, v. a. auf Sarkophagen.

**Benedictionale,** das Buch, das die Segensformeln für den Bischof enthält.

**Benedictorium,** Weihwassergefäß, auch der Tisch, auf dem das zur Segnung des Wassers notwendige Gerät liegt.

**Benediktion,** Segnung. Vgl. → Konsekration.

**ben. fec.,** Abkürzung auf frühchristl. Grabinschriften für *bene fecit*, ›er hat es gut gemacht‹.

**Beneficia** (n. pl.), Reliquien.

**berappen,** eine Mauer rauh mit Kalk bewerfen.

**Bergkristall,** ein durchsichtiger, farbloser Edelstein, reinste Quarzart.

**Beryllus,** auch **Beryllos, Berullus,** meergrüner Schmuckstein, wenn auch andere Farben möglich sind. Er wird schon auf dem Brustschild

des Hohenpriesters erwähnt, auch den Christen war er gut bekannt. Man schrieb ihm besondere Wirkungen zu.

**Bes,** ⅔ röm. Fuß. Vgl. → Längenmaße.

**Bestiarium,** Tierdichtung, meist mit dem → Physiologus als Grundlage.

**Bestiarius,** jemand, der bei Tierkämpfen den wilden Tieren preisgegeben wurde oder freiwillig gegen sie kämpfte.

**Beton,** Mischung von Zement, Sand, Kies. Schon den Römern bekannt.

**Biberschwanz,** der flache Dachziegel mit Nasen zum Aufhängen auf Latten.

**Bibliopola,** Buchhändler.

**bicameratus,** aus zwei Kammern bestehend, die zumeist mit Wölbungen versehen waren.

**Bicarium,** Kelch, Becher.

**Biclinium,** Speisesofa für zwei Personen.

**bicornis,** zweizackig.

**biformis,** zweigestaltig, von zweifacher Gestalt.

**Biforus,** Tür oder Fenster mit zwei Flügeln.

**bilateral,** beidseitig, Bezeichnung etwa für ein Kunstwerk, das rechts und links entsprechende Darstellungen hat.

**Bildclavus,** der mit aufgenähten Bildornamenten versehene → Clavus der Tunika.

**Bilderkapitell,** ein Kapitell, dessen ornamentale Gestaltung Menschenköpfe oder Tierbilder enthält.

**Bilderwand** → Ikonostasis.

**bilix,** zweifädig.

**Billio,** Münze aus Silberlegierung.

**Bilychnus,** Lampe mit zwei Becken und zwei Dochten, die zwei getrennte Flammen ermöglichte.

**Binder,** im Mauerverband (Abb. 51) der Stein, der mit seiner Längsachse quer zur Mauerflucht liegt, im Gegensatz zum → Läufer.

**Binio,** Doppelmünze, also besonders groß.

**Bipeda,** Ziegelstein von zwei Fuß, also 40–50 cm Dicke.

**Birretum,** Barett.

**Birrus** → Byrrus.

**Biscandens** → Locus biscandens.

**Bischofsstab** (lat. *pedum*), besteht aus einem Stab mit verziertem Knauf. Der Stab (*Canna, Fistula*), der etwa 1,25 cm hoch ist, ist unten mit einer Spitze (*Stimulus*) versehen. Der obere Teil, der in einem Knauf endet (*Manubrium*) ist aus Metall oder Elfenbein und oft reich verziert.

**Bischofsstuhl** → Kathedra.

*Abb. 13.* Bisellium.

**Bisellium,** schön geschmückter, zweisitziger Sessel, der um der Ehre willen nur für eine Person bestimmt ist (Abb. 13).

**Bisomus** (zusammengesetzt aus *bis* und dem griech. Wort σῶμα; zu ergänzen: *locus*), Doppelgrab, dessen → Loculusgräber auf gleicher Ebene hintereinander gereiht waren. Auch Bezeichnung für zwei Gräber übereinander. Bei entsprechender Vertiefung in die Wand konnte man einen *Trisomus* oder *Quadrisomus* schaffen.

**Bitumen,** Erdharz, Asphalt.

**Blacherniotissa,** Bezeichnung einer besonderen Mariendarstellung in der byz. Kunst, zurückgeführt auf ein Bild im kaiserlichen Bad des Blachernenklosters in Konstantinopel, das besonders verehrt wurde. Es gibt zwei Typen: a) Maria hält das Kind oder auch nur den Kopf des Kindes in einem Medaillon auf der Brust; b) Maria wird mit erhobenen Händen ohne Kind als → Orans dargestellt.

**Blancus,** kleine Münze, Scheidemünze.

**Blatta,** Purpur.

**blatteus,** purpurfarben.

**Blattmaske,** Bauschmuck, Maske eines Menschen, die aus Blattornamenten gebildet wird oder sich aus Blättern heraus entwickelt.

**Blattwelle** → Kyma.

**Blendarkaden** (von ›blenden‹, eigtl. ›blind‹). Diese → Arkaden dienen nur zur Verzierung und Gliederung des Mauerwerks, dem sie vorgelegt sind. Sie gewähren also keinen Durchlaß wie die echten.

**Blendnische,** Nische in der Mauer, die rein architektonisch-dekorativen Charakter hat, also nicht zur Benutzung gedacht ist.

**Blendsteine** dienen zur Verkleidung eines Ziegelrohbaus.

**Blendtor,** ein Tor, das einer Mauer nur vorgeblendet ist, demnach keinen wirklichen Durchlaß gewährt.

**Blockaltar,** Altar mit massivem → Stipes. Die → Mensa ragt entweder gar nicht oder nur ganz wenig über ihn hinaus.

**Blockverband** (Abb. 51) → Mauerwerk.

**Blutampulle** → Ampullae sanguinolentae (Phialae cruentae, Phialae rubricatae).

**B. M.,** Abkürzung auf Inschriften für *bonae memoriae* (lat., ›zur guten Erinnerung‹).

**Bodengrab** → Altargrab.

**Bogen.** Die Hauptbogenform der Antike und des frühen Mittelalters ist der **Rundbogen** (Abb. 14, 73). Der sog. **Horizontalbogen** oder scheitrechte Sturz (Abb. 15) ist ebenfalls ein echter B., weil seine Steinfugen auf einen gemeinsamen Mittelpunkt ausgerichtet sind. Vgl. auch → Entlastungsbogen (Abb. 26), → Segmentbogen.

*Abb. 15.* Horizontalbogen.

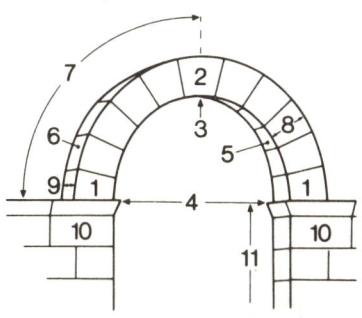

*Abb. 14.* Bogen, aus Keilsteinen gebildet und von der Stirnseite gesehen. 1. Anfänger, Kämpferstein. 2. Schlußstein. 3. Scheitel. 4. Spannweite. 5. Laibung. 6. Rükken. 7. Schenkel. 8. Bogenstärke. 9. Bogentiefe. 10. Kämpfer. 11. Kämpferhöhe.

**Bogenfeld** → Tympanon.

**Boria,** eine Art → Jaspis.

**bossieren,** ein Werkstück roh zuhauen. So wurden auf Sarkophagen die Köpfe der Verstorbenen oft zunächst nur bossiert und erst beim Verkauf individuell modelliert.

**bostrychus,** gekräuselt, gelockt.

**Bota, Botha,** Stiefel.

**Braca, Bracae,** eine Art weiter, langer Beinkleider, deren sich die Römer erst spät bedienten. Sie kommen gelegentlich in der Katakombenkunst vor. 397 wurde durch ein Gesetz das Tragen der B. innerhalb der Stadt verboten.

**Bracheriolum,** Gürtel.

**Brachiale,** zunächst Ärmel, dann Armband am Ober- oder Unterarm, gelegentlich auch Reliquie in Form eines Armes.

**Brachiarium** → Brachiale.

**Bractea,** dünnes Metallblatt aus Gold oder Silber. Im Mittelalter auch Bezeichnung für eine einseitig geprägte Geldmünze.

**Brandeum,** Reliquientuch. – **1.** Tuch, mit dem die Reliquien der Märtyrer umwickelt wurden. – **2.** Bezeichnung für Tücher, die mit einem Märtyrergrab in Berührung gebracht wurden und dadurch angeblich Heilkräfte vermittelten.

**Breitziegel,** flacher Ziegel im Unterschied zum → Hohlziegel.

**Brephotropheum,** Waisenhaus.

**Breviarium,** ein Buch, das kirchliche Chor- oder Stundengebete (→ Horen) enthält.

**Brokat,** schwerer Seidenstoff, der mit Gold- oder Silberfäden durchwirkt ist.

**Bronitorium,** gezahntes Ziselierinstrument.

**Bronze,** besteht aus einer Kupfer-Zinn-Legierung mit weit überwiegendem Kupferanteil.

**Bruchstein,** roher, nicht behauener Stein, wie er aus dem Steinbruch kommt oder sonst in der Natur vorgefunden wird.

**Bruchsteinmauerwerk** besteht aus gewöhnlichen unbehauenen Natursteinen, daher ist die Schichtung unregelmäßig. → Opus incertum.

**Brustkreuz** → Pektorale.

**Bucella, Buccella,** Bissen, Brot, Hostie, die geweiht ist oder noch geweiht werden muß.

**Bukolik,** Darstellung des Hirtenidylls in der Literatur und in der Kunst. Der Name kommt von griech. *βοῦς* ›Rind‹.

*Abb. 16.* Bukranion.

**Bukranion** (griech. *βοῦς* ›Rind‹, *κράνιον* ›Schädel‹), Rinderschädel. Ein Ornament in Form von nebeneinandergesetzten Rinderschädeln, die durch Blumen oder Fruchtranken miteinander verbunden sind (Abb. 16).

**Buleuterion,** Rathaus.

**Bulga,** kleines Geldleder-
täschchen, das am Arm befestigt wurde.

**Bulla. 1.** Kapsel, die schon in
der Antike auf der Brust getragen und an einem Halsband
gehalten wurde. Manchmal
hatte die B. auch die Form einer doppelten Münze mit einem Loch für das Band. Auch
Christen bedienten sich gern
einer B. Häufig ist sie mit einem christl. Symbol auf der
Rückseite und einem Porträt
auf der Vorderseite verziert,
das bisweilen durch Namens-
inschrift gekennzeichnet wurde. Bei den Christen enthielt
die B. entweder eine Reliquie
oder auch ein Blättchen mit
Gebetsformeln. Die B. ist nahe verwandt dem → Enkol-
pion. – **2.** Siegel, bestehend
aus einer kleinen Metallkap-
sel, durch die die Schnüre
des zu versiegelnden Doku-
ments hindurchgeführt wurden. Durch das Zusammen-
pressen der Kapsel konnte
die Verschnürung nicht mehr
gelöst werden. – **3.** Runder
Buckel oder Knopf am Gürtel.

**Bulla aurea,** wurde zugleich
mit der → Toga praetexta als
Kennzeichen vornehmer Her-

kunft um den Hals getragen,
zur Zeit der Mündigkeit abgelegt und den Laren geweiht.

**Bulla scortea,** B. aus Leder,
wurde von den Freigelassenen
getragen.

**bündig** sind zwei verschiedene
Gegenstände an einem Bau,
wenn sie eine Fläche bilden.
So werden überstehende Balken dadurch bündig gemacht,
daß sie an der Mauer abgesägt
werden und mit dieser nun eine Ebene bilden.

**burrus,** scharlachrot.

**Bursa,** verzierter Behälter für
die Aufbewahrung des → Korporale. Sie besteht in einfach-
ster Form aus zwei Pappdek-
keln, die an einer Seite verbunden sind.

**Busterna,** gelegentlicher Ausdruck für Reliquienbehälter.

**Busung,** Ausdruck für die
Krümmung, die → Kappen
beim Aufstreben zum Scheitelpunkt eines Gewölbes (etwa beim Kreuzgewölbe) er-
fahren. Die B. ist um so stärker, je niedriger der Halbkreis
ist, von dem die Kappe auf-
steigt. So ist bei einem rechteckigen Grundriß die B. der

Kappe über der schmaleren Seite stärker als die der breiteren.

**Butro,** der obere beckenförmige Teil eines Leuchters, Hängeleuchter.

**Butta,** auch **Butto, Butro,** Lampe, die im Presbyterium vor dem Altar hing.

**Buxa,** Reliquienkästchen.

**Buxus** = → Diptychon.

**Bycantius,** griech. Gold- oder Silbermünze.

**Byrrus, Birrus,** schwerer Kapuzenmantel, sehr ähnlich der → Lacerna, der auf der Brust mit einer Brosche oder einer Spange zusammengehalten wurde. Während die Lacerna sich immer mehr zu einem leichten Luxusgewand entwickelte, das man im Sommer trug, behielt der B. seine Schwere. Er diente, über die Kleider gezogen, als Schutz gegen Nässe und Kälte. Durch Gesetz der Kaiser Gratian, Valentinian II. und Theodosius I. vom Jahre 382 wurde dieses Gewand auch den Sklaven zugebilligt. Es war meistens von roter Farbe.

**Byssus,** Baumwolle, Leinen.

**Byzantinische Kunst,** eine aus der frühchristl. Kunst entwickelte Stilrichtung, die Ausdruck orthodoxen Kirchentums und östlichen Reichsgedankens ist. Sie ist keine Verfallserscheinung, sondern organische Neuschöpfung, entstanden aus dem Hellenismus, der in Berührung tritt mit neuen Formen aus Alexandrien, Antiochien und Edessa, die über die Spätantike in Byzanz zusammentreffen. Kunstgeschichtliche Epochenbegriffe sind das *Frühbyzantinische* (von Konstantin I. bis zum Ende des Bilderstreits, 843), das *Mittelbyzantinische* (ca. 843 bis 1204, bis zur Eroberung Konstantinopels durch die Franken) und das *Spätbyzantinische* (ca. 1261 bis zum Fall Konstantinopels an die Osmanen, 1453). Eine erste Blüte unter Justinian im 6. Jh. manifestiert sich in Saloniki, Ravenna, Parenzo. Orientalische Prachtentfaltung, kostbares Material und ungewöhnlicher Farbreichtum zeigen sich in Kirchen- und Profanbauten. Sowohl islamischer als auch abendländischer Einfluß charakterisiert eine späte Blütezeit im 14. und

15. Jh., v. a. auf dem Balkan und Griechenland bis nach Rußland hin. Das Abendland distanziert sich besonders in der Architektur, nimmt aber im frühen Mittelalter schon Anregungen und byz. Formen in die Malerei und Plastik auf. Die Weiterentwicklung führt zur formalen Erstarrung und zur Stereotypik.

# C (vgl. auch K, Z)

**C. 1.** Abkürzung des Vornamens *Gaius*. – **2.** Zahlzeichen für 100.

**C,** Abkürzung auf Münzen für *Constantinopel*.

**Caccabus,** Topf aus Stein, Eisen, Silber.

**Caduceus,** Stab von Lorbeer- oder Olivenholz, der von zwei Schlangen umschlungen wird. Er war v. a. der Botenstab des Hermes.

**Cadus,** Tongefäß, ähnlich der → Amphora, aber ohne Henkel.

**Caelatura,** getriebene Arbeit, Gravierung edler Steine.

**Caelimontium** ist die den Caelischen Hügel einschließende zweite Region der Stadt Rom. Als Caelimontanischer Palast wird bisweilen der Lateran bezeichnet.

**Caementarius,** Steinmetz, Maurer, in späterer Zeit bisweilen Bezeichnung für → Fossor.

**caementicius,** aus Bruchsteinen bestehend. → Opus caementicium.

**caerulus, caeruleus,** stahlblau.

**caesius,** blaugrau.

**Caga,** Büchse, Reliquienbehälter.

**Calamarium,** Schreibzeug, Tintenfaß.

**Calamus. 1.** Schilfrohr zum Schreiben. – **2.** Saugröhrchen aus wertvollem Metall oder Elfenbein, das am unteren Ende etwas bauchig war. Es wurde bei der Kommunion gebraucht.

**Calathiscus,** geflochtenes Körbchen.

**Calathus,** Korb, Weinschale. Vgl. → Kalathos.

**Calceamentum,** allgemeiner Ausdruck für Schuhe.

**Calces,** Sandalen.

**Calceus. 1.** Schuh. Wurde zur Toga getragen, bedeckte den ganzen Fuß oft bis an den Knöchel. Man legte Wert darauf, daß der C. gut passend für den Fuß gearbeitet wurde. Er war zunächst ein Schuh für vornehme, später auch für einfache Leute. Der **C. senatorius** war schwarz und mit Riemen verschnürt. Mehrere Formen waren möglich. (Abb. 17.) **C. mulleus** → mulleus. – **2.** = → Stylobat.

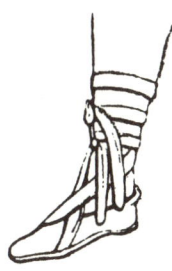

*Abb. 17.* Calceus.

**Calcia,** Beinkleid aus Leinen.

**calda** (zusammengezogen aus lat. *calida*), eigtl. **Aqua c.,** ›warmes Wasser‹. In den Katakomben findet man bisweilen auf den Bildern von Trinkgelagen das Wort verzeichnet. Es handelt sich dann darum, daß warmes Wasser zur Beimischung des Weines gereicht werden sollte.

**Caldarium. 1.** Gegossener Kessel. – **2.** Warmwasserbad in den → Thermen (Abb. 90).

**Caldus,** Becher.

**Calefactorium,** geheizter Raum im Kloster.

**Calendarium,** Kalender, der Gedenktage an die Heiligen und Memorien enthält.

**calicatus,** abgeputzt.

**Caliga,** Soldatenschuh, der die Zehen teilweise unbedeckt ließ. Sehr kompliziertes System von Riemen, die den Spann bedeckten und oft bis zur Hälfte des Schienbeins heraufführten. Wenn die Schuhe nicht geschnürt waren, konnten sie auch mit Knöpfen zusammengehalten werden, die bei höheren Rängen oft kunstvoll und sehr kostbar waren. Als Soldatenschuhe hatten sie schwere Nägel an den Sohlen. (Abb. 18.)

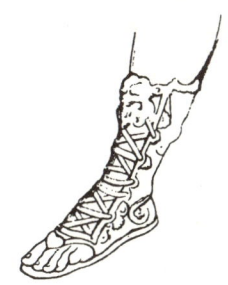

*Abb. 18.* Caliga.

**Calix,** Abendmahlskelch. Er hat sich erst allmählich zur mittelalterlichen und heutigen Form entwickelt. Vgl. → Kelch (Abb. 43).

**Calix ansatus,** Henkelkelch.

**Calix imaginatus,** Kelch, der mit bildlichen Darstellungen geschmückt ist.

**Calix literatus,** Kelch mit Inschriften.

**Calix ministerialis,** leichter Kommunionskelch für Laien im Unterschied zum schweren Konsekrationskelch → Scyphus.

**callainus,** blaßgrün, meergrün.

**Callicula,** Verzierung in runder Form aus Stoff, meist aus Purpur, die auf Gewandstükke am unteren Ende aufgenäht oder in den Stoff eingewebt wurde. In der heutigen wissenschaftlichen Sprache zieht man dafür den Ausdruck → Segmentum vor.

**Calliculae** (f. pl.), eine Abart der üblichen Sandalen.

**Calx,** Kalkstein.

**Cama,** kurzes, niedriges Lager, Bett.

**Camasus,** Stoffpelerine aus Wolle.

**Camelaucum,** auch **Camelaucus, Camelaucium,** ursprünglich Kopfbedeckung aus Kamelhaaren, später Bezeichnung für eine besondere Kopfbedeckung der Päpste, seltener Bezeichnung für Krone.

**Camera, Cameratio,** urspr. eine mit Holzwerk gewölbte Zimmerdecke, manchmal Ausdruck für die Apsiswölbung.

**Camillus,** Altarknabe, v. a. am heidnischen Altar.

**Camisia, Camisa** = → Alba. Urspr. bedeutet C. das Hemd (Tunica interior, → Tunika).

**Campagus,** Stiefel von Soldaten höheren Ranges und anderen Würdenträgern. Es handelt sich dabei um eine Sandale, bei der die Ferse und die Zehen mit Leder bedeckt waren, während das Fußblatt frei blieb. Der C. wurde von beiden Seiten über dem Fußblatt gebunden; die Bänder wurden an den Schienbeinen heraufgeführt.

**Campanile,** frei stehender Glockenturm. Beispiele dafür bereits im 5. und 6. Jh.

**Campestre,** einfacher Lendenschurz aus Leinen, der sowohl von Männern als auch von Frauen getragen wurde, Sport- und Kampfschurz.

**Canabula,** Röhre.

**Canalicula** = → Fistula.

**Canaliculus,** Schlitz der → Triglyphe.

**Canalis,** Rinne, Volutenkanal am ionischen Kapitell (Abb. 38).

**Cancellarius,** Palastdiener, der für das ordnungsgemäße Schließen der Türen verantwortlich war.

**Cancellatum culmen,** Gitterwerk über einem → Kantharos.

**Cancelli,** Schranken aus Holz, Marmor oder Metall, die in der frühchristl. Kirche den Laienraum vom Presbyterium trennten. Auch das Märtyrergrab ebenso wie der Frauenraum in der Basilika konnten durch C. abgesondert werden. Die C. waren oft reich verziert.

**Candela, C. cerea,** Binse, die mit Talg oder Wachs umgeben war. Sie diente als Beleuchtungskörper vor der Einführung der Öllampe. Sie war aber auch später noch bei den Armen im Gebrauch.

**Candelabrum,** ursprünglich kleiner Leuchter, auf den die → Candelae aufgesteckt wurden. Später großer, auf der Erde stehender Leuchter, meistens mit reichen Verzierungen.

**Canistrum** = → Pyxis.

**Canna** (lat., ›Rohr, Rinne‹; daher spricht man von → Kannelierung der Säulen). – **1.** → Fistula. – **2.** Der gerade Teil des Bischofsstabes. – **3.** Rohr zum Schreiben.

**Canniculus** = → Calamus.

**Cannula** = → Fistula.

**Canones ecclesiastici,** Kirchenordnung des 3. Jh.

**Canon missae,** die unveränderlichen Textteile der Messe.

**Cantabrarius,** Träger der Sänfte eines Kaisers bei der Prozession.

**Cantatorium,** Gesang, der angestimmt wurde, wenn der Diakon die Stufen zum Ambon emporstieg (→ Graduale).

**Canthara,** Leuchter.

**Cantharus, Canthara, Cantharum** → Kantharos.

**Cantherius,** Dachsparren.

**Cantores,** seit dem 4. Jh. Kirchenbeamte niederen Ranges.

**Cantulare,** Gesangbuch für den Gottesdienst.

**Capella,** gelegentliche Bezeichnung für Sarg oder auch für → Ciborium.

**Capis,** Weingefäß mit Henkel.

**Capitaneae litterae** = → Kapitalschrift.

**Capitium,** Kopfbedeckung, auch → Presbyterium.

**Capitulum,** Kapitell einer Säule.

**Cappa,** Kapuzenmantel ohne Ärmel. Er hat sich aus der → Lacerna entwickelt. → Pluviale.

**Cappella greca** (it.), ein Raum des 2. Jh., mit Malereien, im Coemeterium der Priscilla in Rom. Er wird wegen zweier griech. Inschriften so benannt, die sich dort befinden.

**Capreolus,** Dachsparren, Stützenträger.

**Capsa, Capsella. 1.** Zylinderförmiger Reliquienkasten aus Holz, Metall, Elfenbein. – **2.** Viereckiges, später meist rundes Kästchen zur Aufbewahrung von Büchern, insbesondere von Evangelien. – **3.** Behälter für die Abendmahlsgeräte. – **4.** Gelegentlich auch Bezeichnung für das Kirchenschiff oder einen Teil desselben.

**Capsarius. 1.** Jemand, der eine → Capsa trägt. – **2.** Schatzmeister der Kirche, der für die heiligen Geräte und Gefäße verantwortlich ist.

**Capsella** → Capsa.

**Capsum,** Kasten; aber auch: Chor der Kirche.

**Capulla,** Taufkleid.

**Caput ecclesiae,** Chor.

**Caput ecclesiasticum,** Titel, den Kaiser Justinian I. der Stadt Konstantinopel verliehen hat.

**Caput imperii,** Bezeichnung für Rom.

**Caputium,** Kapuze.

**Caracalla maior,** Schulterkragen, meistens mit Kapuze. → Alicula.

**Caracalla minor,** Kapuze.

**Carbatinum,** primitive Fußbekleidung aus einem Stück Leder. Zehen und Fersen waren damit geschützt. Sie eignete sich besonders für die Landleute. Die Riemen wurden durch Ösen an den hochgebogenen Rändern gezogen und über dem Fuß verschnürt.

**carboneus,** kohlschwarz.

**cardinatus,** verzapft.

**Cardo,** eine der beiden sich rechtwinklig schneidenden Hauptstraßen der röm. Stadt. Die andere ist der → Decumanus.

**carminium,** karminrot.

**carpatinus,** von rohem Leder.

**Carpentum,** Reisewagen.

**Cartularium,** auch **Chartularium, Chartarium,** Archiv, öffentliche Bibliothek.

**Casa Dei,** Kirche.

**Castor** → Dioskuren.

**Castula,** Mieder der Frau.

**Casula. 1.** Kasel, Meßgewand aus schwerem Seidenstoff mit einer Öffnung für den Kopf (Abb. 19). In Rom bis heute → Planeta genannt, in vorkarolingischer Zeit auch als → Amphibalus bezeichnet. Die C.

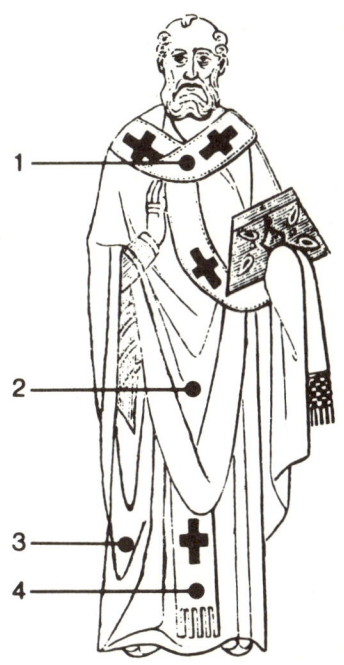

*Abb. 19.* Römischer Priester in der Casula. 1. Omophorion. 2. Casula. 3. Alba. 4. Stola.

entwickelte sich aus der → Paenula. – **2.** Totenkammer, kleine Hütte.

**Catabaticum,** Treppe.

**Catafracta, Cataphractes,** Panzer.

**Catafractarium,** Einrichtung, um über einem Bauwerk ein Zelt ausspannen zu können (z. B. in der Arena bei Regen).

**Catagrapha** (n. pl.), Malerei, bei der die Figuren perspektivisch, also in Verkürzung, dargestellt sind.

**Cataphractes** → Catafracta.

**Cataracta,** Schacht, Falltür, besonders Gitter oder Klappe zum Verschließen der Confessio.

**Catasta. 1.** Schaugerüst, auf dem die Sklaven ausgestellt wurden, die man dann im Zirkus den Tieren vorwarf. – **2.** Rost als Foltergerät, unter dem Feuer angezündet wurde.

**Catella,** goldenes oder silbernes Halskettchen.

**Catena,** Klammer.

**Catenae,** Exzerpte aus den exegetischen Schriften der Kirchenväter als Bibelkommentare.

**Cathedra** → Kathedra.

**Caulae,** Tempelumfriedung, Stall, Höhle.

**Caulis, Cauliculus, Coliculus,** Blattstengel am korinthischen Kapitell.

**Caupona,** Gastwirtschaft.

**Cavaedium,** abgeschlossener Lichthof (vgl. → Atrium), eigentliche Wohnung in kaiserlicher Zeit.

**Cavea,** Käfig und Gang unter dem Amphitheater, in denen sich die Tiere vor dem Beginn der Vorstellung befanden.

**Caverna,** Bassin, Höhle, Grotte.

$\frac{\text{C} \mid \text{B}}{\text{P} \mid \Delta}$ Aufschrift auf Münzen. Folgende Lösung wird vorgeschlagen: Κύριε βοήθει ῾Ρωμανῷ Δεσπότῃ, ›Herr, hilf dem römischen Kaiser!‹

**Celebrans,** der im Gottesdienst handelnde Priester.

**Cella,** urspr. ein kleiner Raum, eine Kammer jeder Art (→ Accubitorium). Dann **1.** Hauptraum des antiken Tempels (Abb. 88). – **2. C. coemeterialis,** überirdischer Kultraum über frühchristl. Begräbniskammer. – **3. C. memorialis,** auch **memoriae** wird als Bezeichnung für eine unterirdische Begräbniskammer verwendet. – **4. C. trichora,** oberirdische Gedächtniskapelle mit drei Apsiden. Sie hat also eine Kleeblattform. – **5.** Bezeichnung für Einzelzelle der Mönche.

**Celtium,** Schildpatt.

**Cenaculum** → Coenaculum.

**Cenobia linea, Coenobial.** Ordensregel.

**Cenographia,** Gesamtansicht eines Baues, auch Bauriß.

**Centra,** Gewölbebogen, Lehrbogen; → Lehrgerüst.

**Cepotaphium,** Begräbnisplatz mit gärtnerischem Schmuck; Gartengrabmal.

**Ceragium** → Cereus.

**cerasinus,** kirschfarben.

**ceraunius,** rötlich.

**Cerea** (n. pl.) oder **Tabula cerata. 1.** Wachs. – **2.** Mit Wachs überzogene Holztafel, die zum Schreiben benutzt wurde.

**Cereostatae** → Akoluthenleuchter.

**Cereus, Ceragium,** Kerze.

**Cereus bisulcus,** zweigabelige Wachskerze. Im bischöflichen Gebrauch der Ostkirche.

**Cereus paschalis,** Osterkerze.

**Ceriolare,** Fackel oder Licht von Wachs und Talg, Leuchter.

**Cerofalum,** Leuchter.

**Ceroferale,** Leuchter.

**Ceroferarii,** die Träger der Leuchter für den christl. Gottesdienst.

**Cerula miniata,** Rötelstift.

**Cerussa,** Bleiweiß.

**Cestros,** Brenngriffel für enkaustische Malerei (→ Enkaustik).

**Cetos,** Walfisch, Hai, Delphin, auch Bezeichnung für das Tier, das den Propheten Jona verschlingt.

**Chalcedon,** Schmuckstein verschiedener Färbung, oft mit Streifen versehen. Mineral aus feinfasriger Kieselsäure.

**Chalcidium** = → Narthex.

**Chalcitis,** Kupfererz, erzfarbener Edelstein.

**Chamulcus,** Rollwagen zur Beförderung von Konstruktionsmaterial für einen Bau.

**charaxare,** einkratzen, etwa in Form des → Graffito.

**Charta,** Papyrusblatt.

**Chartarium** → Cartularium.

**Chartophylax,** der Kustos der Archive.

**Chartoprates,** der Papierverkäufer.

**Chartularium** → Cartularium.

**Chernites** → Marmor (19).

**Cherub,** Engel. C.im werden schon in der Paradiesgeschichte und im Zusammenhang mit der Bundeslade im Alten Testament erwähnt, gelten als oberste Rangstufe der Engel. In Ez. 1,4–25 befindet sich eine genaue Beschreibung der C.im, die in Verbindung mit Offb. Joh. 4,6–11 die Grundlage für ihre künstlerische Gestaltung gab. So entsteht v. a. der Typus des sog. → Tetramorph. Daneben kam der C. auch als schlichter Engel vor (so in der → Wiener Genesis). Eine Verwechslung mit den → Seraphim ist in der künstlerischen Darstellung der C.im bisweilen festzustellen.

**Chirodota tunica,** Tunika mit langen Ärmeln.

**Chirothecae** (pl.), Handschuhe, die der Priester, v. a. der Bischof, bei seinen amtlichen Funktionen benutzte.

**Chiton,** Hemdgewand aus einer langen Stoffbahn, die an den Schmalseiten zusammengenäht ist. Es wird über den Kopf gezogen und an den Schultern von einer Fibula ge-

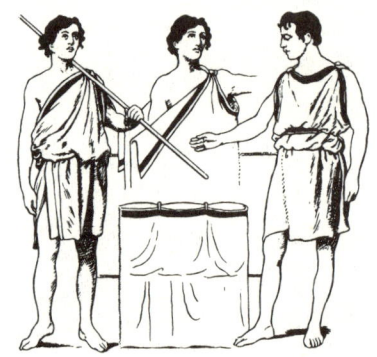

*Abb. 20.* Chiton.

halten (Abb. 20). Der bis zu den Oberschenkeln reichende **dorische C.** läßt eine Schulter und eine Brusthälfte frei. Der **ionische C.** ist knöchellang, der **etruskische** knielang. Vgl. → Tunika.

**Chlamys** (f.), leichter Überwurf, Soldatenmantel. Auf der rechten Schulter wurden beide Enden mit einer Spange befestigt oder auch einfach verknotet. Die C. wurde später auch bürgerliches Gewandstück. In der byz. Hoftracht zeichnet sie sich durch besondere Länge und das → Tablion an der Vorderseite aus. Vgl. → Paludamentum, → Sagum.

**Chloritis,** grasgrüner Edelstein.

**Chor. 1.** Die das Lob Gottes verkündende Gemeinschaft von Engeln und Heiligen, auch von Klerikern beim Gottesdienst. – **2.** Der Versammlungsort des Klerus in der Kirche, meist mit dem Altarraum gleichgesetzt.

**Choran,** bei Armeniern Bezeichnung für → Apsis.

**Chorbischof,** Bischof einer χώρα, d. h. einer der Stadt vorgelagerten Landgemeinde. Er vertrat in frühchristl. Zeit dort den Bischof der Stadt.

**Chorschranke,** Brüstung, die den Chor von den Laien trennt. → Cancelli.

**Chorus,** Lagerschicht bei Steinbauten.

**Chorus psallentium,** Unterchor, der dem eigentlichen Chor vorgelagerte Raumteil für die Sänger.

**Chrismarium,** Gefäß für Öl, besonders für heiliges Öl, das die Pilger aus Palästina mitbrachten.

**Chrismon,** ein Zeichen, das in der Zusammensetzung jeweils verschieden das → Monogramm Christi zum Ausdruck bringt. Urkunden erhielten durch Voranstellung solcher Zeichen einen besonderen Wert.

**Christusmonogramm** → Monogramm Christi.

**Chronogramm,** eine Inschrift, bei der die Addition der darin vorkommenden → Zahlzeichen das Datum ergibt. Da z. B. im Lateinischen I = 1, V = 5, X = 10, L = 50, C = 100, D = 500 und M = 1000 bedeuten, läßt sich durch Hervorhebung solcher Zahlen-Buchstaben im Inschrifttext auf ein bestimmtes Datum verweisen.

**Chronograph des Jahres 354,** ein umfassender, illustrierter Almanach, wahrscheinlich von Philocalus Furius Dionysius, wichtig für die christl.-archäologische Forschung. Er enthält neben einer Welt- und Stadtchronik von Rom und anderen interessanten Nachrichten v. a. eine Depositionsliste der röm. Bischöfe, angefangen mit Lucius I. († 254) bis zum Vorgänger des Bischofs Liberius, zu dessen Amtszeit (Papst 352–366) der Chronist sein Werk verfaßte.

**Chrysopras,** Schmuckstein, Abart des Beryllus.

**Ciborium** (herzuleiten von griech. κιβώριον ›Becher‹, weil es einem umgestülpten Becher gleicht. – **1.** Überbau über einem Altar, im allgemeinen gestützt von vier Säulen, zwischen denen bisweilen Vorhänge angebracht waren. Es wurde auch über Grabaltären errichtet und befand sich manchmal über dem Taufbrunnen der Baptisterien. Das C. konnte einen runden, rechteckigen oder polygonalen Grundriß haben. Über dem Gesims hatte es im allgemeinen ein aufsteigendes, steiles Pyramidendach. Es unterschied sich dadurch vom → Baldachin, daß dieser beweglich und von weniger dauerhaftem Material war. – **2.** Geweihter Hostienbehälter.

**Cicindela, Cicendula, Cicindelum,** Öllampe, Leuchter.

**Cidaris,** turbanartige persische Kopfbedeckung, auch mit → Mitra bezeichnet.

**Cilicium** (nach dem Ziegenland Kilikien benannt), schlichtes, dichtes Gewebe, aus Ziegenhaaren hergestellt.

**Cimeliarcha,** Schatzbewahrer der reichen Kirchen.

**Cimelium, Cimeliarchium,** Kleinod, Schatz, auch Schatzkammer.

**Cimiterium** = → Coemeterium.

**Cinctura,** Gürtel.

**Cinerarium,** Grab, genauer: Aschenkammer im Grab.

**Cinerarius,** Haarkünstler, der die Haare mit heißem Eisen kräuselte.

**cinericius,** aschfarbig.

**Cingulum,** Gürtel, der von Männern und Frauen zur lang herabfallenden Tunika getragen wurde, bei den Männern um die Hüfte, bei den Frauen unter der Brust. Gürteten sich diese ausnahmsweise damit um die Lenden, dann hatte er die griech. Bezeichnung ζώνη. Der Gürtel der Männer hieß ζωστήρ. Später war das C. für die Priester vorgeschrieben.

**Cinta,** Gürtel.

**Cipollino,** weißer, grüngeflammter → Marmor (5), oft mit rötlichen Glimmerstreifen durchzogen.

**Cippus,** freistehendes Mal, eigtl. ein Pfahl, aus Marmor oder anderem Stein, von unterschiedlicher Form und Bedeutung (z. B. Grab-Cippi der Etrusker), kann mit Reliefs, Malereien, auch Inschriften geziert sein.

**Circinus,** Zirkel.

**Circuitus, Circuitio,** Umgang, Kreis, Umlauf.

**Circuli luminum,** Leuchter, Kronleuchter.

**Circumcaesura,** äußerer Umriß.

**circumforatus,** rings umbohrt.

**Circumlitio,** Schutzschicht, hauptsächlich aus Wachs und v. a. auf Marmorskulpturen.

**Circumpediles,** Sandalen, auch allgemein Fußbekleidung.

**Cista,** Kiste, Kasten, Gefäß, v. a. zylindrisches Bronzegefäß mit Deckel, diente als Reliquienkasten und Behälter zum Aufbewahren von Pergamentrollen. Auch ein Sarkophag wird bisweilen C. genannt.

**Clarissimus** → Rangordnung.

**Clathri, Clatri** (m. pl.), Stangen, mit denen man Fenster, Türen und Gräber verriegeln konnte, dann auch Gitter, Balustrade, durchbrochene Steinplatten.

**clatratus,** vergittert, mit durchbrochenen Marmorplatten versehen.

**Clatri** → Clathri.

**Claustra** (n. pl.), durchbrochene Steinplatten, die eine Fensteröffnung ausfüllen.

**Claustrum,** das Klostergebäude, einschließlich des Kreuzgangs.

**Clavicula,** Schlüsselchen.

**Clavus. 1.** Nagel. – **2.** Streifen. Zwei parallel laufende Streifen, die gelegentlich auch mit Ornamenten und Bildern verziert sein konnten, schmückten oft die → Tunika. Sie reichten vom Hals bis zum Saum hinunter und waren aus Purpur oder Wolle. Urspr. war dieser Schmuck nur ein Vorrecht der Vornehmen, wobei die Breite der Clavi die Höhe des Standes zum Ausdruck brachte. Die Senatoren hatten die *lati clavi,* der Ritterstand die *angusti clavi* (→

Abb. 95). Später wurden die Clavi allgemein von den Bürgern getragen. Auch die Ärmel der Tunika hatten bisweilen diese Verzierung.

**Clepo,** Klappstuhl.

**Clerestorium,** Lichtgaden der Basilika.

**Clibanus, Clibanarium,** Ofenanlage.

**Clipeus,** Rundschild, auch Medaillon mit einem Porträt, z. B. eines Verstorbenen auf einem Sarkophag (Abb. 35). → Imago clipeata.

**Clusoria, Ars c.,** Gemmeneinfassung.

**Clymeterium** = → Coemeterium.

**CN.,** Abkürzung des Vornamens *Gnaeus*.

**coactilis,** aus Filz.

**Coagmentum,** Verband, Zusammengefügtes, Mauerfuge.

**Coassamentum,** Getäfel, Füllung.

**Coaxatio,** Getäfel, Diele als Unterlage des Estrichs.

**Coccum,** Scharlachbeere, Scharlachfarbe, Scharlachtuch.

**Cochlearium,** Löffel, mit dem den Laien das in den Abendmahlswein getauchte Brot gereicht wurde (hauptsächlich in der griech. Kirche).

**coctilis,** gebrannt, gebrannter Stein.

**Codex. 1.** Ursprünglich Bezeichnung für Holzplatten, die mit Riemen oder Bändern miteinander verbunden waren. – **2.** Das Buch in der heute üblichen Form im Gegensatz zum gerollten → Volumen. Im 4. Jh. erfolgte etwa der Übergang vom Volumen zum C.

**Codex Rossanensis,** Evangeliar, wahrscheinlich in Syrien oder Palästina im 6. Jh. entstanden und nach seinem Aufbewahrungsort Rossano in Süditalien benannt. Er ist besonders wertvoll wegen seiner kostbaren Buchmalerei.

**Codices, Codicilli** (m. pl.), gelegentliche Bezeichnung für → Diptychen.

**Coelum,** Unterseite der Wölbung.

**Coelus,** Himmel, personifiziert durch nackten männlichen Oberkörper. Er hat in den Händen ein die Himmelswölbung darstellendes Tuch, das über seinen Kopf gespannt ist. Über ihm befindet sich bisweilen der thronende Christus.

**Coemeterialkirche,** Kirche, die auf einem → Coemeterium errichtet ist, meistens zur Erinnerung an Märtyrer (vgl. → Memoria).

**Coemeterium,** auch **Cimiterium, Cymeterium, Clymeterium,** eigtl. Ruhestätte, Schlafkammer. Bezeichnung für oberirdische, oft auch unterirdische Grabanlagen. Es kann sich um Einzel- oder Familiengräber handeln. Auch die Begräbnisstätte einer Beerdigungsgenossenschaft (→ Funeralkollegium) kann damit gemeint sein.

**Coemeterium** (pl. **Coemeteria**) **martyrum,** spätere Bezeichnung für → Katakomben, als diese wesentlich der Märtyrerverehrung dienten.

**Coena coelestis,** als himmlisches Freudenmahl – nicht unumstritten – gedeutetes Bildthema der frühchristl. Kunst.

**Coenaculum, Cenaculum,** das gewöhnlich im oberen Stock-

werk befindliche Speisezimmer im röm. Haus.

**Coenocoperium,** Grab, vielleicht Mönchsgrab.

**Cogitationes et formae,** Entwürfe und Modelle.

**Cola,** auch **Colatorium, Colum,** ein Sieb, durch das der Wein aus den Krügen (*ex amulis*, → Amula) in den Abendmahlskelch geseiht wurde.

**Coliculus** → Caulis.

**Collarium,** Halsschmuck.

**Collegium funeraticium,** Begräbnisgenossenschaft. → Funeralkollegium.

**Colliciae** (f. pl.), Rinne, Wasserablauf.

**Colobium, Kolobion,** ärmellose Tunika der Frau, aber auch Bezeichnung für die → Dalmatik.

**Colobium lineum,** Mönchstunika.

**Colum, C. vinarium** → Cola.

**Columbarium** (lat., wörtlich ›Taubenschlag‹, auch ›Taubenhaus‹). Eine Begräbnisstätte mit vielen kleinen Höhlungen, welche die Aschenurnen enthielten. Dabei wurden je zwei Urnen in eine Nische gestellt. In christl. Coemeterien nicht nachweisbar.

**Columella,** kleine Säule, Stütze.

**Columen,** Ständer, Giebelständer.

**Columna vinea,** Säule mit Weinlaubskulptur.

**Colus,** Spinnrocken.

**Colymbethra,** Taufbecken, Taufstein.

**Colymbion,** Weihwassergefäß, oft aus Stein.

**Colymbus,** Becken zum Waschen von Leinen, Schwimmbecken.

**Comes,** liturgisches Buch, das das Lesen biblischer Abschnitte in bestimmter Reihenfolge vorsieht, eigtl. ein Führer durch die Bibel.

**Commendatio animae,** die Empfehlung der Seele an Gott, ein Gebetsformular für Sterbende aus der frühen Kirche. Die dabei gebrauchten Wortbilder entsprechen weitgehend den Katakombenmalereien.

**Commensus,** Symmetrie, Proportion.

**Commissione di archeologia sacra,** ein 1851 gebildetes päpstliches Institut. Ihm wurde die Leitung der Ausgrabungen der Katakomben übertragen. Gleichzeitig hatte es die Aufgabe, die bekannten frühchristl. Museen im Vatikan und Lateran aufzubauen.

**Communicales,** Kommunionsgefäße.

**COMOB,** Aufschrift auf vielen Münzen. Sie wird verschieden gedeutet: Entweder soll sie eine Abkürzung sein für *comes obryciacus* = Verwaltung des Goldschatzes in Konstantinopel, oder sie ist aufzulösen in *CO*(nstantinopolitana) *MO*(neta). *B*(*β′*) ist der griech. Zahlenwert 2.

**Compactura,** Fuge.

**Compages,** Bau.

**Compedator,** Feldmesser.

**Compendium scripturae,** Abkürzung eines Wortes, z. B. Ch. für Christus.

**Compluvium,** der nicht überdachte Hofraum des röm. Hauses mit dem Regenbassin (→ Impluvium).

**CON,** Abkürzung auf Münzen für *Constantinopel*.

**Concameratio,** Gewölbe, Kuppel.

**Concatenacio,** Verkettung.

**Concavitas,** Wölbung nach innen.

**Concentus,** Harmonie.

**Concha** (vgl. → Konche). – **1.** → Apsis, wahrscheinlich wegen der muschelförmigen Überwölbung. – **2.** Muschelförmiges Trinkgefäß. – **3.** Taufbecken. – **4.** Gefäß für heiliges Öl (Chrisma). – **5.** Muschelartiger Hintergrund für Porträts auf Sarkophagen.

**Conchula,** Nebenapsis.

**Conciliabula** (zu ergänzen: *basilica martyrum*), Kirche, die dem Märtyrer- und Reliquienkult diente.

**Conditorium. 1.** Behälter zur Aufbewahrung der Eucharistie. – **2.** Unterirdischer Raum für Begräbniszwecke. – **3.** Gelegentliche Bezeichnung für → Sarkophag.

**Conductio,** Hinführung der Braut zum Bräutigam.

**Conductor,** Bauunternehmer.

**conferruminare,** löten.

**Confessio,** Vorraum zu dem unter dem Altar befindlichen Märtyrergrab, nicht das Grab selbst. Nur durch Fenster (→ Fenestella) war das Märtyrergrab für den erreichbar, der durch Berührung mit ihm sein → Brandeum heiligen wollte. In alter Zeit gab es Schächte (→ Cataracta) bis an das Grab heran.

**Confirmatio** → Firmung.

**confornicare,** wölben.

**Congiarium,** Spende des Kaisers an das Volk in Gestalt von Öl, Wein, Getreide usw.

**Congius,** röm. Volumenmaß, = ⅛ → Amphora.

**Congregatio** = → Koinobion.

**conicere in structuram,** beim Mauern verarbeiten.

**Conluctatio manuum,** Eheschließung, dargestellt durch gegenseitiges Ergreifen der Hände. Vgl. → Dextrarum iunctio.

**Consessus,** Presbyterium.

**Consignatorium,** Raum für die Firmung, der meistens mit dem Baptisterium vereint war. Die Firmung wurde vom

Bischof im Anschluß an die Taufe vorgenommen.

**Constitutio,** Plananlage, Schema.

**Contabulatio. 1.** Verschalung. – **2.** Faltung der Toga auf der Brust zu einem breiten Streifen (→ Tabula).

**Contignatio,** zunächst allgemein Gebälk, Balkenlage, dann Bezeichnung für die balkonartige Außengalerie eines röm. Gebäudes, wie an der Trierer Palastaula, der sog. Basilika, in ihrer urspr. Form. Tafelwerk der Decke.

**Contractura,** Verjüngung der Säule von der Basis zum Kapitell.

**contra votum** (lat., ›gegen den Willen‹), eine auch auf christl. Grabsteinen vorkommende Formel, die das Unbegreifliche des Todes ausdrücken soll.

**Conus,** Münzstempel.

**Conventiculum,** Versammlung, dann aber auch Versammlungsraum. → Dominicum, → Ecclesia.

**Convivium,** geselliges Mahl mit nachfolgendem Trunk.

**Coopertoria** (n. pl.), Altarbekleidung, Altarüberbau.

**Coopertorium,** Bedeckung, Dach.

**Copia,** Baumaterial.

**Corallium, Curallium,** rote Koralle.

**Corbona,** Schatzkammer.

**Corinthea** (n. pl.), Weihwassergefäß.

**Corium,** Leder, Bewurf, Verputz, Anstrich.

**Cornu,** dicker Knopf, z. B. auf dem Stab, um den die Buchrolle gewickelt war.

**Cornu copiae,** Füllhorn, Sinnbild der Fruchtbarkeit.

**Cornu epistulae,** Bezeichnung für die Seite des Altars, an der die Epistel verlesen wurde und der Abendmahlskelch seinen Platz hatte. Für gewöhnlich war es die Südseite.

**Cornu evangelii,** Brotseite des Altars, meistens Nordseite. Hier wurde das Evangelium verlesen.

**Corona,** Kranz. – **1. C. triumphalis,** in der frühchristl. Kunst Bezeichnung für den Kranz, der das Monogramm oder Kreuz Christi umgibt. Er ist häufig am unteren Teil durch eine Schleife mit flatternden Bändern verziert. – **2.** Kranz, der Märtyrern aufgesetzt wird. – **3.** Gebäck in Form eines Kranzes. – **4.** Hängereifen, → Kronleuchter. – **5.** Bezeichnung für → Kranzgesims. – **6. C. spicea,** Ährenkranz, der die Personifikation des Sommers ziert. – **7. C. graminea,** Kranz aus Gräsern, eine militärische Auszeichnung. – **8.** Oberster Aufsatz, Krönung der Tür. – **9. C. clericalis** → Tonsur.

**Coronarium,** Deckensims.

**Coronatio,** Krönung des Märtyrers mit dem Siegeskranz durch Christus.

**Coronatus,** ein mit dem Siegeskranz ausgezeichneter Märtyrer.

**Corporale,** Tuch zur Verhüllung der Oblate = Leib Christi beim Abendmahl. → Korporale.

**corpore** (nach lat. *corpus* ›Körper‹) – *qui fuit in corpore*: Redensart auf Inschriften, die das Lebensalter bezeichnen.

**Corpus, C. longum,** gelegent-

liche Bezeichnung für das Langhaus des Kirchenschiffes.

**Corsa,** Band, Streifen am Türrahmen.

**Cortina,** Bettvorhang, Fenstervorhang, auch Vorhang am Altar.

**cos.** (pl. **coss.**), Abkürzung für *consul* (pl. *consules*), Konsul.

**Cottonbibel,** nach einem englischen Sammler (16./17. Jh.) benannte Handschrift, die um 500 in Alexandrien entstand. Sie enthielt 250 Bilder zum → Pentateuch, die auf eine Quelle wohl des 4. Jh. zurückgingen (1731 verbrannt, Reste in Bristol und London, British Library).

**Crater aspersorius,** Weihwasserbecken.

**Cratitius,** Fachwerk.

**Credentia,** Oblationsraum. → Prothesis.

**Crepida,** von den Griechen übernommener Schuh, vornehmlich der Kaiser und Prinzen. Zwischenform von Sandale und Halbschuh. Durch Ösen an den Sohlenrändern wurden Riemen gezogen und kunstvoll um den Fuß bis zum Knöchel geschlungen.

**Crepido** (f.), Sockel (vgl. → Krepidoma), Vorsprung, Ränder der Auskragungen des Türsturzes.

**Crepitaculum,** eine Art Klapperwerkzeug, das statt der späteren Glocken zum Gottesdienst rief.

**Creta fossicia,** Mergel.

**Crispido,** Ecke des Altars.

**croceus,** safrangelb.

**CRTS,** Inschrift auf Münzen, für *Carthago secunda* (erg.: *officina*), die Angabe einer Münzstätte.

**Cruces,** die Kreuzarme (Querhaus) einer Kirche.

**Cruciformis anchora,** Ankerkreuz (Abb. 21). → Crux.

**Crusta,** Basrelief, Mosaik, Stuckbewurf, freistehende Wände, Mauern, kleine Marmorplatten.

**Crustae** (f. pl.), die Mauerschale des Gußmauerwerks, wie sie zur Verkleidung mit Marmor oder anderen Steinen dient.

**crustare,** mit dünnen Platten überziehen.

**Crux,** Kreuz. (Kreuzformen Abb. 21.)

**Crux ansata** → Henkelkreuz (Abb. 21). Vgl. → Anch.

**Crux Antoniana,** Antoniuskreuz, **Crux commissa,** ein T-förmiges Kreuz, bei dem der Querbalken auf dem senkrechten aufliegt (Abb. 21).

**Crux bipartita,** Doppelkreuz.

**Crux capitata** → Crux immissa (Abb. 21).

**Crux commissa** → Crux Antoniana.

**Crux decussata,** auch Andreaskreuz genannt. Die Balken überschneiden sich diagonal (Abb. 21).

**Crux dissimulata,** ein Kreuz, das nur angedeutet ist, das allein der Kenner herausfindet.

**Crux gammata,** Hakenkreuz, Kreuz, das aus einer vierfachen Wiederholung des griech. Gamma (Γ; vgl. → Gammadia) besteht (Abb. 21, auch 32).

**Crux gemmata,** mit Edelsteinen (Gemmen) geschmücktes Kreuz.

*Abb. 21.* Crux. Kreuzformen: 1. Ankerkreuz (Anchora cruciformis). 2. Henkelkreuz (Anch, Crux ansata). 3. Antoniuskreuz (Taukreuz, Crux Antoniana, Crux commissa). 4. Andreaskreuz (Crux decussata). 5. Hakenkreuz (Crux gammata, Crux suastica). 6. Lateinisches Kreuz (Crux immissa). 7. Griechisches Kreuz (Crux immissa). 8. Patriarchenkreuz. 9. Konstantinskreuz (Crux monogrammatica, Signum Christi). 10. Crux monogrammatica, Signum Christi. 11. Jerusalemer Kreuz. 12. Kleeblattkreuz. 13. Gabelkreuz (Furca). 14. Gammadium. 15. Petruskreuz.

**Crux immissa,** auch **Crux capitata** genannt. Hier überschneidet der horizontale Balken den vertikalen (Abb. 21). Geschieht das am oberen Ende, so entsteht das *Lateinische Kreuz*. Geht der Querbalken durch die Mitte des senkrechten, so spricht man vom *Griechischen Kreuz*.

**Crux invicta,** das unbesiegbare Kreuz. Es kann auf Sarkophagdarstellungen die Mitte einer Komposition bilden.

**Crux monogrammatica,** ein Kreuz, dem die griech. Anfangsbuchstaben Christi *XP* ein- oder hinzugefügt werden (Abb. 21, 49, 53, 54).

**Crux pectoralis,** Brustkreuz.

**Crux quadrata,** Kreuz mit vier gleichen Schenkeln.

**Crux suastica,** indogermanische Bezeichnung für → Crux gammata (Abb. 21).

**Crypta** → Krypta.

**Crypta quadrata.** Eine Gruft in der Prätextatus-Katakombe in Rom trägt diesen Namen. Der Raum ist quadratisch und mit 4 Kappen überzogen.

**Cubicularius,** Totengräber, wohl gleichbedeutend mit Custos martyrum und Mansionarius. Er tritt später an die Stelle des → Fossors, der anfangs neben den Erdarbeiten auch noch die Aufsicht über die Katakomben hatte.

**Cubiculum,** Grabkammer. Neben den Gängen (→ Galerien) in den Katakomben gab es Cubicula mit meistens quadratischem Grundriß, aber auch polygonal angelegte. Solch eine Kammer war im allgemeinen kunstvoll ausgestattet und für vornehme Verstorbene gedacht. Die Decke wurde durch flache Tonnen gebildet oder hatte ein Kreuzgewölbe. Von einem **C. duplex** sprach man, wenn zwei Kammern miteinander verbunden waren. Entsprechend gab es auch ein **C. triplex.** Bisweilen ist der Ausdruck C. auch Bezeichnung für ein oberirdisches Grabgebäude, ebenso für Anbauten (Kapellen) an einer Kirche.

**Cubiculum clarum,** Name für ein bekanntes C. in der Priscilla-Katakombe in Rom.

**Cubiculum dormitorium,** Schlafraum.

**Cubitum,** Ellenbogen, Biegung, auch Vorderarm.

**Cubitus,** Elle, röm. → Längenmaß.

**Cuculla,** Kapuze; vgl. →Caracalla minor, → Cucullus.

**Cucullus,** eine Art Kapuze, die an der → Lacerna oder → Paenula befestigt wurde und als Schutz gegen Regen oder Wind über den Kopf gezogen werden konnte.

**Cucumella, Cucumellum. 1.** Handwaschbecken für den Priester. – **2.** Topf zum Erwärmen von Wasser.

**Cucurbita,** Kürbispflanze.

**Culmen,** Giebel, Firstbalken.

**Culter eucharisticus,** ein Messer, das ähnliche Funktionen wie die λόγχη (›Lanze‹) der griech. Kirche hat. Es diente zur Teilung des eucharistischen Brotes, das auf einer Mensa seinen Platz hatte.

**Cunctus,** Becher, Schale.

**cuneatus,** keilförmig zugespitzt.

**Cuniculus,** Korridor der Katakomben.

**Cupa,** Grabgewölbe.

**Cupella,** gelegentliche Bezeichnung eines Doppelgrabs für Kinder in den Katakomben.

**Cuppa,** Schale beim Calix, → Kelch (Abb. 43).

**Cuprum,** Kupfer.

**Curallium** = → Corallium.

**Cursus,** die anfänglichen Lesestücke für die sieben kanonischen Stunden, aus denen später das → Breviarium wurde. Vgl. → Horen.

**Curvatura,** Gewölbe, Krümmung, Scheitel der Halbkugelwölbung.

**Cuspus,** hölzerne Sandale.

**Custodia,** Hostienbehälter.

**cyaneus,** meerblau.

**Cyclas,** Luxuskleid der röm. Damen, eine Tunika mit breitem Gold- und Purpursaum, die bis zu den Füßen reichte.

**Cyclus paschalis,** berechneter Ostertermin für eine Anzahl von Jahren. In frühchristl. Zeit wurde der C.p. des Hippolyt (Theologe des 3. Jh.) benutzt.

**Cyma recta** (nach griech. κῡ-

μα ›Welle‹ oder ›Schwel-
lung‹), gewellter Gesimsteil,
stehendes oder steigendes →
Karnies (Abb. 41).

**Cyma reversa,** gewellter Gesimsteil, verkehrt steigendes
→ Karnies (Abb. 41).

**Cymatium,** Wulst bei ioni-
scher Säule, krönendes Band
etwa des Epistyls. – **C. dori-
cum** = → Kymation.

**Cymborium** = → Ciborium.

**Cymeterium** = → Coemeterium.

# D

**D.,** Abkürzung des Vornamens *Decimus*.

**d.,** Abkürzung für *discessit* (lat., ›er schied‹).

**Dabulail,** Holzplatten angeblich vom heiligen Kreuz, Reliquien. In Nordafrika gebräuchliche Bezeichnung. Vgl. → Tablita.

**Dach** → Abb. 11 (Satteldach, Pultdach), → Abb. 89 (Tempeldach), → Abb. 100 (Zeltdach).

**Dachgesims,** → Kranzgesims, Hauptgesims genannt. Es befindet sich unmittelbar unter dem Dach.

**Dachstuhl.** Ein offener D. war häufig in frühchristl. Kirchen. Er besteht aus Sparren (Balken), die von den Längsmauern zum First des Daches emporgeführt werden. Die Basis dieser Schrägbalken bilden die horizontal von Mauer zu Mauer gelegten Dachbalken. (Abb. 11.)

**Dachziegel.** Bekannt sind im Altertum zwei Formen: Plattziegel (*Tegulae*) und → Hohlziegel (*Imbrices*). (Abb. 22.)

**Dagum** = → Baldachin.

**Dairo,** syrische Bezeichnung für Kloster.

*Abb. 22.* Antike Dachziegelformen.

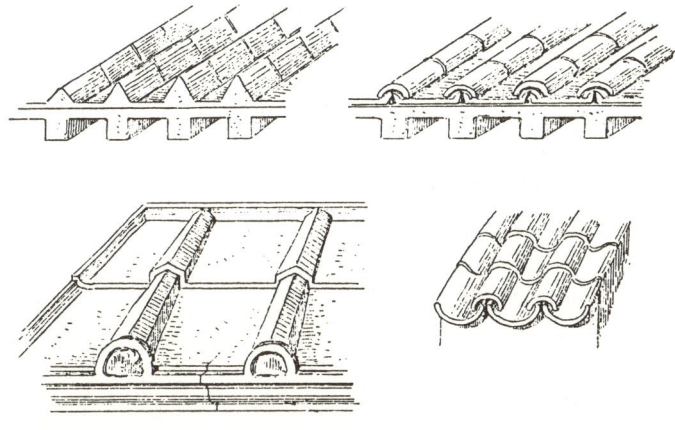

**Daktylos,** Finger(breite), griech. Längenmaß von durchschnittlich 1,93 cm. Vgl. → Längenmaße.

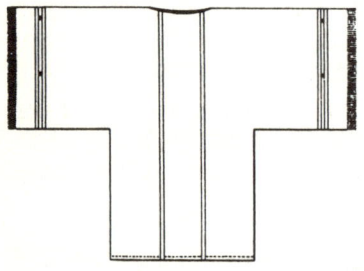

*Abb. 23.* Dalmatik.

**Dalmatik,** eine Art ungegürtete Tunika mit breiten, kurzen Ärmeln, aber im Gegensatz zur Tunika im Umriß ein Kreuz bildend; wurde von beiden Geschlechtern getragen (Abb. 23). Sie hat ihren Namen von Dalmatien, weil sie angeblich dort zuerst getragen wurde. Bei den Frauen reichte das Gewand bis zum Knöchel herab, bei Männern nur bis zum Knie. Das Material war Wolle, Leinen oder auch Halbseide. Eine D. mit Kapuze kommt nur selten vor. Sie trägt dann den griech. Namen δαλματικομαφέρτιον. Durch eine Verordnung des röm. Bischofs Silvester I. von 320 wurde die D. zum offiziellen Amtskleid der Diakone. Dieses reicht bis zum Knöchel und weist mancherlei Verzierungen auf.

**Damasianische Schrift.** Charakteristisch sind große, sehr exakt durchgeführte Buchstaben. Ein besonderes Erkennungszeichen ist die Gabelung der Grundstriche oben und unten. Genannt nach dem röm. Bischof Damasus I. (366–384).

**Davidstern** → Hexagramm.

**D. D.,** Abkürzung in Inschriften für *dedicavit*, auch *dono dedit* oder *donum dedit*, die den Stifter ausweist.

**Dealbatio,** Auftrag einer feinen Mörtelmasse bei Stuckbereitung.

**Dealbatus,** Bezeichnung für ein Bauwerk, dessen rohe Steine mit weißem Mörtel oder Stuck verkleidet sind.

**Deambulatorium,** die die Kirche umgebenden Hallen und Gänge. Mittelalterlicher Ausdruck auch für Chorumgang. Gelegentliche Bezeichnung für Seitenschiff und Empore.

**deargentare,** versilbern.

**deaurare,** vergolden.

**Debellator hostium** (lat., ›Bezwinger der Feinde‹). Kaiser Konstantin II. (337–340) wird bisweilen auf Münzen so bezeichnet. Er ist in diesem Fall auf einem Schlachtroß dargestellt, unter dem sich eine besiegte Schlange befindet.

**Decaneta, Decanicum,** kirchliches Gefängnis. Im allgemeinen wurde dafür das → Diakonikon der Kirche benutzt.

**Decempeda,** Meßrute von 10 Fuß Länge.

**Deckplatte,** Platte auf dem Kapitell einer Säule, die die Last des Gebälks oder des Bogens aufnimmt. → Abakus.

**Decumanus,** bildet mit dem → Cardo das Kreuz der Hauptstraßen in der röm. Stadt.

**decurvatus,** nach unten gekrümmt.

**Decussatio,** Schnittpunkt.

**Decussis,** röm. Schwergeldmünze von 10 Asses (→ As).

**Dedicatio,** Einweihung heiliger Orte wie einer Kirche, aber auch Weihe heiliger Gegenstände (z. B. eines Altars, Bildes).

**Dedikationsbild,** Widmungs-, Votivbild.

**Deesis** (griech., ›Bitte, Gebet‹), Bezeichnung für die Darstellung Jesu als Weltenrichter, dem sich Johannes der Täufer von links und Maria von rechts fürbittend zuwenden. Dabei ist Johannes die Verkörperung des Alten Testaments und Maria die des Neuen Bundes. In der *Großen D.* treten Erzengel und Apostel hinzu. Die Darstellung ist besonders häufig auf der → Ikonostasis der griech. Kirche.

**Deformatio,** Planzeichnung.

**defrigare,** polieren, abglätten.

**Delicatus,** Tafeldiener.

**Delineatio,** Zeichnung.

**Deliquiae,** Sparrenwerk.

**Delphica,** Kredenztisch.

**Delphin,** fischähnliches Meeressäugetier, sowohl in der Antike als auch in der frühchristl. Kunst ein sehr beliebtes Motiv. Auch Leuchter gibt es in der Form eines D.s.

**Dema,** eine Art Fußbank, z. B. auf Darstellungen der

drei Männer im Feuerofen (Dan. 3).

**Demonstratio,** äußere Gestalt eines Baues.

**Denar,** seit dem 3. Jh. v. Chr. röm. Hauptsilbermünze von 3,9 g Gewicht. 1 D. = 10 Asses, seit ca. 130 v. Chr. 1 D. = 16 Asses. Der D. sank im Wert; zur Zeit Diokletians war er eine gering bewertete Bronzemünze. 25 D. = 1 Aureus. Vgl. → Münzen.

**Denticuli** = → Zahnschnitt.

**Deo annoente/volente/favente/jubente/miserante/propitiante,** verschiedene epigraphische Formulierungen für die Wirksamkeit Gottes.

**Deo gratias, Deo laudes** (lat., ›Gott sei Dank! Gott sei gelobt!‹) erscheinen auf Inschriften als → Acclamatio.

**DEP,** Abkürzung auf Inschriften für → *Depositio.*

**Depictio,** Abbildung.

**Depositio,** Bestattung, Begräbnis, auch Begräbnistag. Die Abkürzung auf Inschriften lautet seit dem 4. Jh. *DEP* oder *DP.*

**Depositionskatalog,** Katalog mit den Begräbnistagen von Bischöfen und Märtyrern.

**Deptivum** = → Diptychon.

**Descensus ad inferos, Descensio,** Niederfahrt Christi zur Hölle (seit dem 4. Jh. im Glaubensbekenntnis).

**Descriptio,** Planzeichnung, Umriß.

**Desector,** Schnitzer.

**Designatio,** Zeichnung, Abrechnung, Wellenlinie.

**Destina,** Stütze.

**Deunx,** $^{11}/_{12}$ röm. Fuß. Vgl. → Längenmaße.

**Devotionalien,** Gegenstände, z. B. Andachtsbilder, welche die Frömmigkeit unterstreichen oder die Andacht vertiefen sollen.

**Dextans,** $^{5}/_{6}$ röm. Fuß. Vgl. → Längenmaße.

**Dextrarum iunctio,** die Vereinigung zweier rechter Hände, z. B. eines Paares als Zeichen der Eheschließung. Vgl. → Conluctatio manuum, → Omonoia.

**DI,** Abkürzung für lat. *Dei.*

**Diacopton,** gravierte Arbeit.

**Diadem** (griech., ›Binde‹), Kopf- oder Stirnbinde, die urspr. aus Stoff, später aus Metall geformt war.

**Diaglyphicus, Gemma diaglyphica,** geschnittener Stein. → Intaglio.

**Diakon,** nach dem Bischof und dem Presbyter die unterste Stufe der Ordines maiores.

**Diakonikon. 1.** Bezeichnung für den meist südlich gelegenen Nebenraum der Hauptapsis oder die Seitenapsis, v. a. in der griech. Kirche. Eine Art Sakristei für den Priester. Sie bestand bei den größeren Kirchen oft aus drei Teilen: a) *Salutatorium* oder *Receptorium*, Empfangsraum des Klerus für den Bischof; b) *Vestiarium, Mutatorium*, Raum zum Umkleiden; c) *Thesaurarium*, Schatzkammer mit liturgischen Geräten, Büchern usw. Die Grundrißform konnte rechteckig oder auch rund sein. (Abb. 63.) Vgl. → Decaneta. – **2.** Bezeichnung für liturgisches Handbuch des Diakons in der griech. Kirche.

**Diametros,** Durchmesser, Kreisabschnitt, Kreissegment.

**Diamikton,** zwei im ganzen unverbundene Mauerwände, deren Zwischenraum mit Sammelsteinen ausgefüllt ist (→ Fartura). Gelegentliche Ziegellagen zwischen den Mauerwänden stellen die Verbindung her (→ Diatonikon).

**Diasprus,** Jaspis. Auch weißes gemustertes Leinen.

**Diastyle,** Gitter, welches das → Bema vom Schiff trennte.

**Diastylos** (griech., ›weitsäulig‹), Zwischenraum von der Dicke dreier Säulen.

**Diathyron,** Türfüllung.

**Diatonikon,** Verbindungsstücke in Form von Mauerwerk zwischen zwei parallellaufenden Wänden (→ Diamikton), in deren Mitte sich sonst Füllsteine befinden.

**Diatreta,** Glasgefäß in Form eines großen Bechers, der mit einem Glasnetz überzogen ist. Das Gitterwerk entstand durch Hinterschleifen und Schneiden des Glaskörpers und erweckt den Eindruck aufgelegten Flechtwerks. (Abb. 24.)

**diatretus,** durchbrochen gearbeitet.

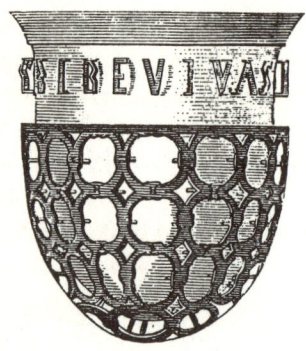

*Abb. 24.* Diatreta.

**Dibetesion,** hemdartig langes byz. Kaisergewand mit halb- oder dreiviertellangen Ärmeln, die wie die Säume reich verziert sein konnten.

**Dictica** = → Diptychon.

**Didache** *τῶν δώδεκα ἀπο-στόλων,* ›Lehre der zwölf Apostel‹, in Syrien, Palästina oder Ägypten entstandene Kirchenordnung des 2. Jh.

**Didascalia,** eine Kirchenordnung aus der 2. Hälfte des 3. Jh.

**Dies natalis** → Natalis.

**Digitus,** Finger(breite), röm. Längenmaß von durchschnittlich 1,85 cm. Vgl. → Längenmaße.

**Dikanikion,**    Bischofsstab (Abb. 74).

**diloris,** doppelt gestreift.

**Dinos,** henkelloser, halbkugelförmiger Mischkrug (Abb. 97).

**Dioptra,** Nivellierinstrument.

**Dioskuren,** Kastor und Pollux, Söhne des Zeus. Als Kastor im Kampf fiel, bat Pollux darum, sein Schicksal in der Unterwelt teilen zu dürfen. Zeus gewährte ihm in der Weise die Bitte, daß er beide jeweils einen Tag im Hades und

*Abb. 25.* Die Dioskuren als christliche Heilige (nach einem Terra-sigillata-Tablett, 4./5. Jh., Nordafrika).

einen Tag im Olymp weilen ließ; damit ein Symbol für den Wechsel von Leben und Tod. Die Brüder werden oft auf heidnischen Sarkophagen, vereinzelt auch auf christlichen dargestellt. (Abb. 25.)

**Diota,** niedriges, dickbauchiges, mit zwei Henkeln versehenes Gefäß.

**Diphros,** Stuhl mit Rückenlehne, dessen Beine gekreuzt sind.

**Dipinto** (it.), rohe Kritzelei mit Farbe oder Kohle.

**diplinthius,** zwei Ziegelsteine dick.

**Dipteros,** griech. Tempel, der von einer doppelten Säulenreihe (→ Peristase) umgeben ist (Abb. 87).

**Diptychon** (griech. *δὶς πτύσσειν* ›zweimal falten‹), **Tabellae** (lat.), zwei Tafeln zum Schreiben, innen mit Wachs überzogen, durch Scharniere zusammengehalten. Diptychen können aus einfachem Holz oder Metall sein, waren aber meistens aus Elfenbein oder auch einem kostbaren Edelmetall. Diptychen mit Elfenbeinreliefs sind in der frühchristl. Kunst häufig. Sie sind kunstgeschichtlich von großem Wert. In Rom waren besonders die **Diptycha consularia** ein beliebter Geschenkartikel der Konsuln z. B. beim Amtsantritt, Geburtstag oder Jahreswechsel. Die **Diptycha**

**ecclesiastica** wurden häufig von Bischöfen für Aufzeichnungen benutzt, dienten aber auch sonst der Notierung von Namen verstorbener und lebender Gemeindeglieder, deren bei der Messe gedacht werden sollte. Durch Ringe oder Scharniere konnten auch drei oder mehr Tafeln zusammengehalten werden. Man sprach dann von *Triptychon*, *Pentaptychon*, *Polyptychon* usw.

**Directorium,** Kredenztisch.

**Directura,** Mörtel-, Stuckauflage.

**disc.,** Abkürzung für *discessit* (lat., ›er schied‹).

**Discerniculum,** Haarnadel.

**discincti Afri,** Bezeichnung für Afrikaner, weil sie meistens mit ungegürteter → Tunika gingen.

**Disciplina arcani** → Arkandisziplin.

**Discriminalis,** Haarnadel aus Knochen, Elfenbein oder Metall.

**Diskos, Discus,** runde Scheibe (→ Clipeus), auch runde Schale der Öllampe und ebenso der runde Hintergrund des Porträts von Verstorbenen auf Sarkophagen. In der griech. Kirche hatte auch ein runder Abendmahlstisch bisweilen diesen Namen, ferner die → Patene.

**Dispositio,** Einteilung und Entwurf des Bauplans.

**Distichon,** Verspaar aus Hexameter und Pentameter.

**Distributio,** Verwaltung des Baues.

**Dittochaeum,** eine Sammlung von 49 Tetrastichen (Vierzeilern), in denen Prudentius (4. Jh.) jeweils ein Bild aus dem Alten oder Neuen Testament beschreibt (es sind 24 Bilder aus dem Alten und 25 aus dem Neuen Testament). Es ist anzunehmen, daß sie auch wirklich zur Ausführung gekommen sind.

**Djedars,** afrikanische Bezeichnung für ein Mausoleum in Pyramidenform. Im 5.–7. Jh. beliebt als Begräbnisstätte für Fürsten.

**DM,** Abkürzung für lat. *Deum.*

**D. M.,** Abkürzung für *dis manibus* (lat., ›den Manengöttern‹). Diese heidnische In-

schrift kommt auch auf christl. Grabdenkmälern vor.

**DME,** Abkürzung für lat. *Domine.*

**DMI,** Abkürzung für lat. *Domini.*

**DMS,** Abkürzung für lat. *Dominus.*

**DN,** Abkürzung für lat. *Dominus noster.*

**DO,** Abkürzung für lat. *Deo,* auch *Dominorum.*

**Doctrina,** Kunstlehre.

**Dodekaorthon,** griech. Festbildzyklus mit Darstellungen nach den Evangelientexten der 12 Hauptfeste des Kirchenjahres. Die Auswahl der Feste wechselt.

**Dodrans,** ¾ röm. Fuß. Vgl. → Längenmaße.

**Dolabra,** Brechaxt, also eine Art → Ascia (1), aber für festeres Gestein. Der Schaft war länger und die Schneide spitzer.

**Dolium,** großes Gefäß zum Aufbewahren von Wein, etwa 20 → Amphorae fassend.

**D. O. M.,** Abkürzung für *Deo*

*Optimo Maximo* (lat., ›dem größten, besten Gott‹). Diese Aufschrift ist wahrscheinlich von den Christen nicht gebraucht worden.

**Domicilium,** Wohnsitz.

**Dominicale,** einerseits Bezeichnung für den Schleier der Frau, dann auch für ein Tüchlein, das beim Empfang der Hostie bei der Abendmahlsfeier in der Hand gehalten wurde. Vielleicht erklärt sich der gleiche Name für zwei anscheinend verschiedene Dinge daher, daß der Kopfschleier als Abendmahlstüchlein benutzt wurde.

**Dominicum,** die Kirche, das Gotteshaus. → Conventiculum.

**Dominus,** gelegentliche Ehrenbezeichnung für Märtyrer auf Grabdenkmälern.

**Domus aeterna,** in der Antike bisweilen Bezeichnung für die Behausung der Toten. Von daher wird die Hausform vieler, auch christl. Sarkophage (v. a. im Osten) verständlich.

**Domus dei,** Gotteshaus. Von lat. *domus* wird das Wort ›Dom‹ abgeleitet.

**Domus elemosynaria,** Hospiz.

**Donarium,** Weihgeschenk.

**Doppelsäule,** zwei Säulen, die miteinander gekoppelt sind.

**Dorische Ordnung** (Abb. 75) → Säulenordnung.

**Dorisches Kapitell** (Abb. 37) → Kapitell.

**Dorisches Kyma** (Abb. 48) → Kyma.

**Dormitio,** Ruhestätte, Grab.

**Dormitio Mariae,** Marias Hinscheiden. → Koimesis.

**Dormitorium,** Schlafsaal im Kloster.

**Dorsale,** Rückseite eines Prachtbandes, auch Rückwand des Chorgestühls, Wandteppich.

**Dos ecclesiae,** Bestimmung des Kaisers Justinian I. (527 bis 565), wonach der Erbauer von Kirchen nicht nur diese selbst, sondern auch ihre Kleriker ausstatten mußte.

**Dotalitium,** Verzeichnis des Kirchenvermögens.

**Doxologie,** Lobpreis der Herrlichkeit (griech. δόξα)

Gottes. In der Liturgie unterschied man die *Große* und die *Kleine D.*, meist als Anrufung am Ende einer Hymne. In der römischen Kirche ist die *Kleine D.* Schlußformel von Gebeten und → Antiphonen (»Gloria patri et filio et spiritui sancto«). Als *Große D.* wird sowohl die liturgische Schlußformel (»Per ipsum et cum ipso et in ipso est tibi deo patri omnipotenti in unitate spiritus sancti omnis honor et gloria per omnia saecula saeculorum«) als auch das »Gloria« im Kanon der Messe bezeichnet.

**DP**, Abkürzung auf Inschriften für → *Depositio*.

**Drachme, Drachmon. 1.** Griech. Gewichtseinheit von durchschnittlich 4,36 g. Vgl. → Gewichtseinheiten. – **2.** Griech. Silber-, selten Goldmünze. Vgl. → Münzen.

**Draconarius,** Fahnenträger der Kohorte.

**Dreikonchenanlage.** Man spricht davon bei Kirchen, bei denen nicht nur eine Apsis den Abschluß bildet, sondern auch das Querschiff an beiden Enden eine Apsis besitzt und

so eine kleeblattartige Form durch die drei Apsiden entsteht. → Trikonchos.

**Dreiviertelsäule,** Säule, die etwa mit Dreiviertel ihrer Dikke aus dem Mauerwerk herausragt, mit dem sie verbunden ist.

**Dressorium,** Kredenztisch.

**Drudenfuß** → Pentalpha.

**DS,** Abkürzung für lat. *Deus.*

**ducere,** Ziegel streichen.

**Ductile,** getriebene Arbeit.

**Dura-Europos,** Euphrat-Festung, durch Seleukos I. Nikator (312 – 281 v. Chr.) gegründet, nach jahrhundertelangen wechselvollen Kämpfen 256 n. Chr. von den Sassaniden erobert. Seit dieser Zeit ist der Ort verödet. Hochbedeutsam sind die Ausgrabungen, die seit den 1920er Jahren durchgeführt wurden. Sie gewähren uns überraschende Einblicke in die Welt der heidnischen Tempel und anderer antiker Gebäude. Für die frühchristl. Kunst ist der Fund einer Synagoge mit reichem Bilderschmuck und die Entdeckung eines für gottesdienstliche Zwecke hergerichteten Pri-

vathauses, das christl. Wandmalereien aufweist, von un-
schätzbarem Wert.

**DV,** Abkürzung für lat. *divus*.

**Dyophysitismus,** Lehre von
der untrennbaren Verbindung
der zwei Naturen Christi (Gott
und Mensch). Vgl. → Mono-
physitismus.

# E

**eburatus,** mit Elfenbein verziert.

**Ecclesia. 1.** Zusammengerufenes Volk. – **2.** Versammlung der Gläubigen. – **3.** Bisweilen deren Versammlungsraum oder Gebäude. – **4.** Gelegentlich auf das Kirchenschiff allein beschränkt.

**Ecclesia baptismalis** → Baptisterium.

**Ecclesia ex gentibus,** heidenchristl. Kirche. In der frühchristl. Kunst auch personifiziert dargestellt.

**Ecclesiasticus,** ein Geistlicher, besonders wenn er am Anfang seiner Tätigkeit steht.

**Echinus,** Wulstglied des dorischen und des ionischen → Kapitells (Abb. 37, 38, 75).

**Eckkontraktion,** die Verringerung der Säulenabstände in den Eckjochen des dorischen Tempels.

**Ectypa** (n. pl.), Gußform für eingeprägte Stempel, ferner Gemme als → Kamee.

**Effigies,** Bild, Porträt, dann das Totenabbild, das bei großen Beerdigungsfeiern in Rom auf dem Sarg stehend mitgeführt wurde.

**Efformatoria,** Abformungskunst.

**Effossio,** Ausgrabung.

**Egregius** → Rangordnung.

**Eierstab,** Ionisches → Kyma (Abb. 48).

**Ekphora,** Ausladung eines Bacgliedes.

**Ekphrasis,** Auslegung, Beschreibung; eine Gattung der Kunst und Natur beschreibenden Literatur.

**elatus,** erhaben (im Relief).

**Electrum, Elektron. 1.** Bernstein. Der Bernstein war in der röm. Kaiserzeit ein Luxusartikel. Auch Christen wußten schon etwas von seiner Anziehungskraft. – **2.** Legierung von Gold und Silber (meistens ein Teil Gold und vier Teile Silber), kam auch in natürlicher Mischung vor. Verwendung im Münzwesen und im Kunstgewerbe.

**Elephas,** Elfenbeintafel, etwa als Buchdeckel.

**Eleusa** (zu ergänzen: *Theoto-kos* oder *Maria*), die Barmherzige. Titel, nicht Typus einer Darstellung der Gottesmutter, die das Kind herzt, meist Wange an Wange mit ihm, wie die → Glykophilusa.

**Ellychnium,** Docht einer Kerze oder einer Öllampe.

**Elogium** (lat. *eligere* ›auswählen‹), Grabschrift, Aufschrift, Lobrede, Lobeserhebung.

**Email,** Überzug von Metallgeräten mit einem aufgebrannten Glas- oder Steinschmelz. In der frühchristl., v. a. auch byz. Kunst war der sog. *Zellenschmelz* sehr beliebt. Dabei wurden die Umrisse von Figuren durch aufgelötete niedrige metallene Stege festgelegt und die entstandenen Flächen dann mit jeweils andersfarbigem Email gefüllt. Beim *Grubenschmelz* liegt das Email in Eintiefungen ohne Stege.

**Embates,** Einheitsmaß in der Baukunst ähnlich dem → Modulus.

**Emblem** (griech., ›eingelegtes Stück‹). – 1. Relief, Zierat, herausgehobenes Stück eines Mosaiks, verzierte Metallplatte. – 2. Politisches oder religiöses Sinnbild oder Symbol.

**Emblemata vermiculata,** kunstvoll verfertigte Mosaikstücke für besondere Verzierungen in Fußböden. Mosaikbilder, die im → Opus tesselatum eingelassen sind.

**Embolos, Embolus,** Säulenstraße, bedeckte Säulenhalle, auch Kloster.

**Emissio,** Münzausgabe. Diese war an bestimmte Städte des röm. Imperiums gebunden. Der Prägeort ist auf den Münzen festzustellen. → Münzstätten.

**Emmanuel,** verkürzend für *Christus Emmanuel.* Bezeichnung für das Kind Christus, das auf dem Arm der Mutter sitzt, aber trotz seiner Jugend einen Gesichtsausdruck voll großer Weisheit hat. Es wird damit als präexistent symbolisiert.

**Emortuale** (zu ergänzen: *pallium*), Leichentuch.

**Emplekton,** Mauerwerk, das im Kern mit mittelgroßen und kleinen Bruchsteinen und Mörtel gefüllt ist, an der Ansichtsseite aber aus Quadern besteht.

**Empore,** ein Geschoß über den Seitenschiffen eines Langhauses (Abb. 11), über dem Umgang eines Zentralbaus oder über dem Eingang.

**Emporium,** Lagerhaus, Magazin.

**Emprimium,** Bastmatte für Mönche im Kloster.

**Encarpa** (n. pl.), Fruchtbehang → Feston.

**Encaustum,** purpurrote Tinte.

**encaustus,** eingebrannt.

**Endonarthex** → Esonarthex.

**Endromis,** eine Art Umschlagetuch, von Hirten getragen. Es wurde zum Schutz gegen die Kälte um die Schulter gelegt, bisweilen aber nur über die linke Schulter auf den Rücken geworfen. Das E. kommt in der frühchristl. Kunst nur vereinzelt und verhältnismäßig spät vor.

**Englischer Gruß,** Bezeichnung für die Verkündigung des Engels an Maria (Lk. 1,28).

**Engytheca,** goldenes oder silbernes Gestell für wertvolle Glasgefäße wie etwa eine → Diatreta.

**Enkaustik** (griech., ›Einbrennekunst‹), ein schon aus der Antike überliefertes Malverfahren, bei dem die mit Wachs als Hauptbindemittel verbundenen Farben warm auf den Malgrund aufgetragen werden.

**Enkoimesis** → Inkubation.

**Enkolpion** (griech., ›auf der Brust [κόλπος] getragen‹). – **1.** Kapsel als Schmuck auf der Brust, die zwischen ihren Schälchen Reliquienteilchen, auch Sprüche der Schrift enthielt. (Vgl. → Bulla.) – **2.** Allgemeiner Ausdruck für alle religiösen Gegenstände, die man an einem Band um den Hals trug. – **3.** Ein Medaillon mit dem Muttergottesbild, das in der Liturgie der Ostkirche eine Rolle spielt.

**Entasis,** sanfte Schwellung des antiken Säulenschaftes. Dem Auge erscheint der gerade Säulenschaft in der Mitte schmaler. Diese Täuschung wird durch die E. optisch ausgeglichen.

*Abb. 26.* Entlastungsbogen.

**Entlastungsbogen,** ein im Mauerwerk befindlicher Bogen, der den Druck der daraufliegenden Wand ableitet (Abb. 26).

**Eparch,** höchster Beamter einer Provinz, Statthalter. Diese Bezeichnung war v. a. im oström. Reich gebräuchlich.

**Ephemeris,** Tagebuch, Journal.

**Ephod,** Schulterkleid des Hohenpriesters, aus dem die → Amikt (= Superhumerale) abgeleitet wird. Ein viereckiges Brust- und ein gleiches Rückenteil werden an den Schultern von Agraffen, um den Leib durch einen Gürtel gehalten.

**Epigonation,** in der Ostkirche im liturgischen Gebrauch der Geistlichen. Ein quadratisches Stück Stoff mit einer Seitenlänge von etwa 30 cm hängt vom Gürtel oder gegebenenfalls vom → Sakkos herab und wird um den rechten Oberschenkel geschlungen. Es ist mit einem Kreuz oder Schwert verziert. Das E. wird als das geistliche Schwert des Bischofs gewertet. Bis ins 12. Jh. war dieser Schmuck für die Bischöfe reserviert. (Abb. 74.)

**Epigraphik,** Inschriftenkunde.

**Epikranon,** Kopfbinde, auch Bezeichnung für Kapitell.

**Epimanikia, Epimanikion,** geschmückte Manschette, welche die Bischöfe und Priester auf den Ärmelenden des → Sticharions tragen (Abb. 74).

**Epimedion,** Treppengeländer.

**Epiphanie,** Erscheinung Christi in der Verklärung.

**Episcopium. 1.** Wohnung des

Priesters, v. a. Bischofswoh-
nung. – **2.** Treppe.

**Episimus** (zu ergänzen: *vestis*), Gewand, das mit Goldfransen geschmückt war.

**Epistelseite,** bei geosteten
Kirchen die südliche, für den
Beschauer also rechte Seite
des Altars, an der während der
Messe die Episteln, Auszüge
aus den Apostelbriefen des
Neuen Testaments, verlesen
werden. Das Gegenstück ist
die *Evangelienseite*.

**Epistolarium,** liturgisches
Buch, in dem die Episteln für
den Gottesdienst verzeichnet
sind.

**Epistyl** = → Architrav.

**Epitaphium. 1.** Die Inschrift
auf Grabdenkmälern. – **2.** Das
ganze Grabmal mit der In-
schrift. – **3.** Gedächtnistafel.

**Epitrachelion,** langer, etwa 30
cm breiter mit Kreuzen be-
setzter Stoffstreifen aus Leinen oder Seide, der oben eine
Halsöffnung hatte (daher der
Name) und vorn gewöhnlich
bis zum Knie reichte. Es hatte
Ähnlichkeit mit der Stola und
war für den Priester von höhe-
rem Rang bei jeder liturgi-

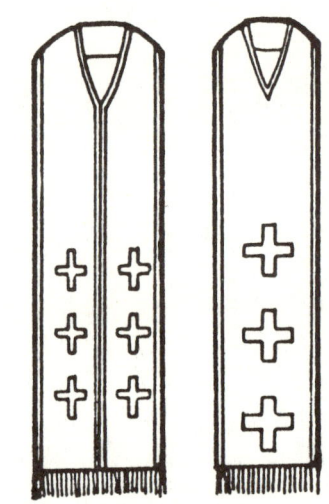

*Abb. 27.* Epitrachelion.

schen Handlung in der Ostkirche vorgeschrieben. (Abb. 27,
74.)

**Epitymbien,** Totenklagen,
Grabaufschriften.

**Ergastulum,** Arbeitshaus,
Gefängnis.

**Erisma,** Strebepfeiler, Ge-
genstütze.

**Eros,** Gott der Liebe.

**Erosio,** Ätzung.

**Eroten,** aus der hellenist.-
röm. Welt in die frühchristl.
Kunst übernommen. Darstellung kleiner, geflügelter,
nackter Knaben (Abb. 28). →
Amoretten, → Putten.

*Abb. 28.* Erot.

**Erzengel, Archangeli,** höhere Rangstufe der Engel. Biblisch sind nur Michael und der Engel Gabriel. In der Tradition, auf apokryphe Berichte gestützt, kamen Raphael, später noch Uriel hinzu (sie spielen v. a. in der byz. Kunst eine große Rolle).

**Escena** → Essana.

**Eschatologie,** biblische Lehre von der Endgeschichte der Welt, v. a. im Hinblick auf das Wiederkommen Christi.

**Esmuletum,** Schmelzfarbe bei Email, auch Email selbst.

**Esonarthex, Endonarthex,** innere, quer vor dem Kirchenraum liegende Vorhalle. Entsprechung zum → Exonarthex.

**Essana, Escena, Essanna,** Schindel.

**Estrade,** jede Art von Bodenerhöhung in einem Bauwerk, z. B. in einer Stube vor einem Fenster; auch die Erhöhung, auf der ein Altar steht.

**Estrich,** fugenloser Fußboden, etwa aus Zement, kann auch mit musivischem Muster versehen sein.

**Etimasia, Hetoimasia** (griech. ἡ ἑτοιμασία τοῦ θρόνου ›Zurüstung des Thrones Christi‹), auf Grund von Offb. Joh. 22,1–4 ein apokalyptisches Motiv in der byz. Kunst. Statt des Weltenrichters wird sein Thron dargestellt, auf dem er eigentlich sitzen müßte. Als Symbol der unsichtbaren Anwesenheit Christi weisen ein Kreuz auf der Rückenlehne des Thrones, ein aufgeschlagenes Evangelienbuch auf dem Sitz, häufig auch ein Purpurmantel, der über dem Thronsessel liegt, auf ihn hin. Bisweilen wird der Thron auch durch Inschriften charakterisiert.

**Eucharistie,** zunächst Dank, Danksagung, dann Bezeichnung für Abendmahlsfeier in der alten Kirche, auch Altarsakrament selbst.

**Euche,** das Gebet, kann personifiziert dargestellt werden durch einen → Orans (männlich und weiblich).

**Eulogia. 1.** Segenswunsch ganz allgemein. – **2.** Bezeichnung für das während der Messe gesegnete Brot, das bei der kirchlichen Feier nicht mehr gebraucht und den Kranken oder anderen Gläubigen in die Häuser gebracht wurde. – **3.** Bezeichnung für Lampen oder andere Gegenstände, die von heiligen Stätten in Palästina als Reiseandenken mitgenommen wurden.

**Eurhythmia,** Harmonie der baulichen Komposition.

**Eusebius,** Bischof von Caesarea (um 263–339), Verfasser einer Kirchengeschichte und einer Lebensbeschreibung Konstantins I., die u. a. für die Kirchenbauten des Kaisers die wichtigsten Quellen darstellen.

**Euthygrammum,** Lineal.

**Euthynterie,** etwa zur Hälfte aus dem Boden ragende Ausgleichsschicht zwischen dem in der Erde ruhenden Fundament und dem → Krepidoma des Tempels (Abb. 75).

**Evangeliar,** liturgisches Buch mit dem vollständigen Text der vier Evangelien.

**Evangelienkonkordanz,** Codices, bei denen die Parallelstellen der Evangelien auf verschiedenen Kolumnen verteilt sind. Die E.en waren schon in frühchristl. Zeit mit figürlichem oder ornamentalem Schmuck versehen.

**Evangelienseite,** bei geosteten Kirchen die nördliche, für den Betrachter also linke Seite des Altars. Vgl. → Epistelseite.

**Evangelistar,** liturgisches Buch mit den Abschnitten der vier Evangelien, die in der Messe gelesen werden.

**Evangelistensymbole.** Die frühchristl. Kunst verwendet schon die E. für Matthäus (Engel), Markus (Löwe), Lukas (Stier), Johannes (Adler). Diese Bilder sind zurückzuführen auf Ez. 1,5 ff. und Offb. Joh. 4,6 ff.

**evexus,** aufwärts gerundet.

**exarare,** skizzieren.

**Exarch,** zunächst Bezeichnung für einen byz. Statthalter. Später bedient sich die griech. Kirche dieses Begriffs; sie verleiht den Titel besonders anerkannten Patriarchen und Bischöfen.

**Excavation,** Aushöhlung. Vgl. → Stria.

**Exedra,** zunächst Versammlungsraum im alten Gymnasium oder in einem vornehmen Hause in Form einer halbrunden Apsis, deren Wände auch durchbrochen sein konnten und deren Vorderseite offen war. In frühchristl. Zeit ist der Name dann auf die → Apsis übergegangen. Später auch Bezeichnung für andere Anbauten der Kirche, die halbkreisförmigen Grundriß haben.

**Exemplarium pictum,** gemalter Entwurf eines Gebäudes.

**Exerupeda,** Meßinstrument des Bildhauers.

**Exomis** → Tunica exomis.

**Exonarthex,** Außennarthex, eine zweite, dem → Esonarthex vorgelagerte Halle.

**Exorzismus,** Beschwörung böser Geister und ihre Austreibung.

**Expansale,** zu Pergament bestimmte Tierhaut.

**Explicit,** Schlußformel in Handschriften.

**Expoliatio inferni,** Bezeichnung für Höllenfahrt Christi. → Descensio ad inferos.

**Expolitio,** Anfertigung des oberen Stuckverputzes.

**Expressiones,** Rahmen, Leiste.

**exsculptus,** geschnitten.

**Extrados,** der obere Teil eines Bogens oder Gewölbes (vgl. dagegen → Intrados).

**Exultet-Rollen,** Schriftrollen aus Mittel- und Süditalien mit dem Text des Augustinus zugeschriebenen »Praeconium paschale« (»Exultet iam angelica turba«), eines Hymnus zur Kerzenweihe in der Osternacht.

# F

**Faber,** Baumeister, auch Handwerksmeister.

**Faber aerarius,** Erzarbeiter, Gießer.

**Fabrica,** Gebäude, v. a. Werkstätte, technische Fertigkeit.

**Fabrica per coemeteria,** eine → Coemeterialkirche mit ein bis drei Apsiden, die zu der im Freien stehenden Gemeinde hin geöffnet war. In der Zeit vor der Anerkennung des Christentums, als der Bau großer Kirchen noch nicht möglich war, diente die F. bisweilen als Kultraum.

**Fabricatura,** wertvolles Metallgefäß.

**Fabrilia** (n. pl.), Handwerkszeug.

**Fabrilis,** Tischler, Zimmermann.

**Facialis, Faciale, Facitergium, Facitergula,** Schweißtuch, Leinentuch zum Abwischen des Gesichts, v. a. Bezeichnung für ein entsprechendes Tuch der Geistlichen. Vgl. → Orarium.

**Facies altaris** = → Antependium.

**Facitergium, Facitergula** = → Facialis.

**Faksimile,** naturgetreue Nachbildung und Vervielfältigung einer Zeichnung, Urkunde, Handschrift usw.

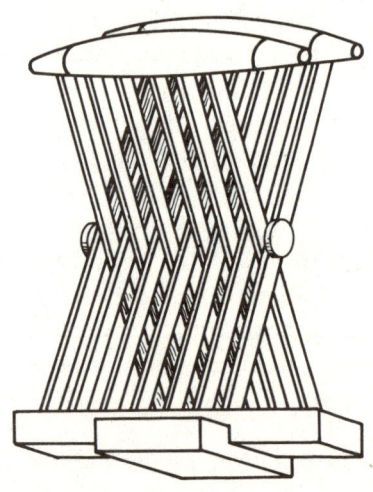

*Abb. 29.* Faldistorium.

**Faldistorium,** auch **Falda**, Stuhl mit gekreuzten Beinen und einer Sitzfläche aus Stoff oder Leder, Faltstuhl (Abb. 29).

**Faltkapitell,** ein → Kapitell,

das in senkrechte Falten gelegt zu sein scheint (Abb. 36).

**Faltkuppel** (Abb. 47) → Kuppel.

**Farbensymbolik,** in der frühchristl. Kunst schon vorhanden, etwa bei den Farben Gold, Blau, Purpur, Weiß. Feststehender Farbenkanon später in liturgischer Anwendung.

**Fartura,** Füllsteinmasse innerhalb zweier Außenmauern aus Hausteinen.

**Fartura calcata,** aus Kalk und Steinchen zusammengesetzte Füllmauer.

**Farus. 1.** Leuchtturm. (→ Pharus.) – **2.** Kirchenleuchter.

**Fasces,** ein Bündel von zusammengeschnürten Buchrollen.

**Fascia. 1.** Binde, Bandage. – **2.** Band als Diadem. – **3.** Gewickelte Gamasche, die v. a. auf der Jagd getragen wurde.

**Fasciae crurales,** Gamaschen, welche die Hirten vom Knöchel bis zum Knie kreuzförmig um die Beine wickelten.

**Fasciola. 1.** Turbanartige Kopfbedeckung. – **2.** Gesichtsschleier.

**Fase,** eine abgeschrägte Ecke bzw. Kante. → abfasen.

**Fassade,** die Schauseite, Vorderseite, meistens auch die Eingangsseite eines Gebäudes.

**Fasti** (m. pl.), Kalender, auf Stein eingravierter Almanach, etwa mit den Monaten und Tagen des Jahres, auch Bezeichnung für Bischofslisten.

**Fastigium, Fastidium,** Giebel, Kuppel, Baldachin, Gefälle des Fußbodens.

**Faszien,** mehrfach übereinanderliegende und vorspringende waagerechte Streifen als Gliederung eines Bauglieds oder Mauerstücks, kennzeichnend für das ionische und korinthische Epistyl (Abb. 76, 77). Vgl. → Säulenordnung.

**Fauces** (f. pl.), Korridor oder enger Eingang eines Hauses, Verbindungsgang, v. a. Eingangsraum vor dem Vestibül des röm. Hauses.

**Favus,** Fliese oder Tafel aus Marmor.

**Feingehaltsmarke,** schon in der Antike bekannte Angabe des Silber- bzw. Goldgehalts einer Edelmetall-Legierung (der Zusatz von Kupfer war notwendig für die zum Gebrauch erforderliche Härte).

**Felderdecke,** Balkendecke mit viereckigen vertieften Feldern. → Lacunaria (Laquearia, Tabula lignea).

**Felicitas,** Personifizierung des Glücks, dargestellt durch eine Frau mit Füllhorn und → Caduceus.

**Femoralia,** auch **Feminilia** (n. pl.), ursprünglich Kleid der alttestamentlichen Priester (2. Mose 28,42 ff.). Eine Art Reisekleid bei den Mönchen, v. a. bei den Benediktinern. Auch eine Hose wurde so bezeichnet.

**Femur** (griech. *μηρός*), Steg der → Triglyphe.

**Fenestella confessionis,** eine fensterartige Öffnung in der Altarwand selbst oder in der Confessio unter dem Altarraum. Sie ermöglichte nicht nur den Blick auf das Märtyrergrab, sondern auch eine Berührung mit ihm, um dadurch Tücher oder ähnliches zu heiligen.

**Fenestra gypsea,** Fenster, das aus Feldspat statt aus Marmor oder Glas hergestellt wurde. → Alabaster.

**Fenstergaden,** Obergaden (Abb. 11) → Lichtgaden.

**Fenstergewände,** die vertikalen Seitenwände einer Fensteröffnung. → Gewände.

**Fenstersturz,** die obere waagerechte Bedeckung einer Fensteröffnung.

**Ferculum,** Tragbahre; bei Tisch: Gang, Gericht; übertragen: Speise.

**Ferculum corporis** (= Leib Christi), **Ferculum vitae,** das (erste) Abendmahl.

**Feretrum,** Reliquienkasten, auch Bahre.

**Feriales** (zu ergänzen: *libri*), Bücher mit dem Verzeichnis von Märtyrerfesten.

**Fermentum,** Sauerteig, gesäuertes Brot.

**Ferratum,** Weihwassergefäß.

**Ferula,** zunächst Rute, Bischofsstab. Seit dem 5. Jh. auch Bezeichnung für den → Narthex, denn hier versammelten sich die Büßenden, über die die Kleriker mit der F. wachten.

**Feston,** Girlande aus Blumen, Blättern, Früchten, die oft mit Bändern umwickelt ist. Kommt als Bauornament seit der Antike vor, auch in der Katakombenmalerei und der christl. Buchkunst. (Abb. 30.)

*Abb. 30.* Feston.

**Fibula,** Spange, auch Nadel mit Schmuckplatte, die das Gewand zusammenhält. Im allgemeinen ist ihr Format kleiner als das der → Agraffe.

**Fibulata** (zu ergänzen: *pallia*), auch **Fibulatoria** (zu ergänzen etwa: *saga*), Kleid, das mit einer Fibel zusammengehalten wird.

**Fictile,** tönernes Gefäß.

**Fictor,** Bildschnitzer.

**Fidelis,** der Getreue, der Gläubige. Auf Grabsteinen wird derjenige v. a. damit bezeichnet, der die Taufe empfangen hat.

**Figulus,** Töpfer, mit Ton Arbeitender.

**Filigran** (aus lat. *filum* ›Faden‹ und *granum* ›Korn‹). Zarte Drähte aus Gold oder Silber werden zu Mustern verarbeitet und an den Metallgrund gelötet. Drähte und Grund werden dabei meistens mit feinen Körnern (Granulation) verziert.

**Fimbria,** Band, Saum, Fransen, die den Schleier der Frau verzierten.

**Firmaculum,** Spange.

**Firmung,** Stirnsalbung mit dem heiligen Chrisma, Handauflegung des Bischofs, verbunden mit einem sakramentalen Wort. Vor dem 5. Jh. wurde die F. *Confirmatio* genannt.

**First,** die waagerechte Linie, in welcher die beiden schrägen Flächen eines Satteldaches sich treffen.

**Firstziegel,** Hohlziegel, mit denen man den Dachfirst deckt.

**Fistula. 1.** Liturgischer Gegenstand: gerades Saugröhrchen aus Gold, Silber oder anderem Metall, mit dem man den Wein dem Abendmahlskelch entnahm. Besonders in der Westkirche gebräuchlich.

– **2.** Stock des → Bischofssta-bes. – **3.** Der Griff oder Stiel des Abendmahlskelches; → Kelch. – **4.** Rohr zum Schreiben.

**Flabellum,** Fächer, mit dem man während des Gottesdien-stes die Fliegen vertrieb und die Insekten von den heiligen Geräten verscheuchte. Das F. wird auch Bischofsfächer ge-nannt und besteht aus Pfauen-federn oder dünnen Holz-plättchen. – Andere Bezeich-nungen für den Fliegenwedel: *Muscarium, Muscatorium, Muscifugium.*

**Flachbogen** → Segment-bogen.

**Flachkuppel** (Abb. 47) → Kuppel.

**Flammeolum,** Gewebe von äußerster Feinheit.

**Flammeum,** Hochzeits-schleier.

**Flatura,** Metallguß.

**Flaviergalerie,** berühmte Ga-lerie des 1. Jh. n. Chr. in der Domitilla-Katakombe in Rom. Domitilla stammte aus dem Geschlecht der flavischen Kaiser; sie war eine Nichte Domitians.

**flavus,** goldgelb, blond.

**Flechtband,** schon in der Anti-ke bekanntes Ornament, das durch Verschlingungen meh-rerer Bänder entsteht. In der frühchristl. Kunst findet es

*Abb. 31.* Flechtbandformen.

sich besonders häufig als Um-rahmung ganzer Fußböden oder als Einfassung von musi-vischen Einzeldarstellungen. (Abb. 31.)

**floridus,** mit Ornamenten ge-schmückt.

**Flos,** Blütenornament in der Mitte des Abakus korinthi-scher → Kapitele (Abb. 39).

**Flucht.** Der Ausdruck wird für Bauten und Zimmer ge-braucht, die in gerader Linie liegen, auch bezeichnet er die Grenze, über die hinaus nicht gebaut werden darf.

**flucticolor,** meerfarbig.

**Foculus,** dreieckiges Kohlenbecken. Bisweilen steht es auf dem Opferaltar Abrahams bei der Darstellung von Isaaks Opferung (1. Mose 22,9 ff.).

**Focus,** der alte Feuerherd im Atrium des Privathauses.

**Folie,** Gold- oder Silberplättchen, das einem Edelstein oder durchsichtigem Glasfluß unterlegt wird, um den Glanz zu erhöhen.

**Follis,** spätröm., v. a. auch byz. Geldstück. Verschiedene Münzen kamen unter dieser Bezeichnung zur Ausgabe: Der *F. auri* umfaßte unter dem Buchstaben *M* 40 Werteinheiten (dieses Geldstück kommt aber erst nach 498 vor), der *F. argenti* unter dem Buchstaben *K* 20, der *F. aeris* unter dem Buchstaben *I* 10 Werteinheiten.

**Fondi d'oro** (it.), Gläser, die in großer Zahl bei christl. Gräbern in Katakomben gefunden wurden und zumeist dem 4. Jh. angehören. Auf dem Grund der Schale oder des Kelches sind zwischen Glasscheiben feine Goldplättchen (daher der Name) mit Inschriften, Einzeichnungen, figürlichem und ornamentalem Schmuck eingelegt. Vgl. → Goldgläser.

**Fons baptismalis, Fons baptisterii,** Taufbrunnen, Taufstein.

**Fons sacer,** gelegentliche Bezeichnung für die Zisterne, die sich am Treffpunkt von Kirche und Taufkapelle befindet (v. a. in Ägypten).

**Foramen,** Öffnung, Ring, Bohrloch.

**Forceps,** Zange, auch wohl Spieß. Bezeichnung für Marterinstrument.

**Forica,** Latrine.

**Foris,** Tür, Flügeltür, Pforte, Zugang, Türfüllung.

**Forma. 1.** Grab, das in die Erdoberfläche eingegraben ist. – **2.** Verschlußdeckel eines Erdgrabes, v. a. dann, wenn mehrere Gräber eines oberirdischen Friedhofs übereinander angelegt sind. – **3.** Bezeichnung für den Friedhof selbst. – **4.** Amtssiegel, mit

dem amtliche Schriftstücke verschlossen werden. – **5.** Bilderrahmen. – **6.** Planzeichnung. – **7.** Schmelzofen. – **8.** Profil, Kurve.

**Formsteine,** dekorativ geformte Backsteinziegel.

**Fornax,** Brennofen beim Ziegelbrennen, auch Kalkofen.

**fornicatus,** gewölbt.

**Fornix,** Gewölbe, Bogen, Schwibbogen.

**Fortificatio,** Befestigung.

*Abb. 32.* Fossor (nach einer Darstellung in der Marcellinus-und-Petrus-Katakombe, Rom).

**Forulus,** Fach eines Bücherschrankes, auch der Bücherschrank selbst.

**Forum,** Marktplatz der röm. Stadt.

**Forum basilicae,** Platz vor der Kirche, auch Kirchhof.

**Fossitia arenas,** Grubensand.

**Fossor,** anfangs Privatunternehmer, der in den Katakomben Galerien und Cubicula herausschlug und sie auch selbst verkaufte. Im 4. Jh. wahrscheinlich in den Stand der Kleriker eingereiht. (Abb. 32.)

**Fractio panis,** das Brechen des Brotes, war schon in der urchristl. Gemeinde in den Häusern üblich. Auf Bildern der frühchristl. Kunst wird dieses Brotbrechen auch auf das himmlische Mahl übertragen.

**Freda,** Bedeckung, Baldachin über einem Reliquienkasten, auch der Reliquienkasten selbst.

**Freistütze,** auf allen Seiten freistehende Stütze (Pfeiler, Säule).

**Freitreppe,** eine im Freien vor der Gebäudefront und dem Eingang angelegte Treppe ohne Dach.

**Fresko** (it. *fresco* ›frisch‹), eine Wandmalereitechnik: Auf frischen, noch nassen Kalkbewurf (*al fresco*) werden die wasserlöslichen Farben aufgetragen. Farben und Kalk bilden beim Eintrocknen eine feste Verbindung. Sehr dauerhafte Malerei, angewandt z. B. in den Katakomben. Ge-

gensatz: Malerei *al secco* = auf den trockenen Kalk.

**Fricatio,** Politur.

**Fries,** ein horizontaler Flächenstreifen, der sich außen um ein Bauwerk legt oder innen zum Schmuck einer Wand dient. Er kann mit Ornamenten oder Figuren, mit Malereien oder Plastik verziert sein. (Abb. 77.)

**Frigidarium,** der für das Kaltbad bestimmte Raum des röm. Bades bzw. der → Thermen (Abb. 90).

**Front** (lat. *frons*), die Vorderseite, Stirnseite, Gebäudefront.

**Frontale** (n.). – **1.** Bekleidung des Altars nur an seiner Vorderseite, Decke an der Vorderseite (= → Antependium). – **2.** Geschmückte vordere Decke eines Prachtbandes. – **3.** Königskrone, Binde.

**Frontispicium,** Titelblatt.

**Frontispiz,** Dreiecksgiebel über Tür, Fenster oder Mittelbau eines Hauses.

**Fronton,** Giebel über Tür oder Fenster. → Fontispiz.

**Fulcrum,** Stütze des Bettes, auch des Speisesofas.

**Füllmauer,** eine Mauer aus kleinen Steinen (Füllsteinen), Mörtel oder Zement, die den Zwischenraum zwischen zwei Wänden aus bearbeitetem Stein ausfüllen.

**Fullo,** Walker, der auch neugewebte Kleider appretiert.

**Fulmentum,** Stütze.

**Fultura,** Stützwand.

**Fumigatorium,** Rauchfaß.

**Funalia** (n. pl.), Pechfackeln, Kerzen, sodann Leuchter zum Aufstecken von Kerzen, später im Sinn von Kandelaber (→ Candelabrum) gebraucht.

**Funeralkollegium,** staatlich anerkannte korporative Begräbnisgesellschaft, die staatlichen Schutz genoß. Da die ersten Christen auch ein F. bilden konnten, waren ihre Begräbnisplätze gesichert.

**Funiculus,** Fackel, Licht.

**Furca,** Schächer- oder Gabelkreuz (Abb. 21). → Crux.

**fuscus,** schwärzlich.

**Fusio,** Guß.

**Fusor ollarius,** Topfgießer.

**Fuß** → Längenmaße.

**Fusus,** Spindel.

**Futtermauer** ist nicht zu verwechseln mit *Stützmauer:* Während diese gegen abrutschende Erdmassen abstützen soll, will die F. nur etwas verkleiden, also etwa einen Felsen, der sich selbst hält, aber gegen Verwitterung durch die Mauer geschützt werden soll.

# G

**Gabata,** Schale, schalenartige Lampe, auch Ausdruck für Lampen allgemein.

**Gabelkreuz** → Furca (Abb. 21).

**Gaden** (Abb. 11) → Lichtgaden.

**Galaktotrophusa,** auch **Maria lactans,** Bezeichnungen für Maria als stillende Mutter mit dem Jesuskind.

**Galerie,** langer, schmaler, gedeckter Gang. In den Katakomben waren in den Wänden der G. die Gräber der Verstorbenen eingelassen.

**Galerus, Galerum,** Kopfbedeckung ohne Rand, meistens aus Fell.

**Galienus,** eine Art roten Glases.

**Gallica,** Schuh, der meist zugleich mit der Lacerna getragen wurde. Die Sohle war oft aus Holz oder geflochtenem Schilfrohr. Die G. ist eine Abart der Sandale, bei der auch die Ferse bedeckt war, und der → Crepida sehr ähnlich.

**Gammadia,       Gammadium,** herzuleiten vom griech. Großbuchstaben Gamma (Γ). Eine Verzierung in Form dieses Buchstabens, die man häufig auf Gewändern in der frühchristl. Kunst findet. Auch ein vierfaches Gamma auf Kleidungsstücken des frühen Mittelalters wird so bezeichnet. Dabei sind die vier Gammas winkelförmig aneinandergelegt (Abb. 21, 32).

**Ganosis,** schützender Überzug, meist mit Wachs, auf der Marmoroberfläche besonders von Skulpturen.

**Gaster,** Gefäß aus Erz, am Hals verengt.

**Gavina,** ein Gewand mit purpurnen Schulterstücken.

**Gawith,** armen. Bezeichnung für die westliche Vorhalle der Kirche.

**Gazophylacium,** Aufbewahrungsort von Schätzen der Kirche, auch des Inventarium ecclesiasticum, ein Raum, der sich meistens an das → Diakonikon anschloß.

**Gebälk. 1.** Die Balken einer Dach- oder Deckenkonstruktion insgesamt (Abb. 11). – **2.** Am antiken Tempel die Zone zwischen Kapitell und Geison, also mit Architrav und Fries (oft wird aber das Horizontalgeison dazugezählt). → Säulenordnung (Abb. 75).

**Gefäßformen** (Abb. 97) → Vas.

**Geison** (griech., ›Vordach‹), Gesims, als **Traufgeison** der durchlaufende unterste Saum der Dachschräge am antiken Tempel, als **Horizontalgeison** das Gesims unter dem Giebelfeld (→ Tympanon), dessen Schrägseiten das **Schräggeison** einfaßt (Abb. 75, 76, 77, 89).

**gekuppelt,** auch **gekoppelt,** Bezeichnung für die Verbindung zweier gleichartiger Bauteile durch ein gemeinsames Glied. So sind zwei Säulen g., die eine gleiche Basis und ein gleiches Kapitell haben, oder Fenster, deren Bogen dieselbe Mittelsäule haben.

**Gelasianum** → Sakramentar.

**Gemma Alabandena,** dunkelroter Stein aus Alabanda in Karien (Türkei).

**Gemma anaglyphica** → Kamee.

**Gemma caelata** → Kamee.

**Gemma diaglyphica** → Intaglio.

**Gemma exscalpta** → Kamee.

**Gemma inscalpta** → Intaglio.

**Gemmarium,** Edelsteinschmuck.

**Gemma vitrea,** Gemme aus farbigem Glas, die einen Edelstein imitiert.

**Gemme,** allgemeine Bezeichnung für ovalen, geschnittenen oder gravierten Edel- oder Schmuckstein. Der erhaben gearbeitete Stein heißt → *Kamee,* die gravierte Gemme → *Intaglio* (hier sind die Zeichen und Buchstaben vertieft angebracht und werden zum Abdruck und Siegeln verwendet).

**Gemmenbuch,** Buch, das Gemmen als Deckelschmuck hat.

**Gemmenkreuz,** mit Gemmen verziertes Kreuz.

**Gemmenkrone,** mit Gemmen verzierte Krone.

**Gemmoplastik,** Kunst des Edelsteinschnitts.

**Genera** (n. pl.) oder **Genus** ar-

chitecturae, Ausdrücke für →
Säulenordnung.

**Genesis,** Bezeichnung für das
1. Buch Mose.

**Genius,** urspr. Schutzgeist des
einzelnen Mannes, dann auch
einer Familie oder einer ganzen Stadt. In der Antike meist
als nackte Flügelgestalt dargestellt.

**Genuflexio,** das Beugen der
Knie bei der Anbetung.

**Genus structurae,** Stein-
schnitt.

**Georgische Szene** (von griech.
γεωργός ›Landmann‹), Dar-
stellung aus dem Leben der
Landleute.

**Gerontomium, Gerocomium,
Gerontocomium,** Haus für
Greise.

**Gesims,** die Wand horizontal
gliedernder Streifen, der aus
dem Mauerwerk hervorragt
und häufig die Geschoßeintei-
lung deutlich macht. Über
dem Unterbau befindet sich
das **Sockelgesims**. Das **Gurtgesims** trennt die einzelnen
Stockwerke voneinander. Ab-
schließend unter dem Dach
befindet sich das **Kranzgesims.**

**Gestatorium,** Reliquienkästchen, auch Bezeichnung für →
Altare portatile.

**Gestelzter Bogen.** Bogen,
dessen Schenkel zunächst ein
Stück senkrecht in die Höhe
führen, bis seine Rundung beginnt.

**Gestus des Redens** → Redegestus.

**Getriebene Arbeit,** mit dem
Treibhammer in Metallblech
von hinten nach vorn »heraus-
getriebene«, d. h. geschlagene
Schmuckformen.

**Gewände,** die schräge Ein-
schnittfläche einer Tür oder
eines Fensters in die Mauer,
im Gegensatz zur senkrecht
geschnittenen → Laibung.

**Gewichtseinheiten** (Durchschnittswerte). Das *attische
Talent* zu 60 Minen wiegt 26,2
kg. Die *Mine* zu 100 Drach-
men hat 436,6 g, die *Drachme*
zu 6 Oboloi 4,36 g, der *Obolos*
0,72 g. – Der *röm.* → *As* zu 12
Unciae hat 327,45 g, 1 *Uncia*
zu 4 Sicilici 27,29 g, 1 *Sicilicus*
zu 6 Scripula 6,82 g, 1 *Scripulum* 1,14 g.

**Gewölbe** (Abb. 33). Das **Tonnengewölbe** hat eine halb-

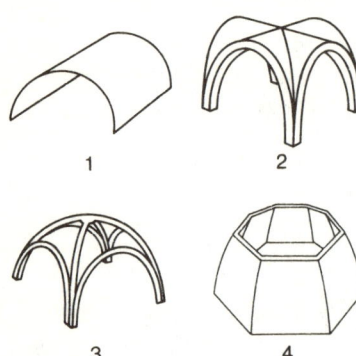

*Abb. 33.* Gewölbeformen. 1. Tonne. 2. Kreuzgratgewölbe. 3. Kreuzrippengewölbe. 4. Klostergewölbe.

kreisförmig gewölbte Decke. – Das **Kreuzgewölbe** besteht aus zwei sich rechtwinklig durchdringenden Tonnengewölben. Die sphärischen Dreiecke, die dabei entstehen, heißen Kappen, die Grenzlinien Grate. – Vgl. → Klostergewölbe, → Kraggewölbe.

**Gewölbejoch,** das Joch eines Kirchenschiffes, das ein eigenes Gewölbe besitzt und durch zwei Gurtbögen von den Nachbargewölben abgegrenzt ist.

**Gewölbekappe** → Gewölbe, → Kappe.

**Gewölbeschub,** der Druck des Gewölbes nach der Seite gegen die Widerlager.

**Giallo antico, Giallo dorato** (it.), Marmor aus Numidien, gelb mit roten Adern, im Altertum auch *Marmor Numidicum* benannt. Er wurde v. a. für Skulpturen benutzt. → Marmor (10).

**Giebelfeld,** dreieckige Wandfläche, welche die Schmalseite eines Satteldachs abschließt; auch dreieckige Felder über Türen und Fenstern, seltener Bezeichnung für eine halbkreisförmige Fläche über der Tür (→ Tympanon).

**Glacis** (frz.), Glasurfarbe, durchsichtiger Farbton.

**Glasfluß,** durch Metalloxyde gefärbte leichtflüssige Glasart, wird zur Herstellung künstlicher Edelsteine benutzt.

**glaucus,** graublau.

**Globulus,** Kugel.

**Globus cruciger,** Reichsapfel.

**Globus imperialis,** Reichsapfel.

**Glorienreif,** Ring, der den Glorienschein abgrenzt. → Aureole.

**Gloriole** (lat. *gloria* ›Ruhm‹), Heiligenschein (→ Nimbus), der die ganze Figur der Gottheit oder der Maria umgibt (→ Aureole). Als Abart der G. vgl. → Mandorla.

**Glykophilusa** (griech., ›die süß Küssende‹), Bezeichnung für die Darstellung der Maria, an die das Christuskind seine Wange schmiegt.

**Glyptik** (von griech. γλύφειν ›aushöhlen‹), Steinschneidekunst. Vgl. → Scalptura, ferner → Gemme, → Intaglio, → Kamee.

**Gnomon,** Zeiger an der Sonnenuhr, Winkelmaß.

**Gobellus, Gubellus,** Becher.

**Goldgläser,** Gläser, auf die innen eine dünne Goldschicht aufgelegt ist, die wiederum von einem dünnen Glas überzogen wird. In die Goldschicht können Figuren, Ornamente und Schriftzeichen eingeritzt sein, für gewöhnlich nur am Boden des Glases (→ Fondi d'ori).

**Goldgrund,** ersetzt in der frühbyz. Kunst den realistisch gemalten Landschaftshintergrund. Er fand bei Mosaiken und Ikonen Verwendung. Der G. symbolisiert den ewigen, himmlischen Raum.

**Gomphus,** Nagel, Pflock.

**Grabatus,** niedriges Ruhebett.

**Grabstele** → Stele.

**Gradatio,** Errichtung von Stufen, stufenweises Ansteigen von Sitzreihen.

**Graduale** (lat., ›Stufengesang‹), liturgisches Buch. Es enthält die gesungenen Teile der Messe, ist speziell der liturgische Gesang einiger Psalmenverse in der Messe nach Verlesung der Epistel. Das G. ist oft mit wertvollen Miniaturen versehen.

**Gradus. 1.** Schritt, röm. Längenmaß von durchschnittlich 73,9 cm. Vgl. → Längenmaße. – **2.** Stufe(n) zu → Ambon, → Lectrum, aber auch Stufen zum Eingang des Porticus.

**Graffito** (it.), Inschriften oder bildliche Darstellungen, die in unbeholfener Weise in Wände oder Steine eingekratzt sind.

**Granatapfel,** Schmuckmotiv verschiedenster Ausführung

schon in der Antike. Der G. (*malum granatum*) ist wohl wegen seiner vielen *grana* (Samenkörner) Sinnbild der Fruchtbarkeit, auch Sinnbild der christl. Gemeinde.

**Granulation,** Auflegen von Goldkörnchen bei Goldschmiedearbeiten. → Filigran.

**Granum marmoreum,** gestoßener Marmor.

**Graphis,** Griffel zum Zeichnen.

**Greco duro** (it.), harter griech. Marmor. → Marmor (3).

**Gregorianum** → Sakramentar.

**Gremium basilicae,** Mittelschiff der Kirche.

**Griechisches Kreuz** → Crux immissa (Abb. 21).

**Groteske,** phantastisches Ornament aus zarten Ranken, zwischen denen Menschen, Tiere, Früchte in ornamentaler Verschmelzung, auch geometrische Figuren angebracht sind. Die G. war schon in der Antike bekannt.

**Grubenschmelz** → Email.

**Gruftkirche,** Ausdruck für → Krypta.

**Grunda,** Schutzdach.

**Grundierung,** Zubereitung des Malgrundes für Gemälde.

**Gryphus,** Greif.

**Gubellus** → Gobellus.

**Guffa,** der orientalische Fährkorb, der heute noch im Euphrat-Tigris-Gebiet (Mesopotamien) in Gebrauch ist, in der frühchristl. Kunst bisweilen bei der Noah-Darstellung zu sehen.

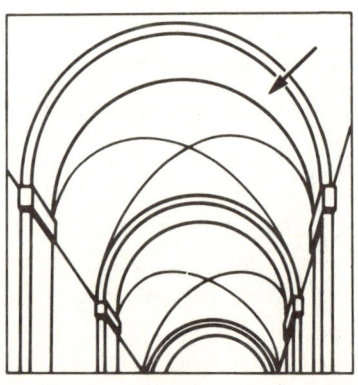

*Abb. 34.* Gurtbogen.

**Gurtbogen,** quer über das Kirchenschiff geschlagener Gewölbebogen, der zwei einander gegenüberstehende Pfeiler miteinander verbindet und so das Gewölbe unterteilt (Abb. 34).

**Gurtgesims** → Gesims.

**Gußmauer,** eine Mauer, die zwischen ihren beiden festgemauerten Außenwänden mit Mörtel und Bruchsteinen ausgefüllt ist.

**Guttae,** runde Zapfen an → Mutulus und → Regula des dorischen Tempels (Abb. 75, 89). Vgl. → Säulenordnung.

**Guttatorium, Gutturnium,** Tongefäß, Krug mit einem Henkel.

**Guva,** bauchige Glasflasche.

**Gymnasium pauperum,** Wohltätigkeitsanstalt.

**Gynaeceum, Gynaikonitis. 1.** Urspr. Zimmer der Frauen im Kaiserpalast. – **2.** Empore in der Kirche, die für Frauen bestimmt war. Vgl. → Matroneum.

**Gypsum,** Gips, wurde teils aus zermahlenen Steinen gebrannt, teils aus der Erde gegraben. G. wurde zur Verzierung von Gebäuden und Innenräumen benutzt.

# H

**H,** Abkürzung auf Münzen für *Heraklea Thessaliae.*

**Habitaculum pauperum,** Spital.

**Hades. 1.** Bruder des Zeus, Gott der Unterwelt. – **2.** Unterwelt.

**Haemorrhoissa,** das blutflüssige Weib (vgl. Mt. 9,20–22).

**Hagioglyptum,** heiliges Bildwerk als Skulptur oder Plastik.

**Hagiographie,** Forschung, die sich mit den Heiligen beschäftigt und ihr Leben beschreibt.

**Hagiolatrie,** Heiligenverehrung.

**Hakenkreuz** → Crux gammata (Abb. 21).

**Halbkuppel,** Überwölbung eines im Grundriß halbkreisförmigen Raumes, z. B. einer Apsis.

**Halbsäule,** eine Säule, die nur zur Hälfte vor der Wand steht.

**Hallenkirche,** Kirche mit Schiffen von annähernd gleicher Höhe unter einem gemeinsamen Dach, im Unterschied zu der → Basilika.

**Hängekreuz,** ein aufgehängtes Kreuz im Unterschied zu einem Kreuz, das aufgestellt ist oder das, etwa bei einer Prozession, getragen wird.

**Hängekuppel** (Abb. 47) → Kuppel.

**Hängezwickel** → Pendentif.

**Häresie,** Lehre von Ketzern, die ihre Verbindung mit der Großkirche gelöst haben.

**Hasta,** Schaft einer Lanze. Die Kreuzesbalken werden bisweilen als Längs- und Querh. bezeichnet.

**Haste,** der gerade Strich in der Schrift, im Gegensatz zur Rundung und zum Haken.

**Hastile,** Schaft des Leuchters.

**Hautrelief** (frz.), Hochrelief, ein → Relief, dessen Darstellungen stark plastisch aus der Fläche heraustreten.

**Hebdomadenbild,** gelegentlich gebrauchter Ausdruck für ein Bild mit sieben Personen (vgl. etwa die in den Katakomben mehrmals wiederkehrende Mahlszene mit sieben Teilnehmern).

**Hedera,** Efeu. Das Efeublatt diente als Interpunktionszeichen, v. a. auf christl. Inschriften.

**Heiligenschein** → Nimbus, ferner → Aureole, → Gloriole, → Mandorla.

**Heimsuchung Mariae** = Visitatio Beatae Mariae Virginis, der Besuch der Maria bei Elisabeth (Lk. 1,39 ff.).

**Helices, H. minores** (nach lat. sg. *helix* ›Schnörkel‹), Stengel des korinthischen Kapitells, die an den vier Ecken bis zur Deckplatte aufsteigen, diese stützen und unter ihr eine → Volute bilden (Abb. 39).

**Helios,** Sonne. Sie wird in der antiken und frühchristl. Kunst mit Vorliebe personifiziert dargestellt. Der Gott fährt in seinem Sonnenwagen, der mit vier Pferden bespannt ist, und nachts in einem goldenen Kahn. Auch Christus wird als H. gedeutet.

**Helix** (f.), Schnörkel (Abb. 39). → Helices.

**Hemina,** Hohlmaß bei den Römern, das 0,274 Liter umfaßte, = 1/96 → Amphora (der halbe Teil des Sextarius).

**Hemisphaerium,** Kugelgewölbe, Kuppel.

**Henkelkreuz,** Lebenssymbol in der ägyptischen Kunst (*Anch*). Die christliche hat es übernommen (*Crux ansata*). Der obere Teil des Längsbalkens ist durch einen Kreis oder Halbkreis (Henkel) ersetzt. (Abb. 21.) → Crux.

**Heptachorum,** christl. Kultgebäude, das von sieben Apsiden umrahmt ist.

**Hercia,** Lichtträger mit vielen Kerzen.

**Heringsgrätenbau** → Opus spicatum.

**Herme,** ein Pfeiler, der mit einer Büste des Hermes abschließt.

**Hermula,** hermenartig verzierter Pfosten.

**Heroon,** Stätte der Verehrung an den Gräbern der Heroen, Grab- oder Gedächtnisbau für einen Heros, oft gebraucht für → Martyrion.

**Hetoimasia** → Etimasia.

**Hexachorum,** christl. Kultgebäude, das von sechs Apsiden umrahmt ist.

**Hexagramm.** Zwei gleichschenklige Dreiecke werden so ineinandergeschoben, daß ein sechseckiger Stern, der sog. *Davidstern*, entsteht.

**Hexastylos,** Tempel mit sechs Säulen in der Front.

**H. F.,** Abkürzung auf Inschriften für *honesta femina* (lat., ›ehrbare Frau‹).

**Hialum,** Glas.

**Hierarchia coelestis,** Bezeichnung für die Engelchöre seit Dionysius Areopagita (6. Jh.).

**hieratisch,** eigtl. priesterlich. Der Ausdruck für den strengen, erstarrten Stil in der byz. Kunst im Gegensatz zu einer naturalistischen, lebendigen Darstellung.

**Hieron,** der östliche Raumteil der griech. Kirche hinter den Chorschranken.

**Hierothek,** Heiligenschrein.

**Himation,** antikes Übergewand von der Form des späteren → Pallium.

**Hippodamisches Prinzip,** System der Stadtanlage mit regelmäßig im rechten Winkel sich kreuzenden Straßen, benannt nach Hippodamos von Milet (* um 510 v. Chr.).

**Hippodrom,** Pferderennbahn.

**Hippokampen,** Fabeltiere, deren Vorderteil ein Pferd darstellt und die in einem Fisch enden.

**Hippolytos,** Sohn des Theseus. Er wurde auf Veranlassung Poseidons von Pferden zu Tode geschleift und, als sich seine Unschuld herausstellte, von Asklepios wieder zum Leben erweckt. Beliebte Darstellung als Sinnbild der Auferstehung, v. a. auf heidnischen Sarkophagen.

**Hippopotamus,** Flußpferd, Nilpferd.

**Hochrelief,** das aus der Fläche am stärksten hervortretende Relief. → Hautrelief, → Relief.

**Hochwerk,** älterer Ausdruck für den die Seitenschiffe überragenden Mittelbau einer Basilika. Er enthält den Lichtgaden.

**Hodegetria,**         **Hodigitria** (griech., ›Wegweiserin‹), der Legende nach ein von dem Apostel Lukas eigenhändig gemaltes Bild der Maria in der Hodegonkirche in Konstantinopel. Die nach diesem, 1453 bei der Einnahme der Stadt durch die Türken zerstörten Vorbild entstandenen Bildtypen zeigen die Gottesmutter stehend, oft nur als Halbfigur, die auf dem linken Arm das Jesuskind trägt. Dieses segnet mit der Rechten und hält meistens in der Linken eine Schriftrolle.

**Hodoeporica** (n. pl.) = → Itinerarium.

**Hohlkehle,** ein eingezogenes Glied bei Säulen, Gesims usw. im Gegensatz zum Wulst, der hervortritt. Vgl. → Trochilus (Abb. 77, 78).

**Hohlziegel** werden zum Bedecken des Dachfirstes benutzt und haben die Form eines Halbzylinders. Man gebraucht sie auch für Dachflächen. Über zwei zusammentreffende platte oder konkave Ziegel (*Tegulae*) wird dann ein konvexer (*Imbrex*) gelegt. Vgl. → Dachziegel (Abb. 22).

**Höllenfahrt Christi** (in der byz. Kirche → Anastasis genannt), der Abstieg Christi in das Totenreich der sog. Vor-

hölle, des → Limbus, um die Gerechten zu befreien.

**holoblatteus,** ganz aus Purpur.

**holosericus,** reinseiden.

**Homo cathedrae,** Fachausdruck für die Ehrenstellung eines Klerikers, der während des Gottesdienstes vom Volk abgeschieden hinter den → Cancelli in der Nähe der → Kathedra seinen Platz hatte.

**Horen. 1.** Göttinnen der Ordnung der Natur, der gleichmäßig wechselnden Jahreszeiten. – **2.** Die **Horae canonicae** waren die kanonischen Stunden des Gebets der christl. Gemeinschaft zu bestimmten Tageszeiten, in der Frühzeit morgens und abends, ehe seit dem 8. Jh. für den Klerus allein eine feste Abfolge von Stundengebeten vom Morgen bis in die Nacht sich zu bilden begann: *Matutin* (Mette), *Laudes*, *Prim, Terz, Sext, Non, Vesper, Komplet.*

**Horizontalbogen** (Abb. 15) → Bogen.

**Horologium,** Sonnenuhr. In der Ostkirche auch ein Buch, das die *Preces* und *Carmina septem horarum* enthält.

**Horror vacui,** Scheu vor der leeren Fläche. Gemeint ist die Scheu des Künstlers, auch nur eine Stelle der Bildfläche leer zu lassen.

**Hortus,** Bezeichnung für Begräbnisplatz, der gartenähnlich angelegt war.

**H. R. B.,** Abkürzung auf Grabinschriften für *hic requiescit bene* (lat., ›hier ruht gut‹).

**HS,** Zeichen für → *Sesterz.*

**H. S. E.,** Abkürzung auf Inschriften für *hic situs est* (lat., ›hier liegt‹).

**HT,** Abkürzung auf Münzen für *Heraklea Thessaliae.*

**Hufeisenbogen,** ein architektonischer Bogen in Form eines Hufeisens.

**Humerale,** Schultertuch. → Amikt.

**Hund, Laufender,** Ornamentform (Abb. 50). → Mäander.

**Hutica,** zunächst allgemein Kasten, dann Kirchenkasten.

**Hydria,** Gefäß mit zwei waagerechten Henkeln an Bauch oder Schulter und einem senkrechten Henkel am Hals (Abb. 97).

**Hydromysta,** Kirchendiener, der das Weihwasser besorgen und darreichen muß.

**Hymenaeus,** Hochzeitsgott, der Brautfackel und Kranz trägt.

**Hypaethralbasilika** (griech., ›unter freiem Himmel‹), Basilika ohne Dach, ähnlich dem hellenist. Hypaethraltempel (Tempel mit Oberlicht in der dreischiffigen Cella). Der geöffnete Innenhof ist von Hallen umzogen. Die Apsis befindet sich an einer Schmalseite.

**Hypaethrum,** Gitterfenster über dem Haupteingang eines Tempels.

**Hyperthyrum,** Fries über dem Türsturz, auch andere Verzierungen über der Tür.

**Hypodromus,** unterirdischer Gang.

**Hypogaeum,** unterirdisches Gewölbe für Bestattung.

**Hypokausten** (pl.), Warmluftheizung unter dem Fußboden. Die H. sind die Hohlräume zwischen den kleinen Aufmauerungen, auf denen der Fußboden ruht. Durch sie floß die Heizluft vom → Praefurnium her. Für den Warmluftdurchfluß an den Wänden sorgten → Tubula.

**Hypostylos,** gedeckter Säulengang, Säulenhalle, Tempel mit Säulengängen.

**Hypotrachelion,** Säulenhals, oberste Stelle des Säulenschaftes, wo der Durchmesser am kleinsten ist, unmittelbar unter dem Kapitell, an der dorischen Säule meist mit mehreren Einschnitten abgesetzt (Abb. 75). → Säulenordnung.

**hysgineus,** karmesinfarbig.

**Hysopus,** Weihwedel.

**I** (vgl. auch J)

**I A** Münzaufschrift rechts
**Ω H** und links von einer Büste. Man deutet die In-
schrift auf *Johannes*.

**I. C.,** Abkürzung für den Namen *Jesus Christus*.

**Ichnographia,** Entwurf,
Grundriß.

**Ichthys** (griech., ›Fisch‹), in
der frühchristl. Kunst Symbol
für Christus. Die Buchstaben
dieses griech. Wortes *ΙΧΘΥΣ*
hat man gedeutet als Anfangsbuchstaben folgender Worte:
*Ιῆσος Χριστός Θεοῦ Υιός
Σωτήρ,* ›Jesus Christus, Gottes Sohn, der Retter‹.

**Icterias,** Edelstein.

**Idea,** Bild, Gestalt, Bauriß.

**Iden,** im röm. Kalender der
13. jeden Monats, aber der 15.
in den Monaten März, Mai,
Juli und Oktober.

**Ideographie,** Verwendung
von Bildzeichen statt Buchstaben.

**Ignibulum,** Weihrauchfaß.

**Ikone,** eigtl. Bildnis, bezeichnet in der Ostkirche das heilige
Tafelbild im Unterschied von
den Wandmalereien. Da im
wesentlichen göttliche und
heilige Personen zur Darstellung kommen, genießt es Anbetung. Das Urbild verleiht
nach Ansicht der Ostkirche
dem Abbild den Charakter
der Heiligkeit.

**Ikonodule,** Bilderverehrer.

**Ikonographie,** Beschreibung
und Deutung der Inhalte
(Themen) von Kunstwerken
und deren Entstehungsge-
schichte, nicht der Form.

**Ikonoklasmus,** Bilderfeind-
lichkeit, speziell die geistige
Bewegung in Byzanz, die zwischen ca. 730 und 843 das Bil-
derverbot betrieb.

**Ikonoklast** (von griech. *κλά-
ειν* ›zerbrechen‹), Bilder-
stürmer.

**Ikonostasis,** Bilderwand,
trennt in der Ostkirche den
Gemeinderaum vom Sanctua-
rium. Sie ist urspr. niedrig.
Später werden mehrere Bildreihen übereinandergestellt,
wodurch eine größere Höhe
erreicht wird. Die Bilder kön-

nen unmittelbar nebeneinander geordnet sein oder durch geschmückte Halbsäulen voneinander getrennt werden. Die I. hat drei Türen. Die mittlere, welche die anderen an Größe überragt, wird auch die heilige oder königliche genannt. Sie befindet sich vor dem Altar, während die beiden anderen zur → Prothesis und zum → Diakonikon führen. Vorläufer der I. schon in frühchristl. Zeit.

**Illuminatio,** Bezeichnung für Taufe.

**Illuminator,** jemand, der Bilder, v. a. Handschriften, bunt ausmalt.

**Illuminatorium** = → Baptisterium.

**Illusionismus,** Darstellung, die eine Raumtiefe auf dem Bild vortäuscht.

**Illustris** → Rangordnung.

**Imaginarius,** Bildträger, aber auch Freskomaler.

**imaginatus,** mit Bildwerken versehen.

**Imago,** Bild, im besonderen das Ahnenbild oder die Wachsmaske, die im Atrium des röm. Hauses aufgehängt wurde.

**Imago clipeata,** Bild des Verstorbenen auf dem Hintergrund eines → Clipeus, oft in der Mitte der Vorderseite eines Sarkophags (Abb. 35).

*Abb. 35.* Imago clipeata.

**Imago frontis,** Stirnseite eines Baues.

**Imbrex** → Hohlziegel, → Dachziegel (Abb. 22).

**Imbulus,** **Ambulatorium,** Mauergang.

**Immaculata** (lat., ›die Unbefleckte‹). Maria wird auf Grund ihrer unbefleckten Empfängnis so genannt.

**Immersio,** das Eintauchen des Täuflings bei der Taufe.

**Immissio panis in calicem,** das Einwerfen der Hostie in den Kelch bei der röm. Messe.

**Impages,** Querleisten der Tür.

**Impannata,** Vorhang, Teppich, Tuch.

**Impensum,** Baukosten.

**implumbare,** Blei eingießen.

**Impluvium,** breites Becken, das im Atrium der Römer die Regenwässer von den Dächern auffing. In frühchristl. Zeit wurde es zum bedeutend kleineren → Kantharos.

**Impost** = → Kämpfer.

**in antis** → Antae.

**inargentatus,** versilbert.

**inauratus,** vergoldet, geschmückt.

**Inauris,** Ohrgehänge.

**Incensatio,** Räucherung.

**Incensorium, Incensarium,** Weihrauchgefäß.

**Incensum,** Weihrauch.

**incidere,** gravieren.

**Incipit** (lat., ›es beginnt‹), Einleitungsformel in Handschriften, z. B. »*Incipit Evangelium secundum Joannem*«.

**Incisio,** das Gepräge einer Münze.

**Inclusor,** Juwelier.

**incoctilis,** mit Metall überzogen.

**Incumba,** Auflager. → Kämpfer.

**incrustare,** überkleiden mit Metall, auch das Verkleiden einer Wand mit Marmorsteinen.

**Indikation,** ein 312 n. Chr. im röm. Reich eingeführter 15-Jahre-Zyklus, am 25. (später: 1.) September beginnend.

**Inducula,** ein Unterkleid.

**Indumentum,** Altarbekleidung.

**Indusium,** obere → Tunika, Übertunika.

**Inferturia,** Gefäß für Weihrauch.

**Infirmarium,** Siechenhaus.

**Infula,** bei den Römern Kopfbinde, Stirnreif, auch Mütze als Attribut der Priester, später Bezeichnung für die Bänder der → Mitra, dann für die Mitra selbst.

**Infundibulum,** der Ölbehälter der Öllampe (→ Lucerna).

**infuscus,** bräunlich, dunkel.

**Infusio,** Besprengung des Täuflings bei der Taufe.

**Ingressus,** Ausarbeitung eines Werkes.

**Initiale, Littera initialis,** Anfangsbuchstabe (nach lat. *initium* ›Anfang‹). Dieser wurde in Handschriften, bisweilen schon seit dem 5. Jh., besonders groß geschrieben und mit reichem Schmuck versehen.

**Initiatio,** feierliche Einweihung eines Menschen in eine Lehre, etwa bei der Aufnahme in die christl. Kirche.

**Inkarnat** → Karnation.

**Inkarnation,** Bezeichnung für die Fleischwerdung Christi.

**Inkrustation,** Verkleidung des Mauerwerks von Wänden und Böden mit Steinplatten als Schmuck.

**Inkrustationsstil,** täuscht die → Inkrustation durch Malerei vor, wie etwa in Pompeji.

**Inkubation, Enkoimesis** (griech.), der Schlaf, der göttliche Offenbarung oder Heilung von Krankheit bringt. Die in antiken Heiligtümern geübte Zeremonie wurde von den Christen fortgesetzt an Orten, wo man Heilige verehrte.

**inluminare auro,** vergolden.

**Insaeptio,** abgeteilte Fläche, Kassette.

**in situ,** Bezeichnung der unveränderten Fundlage eines archäologischen Objekts; seine Lage an der Stelle, wo es urspr. postiert oder bei Zerstörung hingestürzt war.

**Insta** oder **Limbus,** schmaler Streifen, der auf Saum, Halsöffnung und Ärmel der Tunika aufgenäht wurde. Bei den vornehmen Frauen, gelegentlich auch sonst, hatte der Ärmel einen doppelten Besatzstreifen.

**instituere,** aufmauern, bauen.

**Instrumentum domesticum,** Hausgegenstand, der künstlerisch verziert sein konnte.

**Insula. 1.** Von Straßen eingefaßter Häuserblock der röm. Stadt. – **2.** Gelegentlich Ausdruck für ein Mietshaus, das hinter dem herrschaftlichen Haus (domus) lag und an die Armen vermietet wurde. – **3.** Seltener Bezeichnung für einen alleinstehenden Tempel.

**Intaglio** (it., ›Schnitzwerk‹), Gemme mit eingeschnittenen Ornamenten, Figuren usw. (*Gemma diaglyphica, Gemma inscalpta* u. a.).

**Intarsia,** eingelegte Arbeit in Stein, Holz oder anderem Material.

**Integumentum,** Bucheinband, auch Decke, Hülle.

**Interfinium,** Scheidelinie.

**Intergerium,** Scheidewand, Zwischenwand.

**Interkolumnium,** die lichte Weite zwischen zwei Säulen (Abb. 75). Vgl. aber → Joch.

**Intermissio,** Zwischenschicht von Ziegelsteinen bei Bruchsteinmauerwerk.

**intermittierend,** gelegentlich gebraucht für ein Schmuckmotiv, das streckenweise unterbrochen wird, dann aber wiederkehrt.

**Interpensiva** (n. pl.), Querbalken.

**interplicare,** durchflechten.

**interradere,** eine durchbrochene Arbeit anfertigen.

**Intersectio,** Tiefe zwischen zwei Zähnen des Zahnschnitts (Abb. 98).

**Interstitium,** gelegentlich gebraucht für → Vierung.

**Intertignium,** Raum zwischen zwei Balken.

**Interula** = Tunica interior (→ Tunika).

**Intrados,** Untersicht, die untere Fläche, Laibung eines Bogens.

**intra muros,** innerhalb der Mauern, d. h. nicht öffentlich.

**Introductor,** gelegentliche Bezeichnung für einen Apostel, der Seelen in den Himmel führt.

**Introitus ad martyres,** Zugang von der Apsis zu dem Grab der Märtyrer. Vgl. → Confessio.

**Inumbratio,** Schattierung, Aufriß.

**Inventio crucis,** die legendäre Auffindung des Kreuzes Jesu durch Helena (um 250–329), die Mutter Kaiser Konstantins d. Gr.

**Inversio** = → Allegorie.

**in verso,** umgekehrt, auf der Rückseite.

**Ionische Basis** (Abb. 76, 83) → Säulenordnung.

**Ionische Ordnung** (Abb. 76)
→ Säulenordnung.

**Ionisches Kämpferkapitell**
(Abb. 40), **Ionisches Kapitell**
(Abb. 38) → Kapitell.

**Ionisches Kyma** (Abb. 48,
auch 38) → Kyma.

**Isodomus,** Ebenbau. Mauerwerk, bei dem die Steine unter
sich dieselben Breiten und
Höhen haben und in gleich ho-
hen Schichten angeordnet
sind.

**Isokephalie** (griech., ›gleiche
Kopfhöhe‹), auf Bildern die
Reihung von Figuren in glei-
cher Kopfhöhe.

**Itala-Fragment,** in Quedlin-
burg gefundene Bibelhand-
schrift (Buch Samuel, 1. Buch
Könige), die älteste mit (14)
Miniaturen, um 380–390 ver-
mutlich in Konstantinopel
entstanden. Besitz der Staats-
bibliothek Berlin.

**Ite, missa est,** wörtlich: ›Geht,
die Versammlung ist geschlos-
sen.‹ Damit wurde im frühchristl. Gottesdienst vor Beginn der Abendmahlsfeier die
Beendigung des Katechume-
nengottesdienstes angekün-
digt.

**Itinerarium. 1.** Reisebuch mit
Beschreibungen der einzelnen
Stationen. – **2.** → Altare por-
tatile.

# J (vgl. auch I)

**Janitor,** Türhüter. Vgl. → Ostiarius.

**Janua confessionis,** Tür zum Märtyrergrab.

**Jaspis,** Schmuckstein aus undurchsichtigem Quarz, der verschieden gefärbt sein kann, am häufigsten rot und grün.

**J. C. D.,** Abkürzung für *Jesu Christe duce* (lat., ›unter Führung von Jesus Christus‹).

**J. C. N.** oder **I. C. N.,** Abkürzungen für *in Christi nomine* (lat., ›in Christi Namen‹).

**Jerusalemer Kreuz.** Bezeichnung für ein griech. Kreuz, bei dem zwischen zwei Kreuzarmen sich jeweils ein weiteres Kreuz befindet (Abb. 21). → Crux.

**J. H. S.,** Abkürzung für *Jesus hominum salvator* (lat., ›Jesus, der Menschen Retter‹).

**J. N. D.** oder **I. N. D.,** Abkürzungen für *in nomine Domini* (lat., ›im Namen des Herrn‹).

**J. N. R. I.,** Abkürzung für *Jesus Nazarenus Rex Judaeorum* (lat., ›Jesus aus Nazareth, König der Juden‹). So auf der Tafel am Kreuz Christi.

**Joch. 1.** Am antiken Tempel der Säulenabstand von Mittelachse zu Mittelachse (Abb. 75). – **2.** Der Raumabschnitt einer Kirche, der als selbständiger Teil einer Gewölbefolge erscheint.

**Jonische Säulenordnung** → Säulenordnung, Ionische.

**Judeum,** Bleiglas.

**Jugerum,** röm. Flächenmaß, das etwa einem Morgen Land entspricht.

**Jugum,** Querbalken, Joch.

**Jugumentum,** Oberschwelle.

**Juno Pronuba.** Juno wurde als Repräsentantin des ehelichen Bundes verehrt. Sie wird deshalb gern in Verbindung mit einem Ehepaar, etwa auf heidnischen Sarkophagen, gelegentlich sogar auf christlichen, gezeigt.

# K (vgl. auch C)

**K,** Abkürzung auf Münzen für *Karthago.*

**Kalathos.** **1.** Kelchartiger Korb, aus Weiden geflochten. Vgl. → Calathus. – **2.** Auch Bezeichnung für den Kelch des korinthischen Kapitells (Abb. 39).

**Kalendarium,** Verzeichnis der kirchlichen Feste und Gedächtnisfeiern, eingeteilt nach Monaten und Tagen.

**kalkieren** (frz. *calquer*), Pausverfahren, bei dem man die Rückseite der Zeichnung mit schwarzem oder rotem Pulver bedeckt und dann mit einem Griffel die Linien des Bildes nachzieht.

**Kalligraphie,** Schönschrift.

**Kalotte,** ein Kugelabschnitt, auch die Oberfläche einer sphärischen Wölbung.

**Kalymmatien,** Steinplatten an Decken mit → Kassetten.

**Kamee,** Edelstein oder Schmuckstein mit erhaben geschnittenen Darstellungen (*Gemma anaglyphica*, *Gemma caelata*, *Gemma exscalpata*

u. a.). Im Gegensatz dazu → Intaglio.

**Kämpferblock,** auch **Kämpferaufsatz,** **Kämpfer,** würfelähnlicher Aufsatz auf dem → Kapitell als Verbindungsstück zwischen einer Säule oder einem Pfeiler und der darauf lastenden Mauer oder einem Bogenansatz. Er hat die Aufgabe, den Druck des Bogens oder der Mauer aufzufangen. (Abb. 14, 36.)

*Abb. 36.* Kämpferaufsatz über einem Faltkapitell.

**Kämpferkapitell** (Abb. 40) → Kapitell.

**Kämpferstein,** Anfänger, der erste Keilstein eines → Bogens (Abb. 14).

**Kandelaber,** Leuchter.

**Kanephoren** (griech., ›Korbträgerinnen‹), urspr. attische Jungfrauen, die bei festlichen Gelegenheiten Körbe mit Opfergerät auf ihren Köpfen trugen. In der Architektur Bezeichnung für korbtragende Jungfrauen, die an Stelle von Säulen stehen. Vgl. → Karyatiden.

**Kannelur, Kannelüre** (lat. *canna* ›Rohr‹), senkrechte Hohlrille an Säulen und Pilastern, in ihrer Gesamtheit **Kannelierung** (griech.: **Rhabdosis**) genannt. Die Rillen können entweder in scharfen Graten aneinanderstoßen (Dorische → Säulenordnung; Abb. 75) oder durch Stege voneinander getrennt sein (Ionische und Korinthische → Säulenordnung; Abb. 77, 78).

**Kanon,** Regel, Richtschnur, maßgebliches Verzeichnis. Man spricht vom biblischen Kanon, Typenkanon, Bilderkanon usw. Vgl. → Canon missae.

**Kanontafeln,** Verzeichnisse von Parallelstellen der Evangelien in Evangelienbüchern. Da auf diese immer wieder in den Evangelientexten verwiesen wird, stehen sie meistens zu Beginn, seltener am Schluß der Bücher. Die ersten K. wurden von → Eusebius von Caesarea entworfen. Die K. sind oft reich geschmückt.

**Kantharos. 1.** Reinigungsbrunnen inmitten eines Atriums, meist mit fließendem Wasser. Er stand oft unter einem Baldachin. – **2.** Trinkbecher mit hohem Fuß und Schlaufenhenkeln (Abb. 97).

**Kapitalschrift,** Schrift, die nur die großen Buchstaben des lat. Alphabets verwendet.

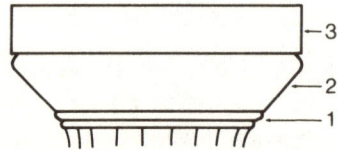

*Abb. 37.* Dorisches Kapitell. 1. Anuli, Riemchen. 2. Echinus. 3. Abakus.

**Kapitell** (lat. *capitulum* ›Köpfchen‹), Kopf einer Säule, eines Pilasters oder eines Pfeilers, der verschieden in seiner

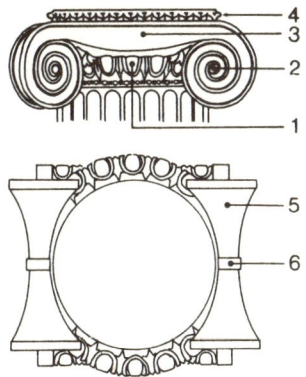

*Abb. 39.* Korinthisches Kapitell.
1. Akanthusblatt. 2. Caulis, Stengel. 3. Helix, Ranke. 4. Palmette.
5. Volute. 6. Kalathos, Kapitellkörper. 7. Abakus. 8. Flos, Blüte.

*Abb. 38.* Ionisches Kapitell. 1.
Echinus, geschmückt mit Astragal
und Ionischem Kyma. 2. Volute.
3. Canalis, Volutenkanal. 4. Abakus. 5. Pulvium. 6. Balteus.

*Abb. 40.* 1. Ionisches Kämpferkapitell. 2. Kämpferkapitell. 3.
Korbkapitell. 4. Trapezkapitell.
(Vgl. auch Faltkapitell Abb. 36.)

Form und in seinem Schmuck sein kann. Das K. vermittelt zwischen Stütze (Pfeiler, Säule, Pilaster) und dem Bogen oder der Mauer, die auf ihm ruhen. (Abb. 37–40.) Vgl. auch → Faltkapitell (Abb. 36), → Kelchkapitell, → Kompositkapitell (Abb. 44), → Korbkapitell (Abb. 40), → Trapezkapitell (Abb. 40), ferner → Säulenordnung (Abb. 75–78).

**Kappe, Gewölbekappe,** die Teilfläche zwischen den Graten und Rippen eines mehrteiligen Gewölbes.

**Karnation,** auch **Inkarnat**, Fleischton, der Farbton der menschlichen Haut auf bildlichen Darstellungen.

**Karneol,** Schmuckstein, rote und gelbe Abart des Chalcedon. Der blutrote K. wird auch als männlicher, der blaßrote als weiblicher K. bezeichnet. Er wurde oft für den Gemmenschnitt benutzt.

**Karneolonyx,** rot- und weißgestreifter Karneol.

**Karnies** (it. *cornice* ›Fries, Rahmen‹), wellenförmiges S-förmiges Bauglied, das aus konvex und konkav geboge-

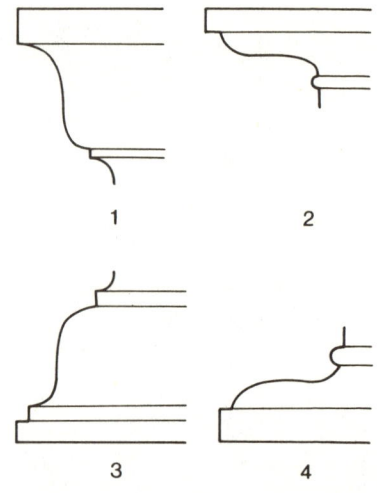

*Abb. 41.* Karnies. 1. Steigendes (stehendes) Karnies (Cyma recta). 2. Verkehrt steigendes Karnies (Cyma reversa). 3. Fallendes Karnies. 4. Verkehrt fallendes Karnies.

nem Profil besteht. Es dient hauptsächlich als Rinnleiste. Man unterscheidet das **stehende** oder **steigende K.** (*Cyma recta, Cyma reversa*) und das **fallende K.** (Abb. 41).

**Kartusche,**    Zierrahmen. Manche antiken Autoren gebrauchen den Ausdruck für Rahmen von Darstellungen in einem antiken Fußbodenmosaik.

**Karyatiden,** Mädchen aus dem lakonischen Dorf Karyai. Sie wurden wegen ihrer Freundschaft zu den Persern gezwungen, schwere Lasten auf dem Kopf zu tragen. In der Architektur Bezeichnung lang bekleideter Frauengestalten, die stellvertretend für Säulen Mauerlasten stützen. Vgl. → Kanephoren.

**Kasel** → Casula.

**Kassette** (frz. *cassette* ›Kästchen‹), kastenförmige Vertiefung einer in Felder aufgeteilten Decke (Kassettendecke). Die Felder können quadratisch oder vieleckig sein. (Abb. 42.)

**Kastenaltar,** setzt sich aus vier Platten oder aus vier Mauern zusammen. Er ist jedenfalls innen hohl. Der Hohlraum wird häufig zur Aufbewahrung von Reliquien benutzt.

**Kastor** → Dioskuren.

**Katakombe,** ursprünglich Bezeichnung für eine ganz bestimmte unterirdische Begräbnisstätte: Gemeint ist die Stelle in Rom, wo eine Talsenke bei der Kirche S. Sebastiano die Via Appia schneidet.

*Abb. 42.* Kassetten im Tonnengewölbe.

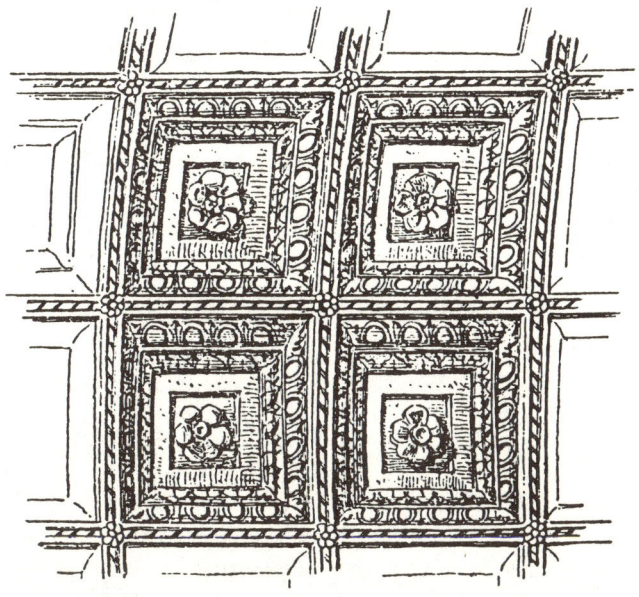

K. heißt zunächst nichts weiter als ›bei der Vertiefung‹. Später wurden alle unterirdischen christl. Friedhöfe so genannt, und zwar nicht nur in Rom, sondern auch in Neapel, Sizilien usw. Der Name wurde auch auf jüdische und gnostische unterirdische Begräbnisanlagen übertragen. K.n bestehen aus einem Vorraum, von dem aus sich labyrinthartig weitverzweigte Gänge in mehreren Stockwerken unterirdisch erstrecken, in deren Seitenwänden und Boden sich die Nischen und Grabanlagen befinden. An diesen Gängen befinden sich rechts und links Kammern, die oft besonders geschmückt sind. Die Dekken- und Wandgemälde in den K.n sind für die Kenntnis der frühchristl. Malerei von größter Bedeutung. Die wichtigsten K.n befinden sich in Rom und Neapel.

**Katechumenen** wurden in der alten Kirche die Taufbewerber genannt, die im Unterricht auf die feierliche Handlung der Taufe vorbereitet wurden.

**Kathedra,** Bischofssitz aus Stein oder Holz, der oft kunstvoll verziert war. Er wurde in frühchristl. Zeit hinter dem Altar aufgestellt und war von den Sitzen der Geistlichen (→ Subsellien) umgeben.

**Katholikon,** Hauptkirche eines Klosters in der Ostkirche.

**Katholikos,** urspr. höherer Finanzbeamter in der Kirche, dann Vorsteher mehrerer Klöster einer Stadt. In Groß-Armenien Bezeichnung für den obersten Bischof.

**Kehlbalken,** verbindet horizontal zwei gegenüberliegende Sparren eines Daches etwa in halber Höhe des Dachstuhls. Er gibt dem Dach eine höhere Festigkeit.

**Kehle,** ausgehöhlte Rinne.

**Kehlleiste,** profilierte Leiste an der Berührungslinie von Wand und Decke.

**Kelch** (von lat. *calix* ›Trinkbecher‹), Trinkgefäß mit Fuß (Abb. 43, 97), als Abendmahlskelch benutzt, besteht aus folgenden Teilen: a) dem *Fuß* (*Pes*), der verschiedene Formen, rund, eckig usw., haben kann; b) dem *Schaft* (→ *Stilus*, → *Fistula*); c) dem *Knauf* (*Pomum, Nodus*), der vielförmig oder kugelig sein

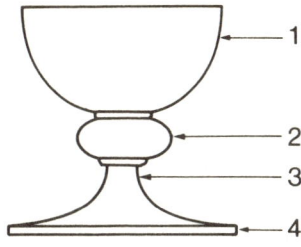

*Abb. 43.* Kelch. 1. Becher (Cuppa). 2. Knauf (Nodus). 3. Schaft. 4. Fuß.

kann; d) dem eigentlichen *Becher* (*Vas*, *Cuppa*). Vgl. → Calix.

**Kelchkapitell,** in Kelchform gestaltetes → Kapitell.

**Kelchröhrchen,** Saugröhrchen. Vgl. → Calamus (Canniculus), → Fistula (Cannulus, Pipa, Pugillaris).

**Kenosis,** Bezeichnung für den Zustand der Erniedrigung Christi.

**Kenotaph,** Pseudograb, Leergrab, kann Hügel- oder Steingrab sein. Wurde zur Erinnerung an einen Verschollenen oder in der Fremde Verstorbenen errichtet. Der Ausdruck wird auch für das leere Grab Christi gebraucht.

**Kentaur,** Fabelwesen der griech. Mythologie mit Pferdeleib und menschlichem Oberkörper.

**Keramidia,** Darstellungen Christi auf Ziegelsteinen, die nicht auf natürliche Weise entstanden sein sollen und der Ikone des Herrn, dem → Mandilion, entsprechen.

**Ketos,** Drache, Seeungeheuer.

**Kette,** die bei der Weberei im Rahmen befestigten Grundfäden, im Unterschied zum *Schuß*, also den Fäden, die laufend durch die Kette »geschossen« werden.

**Kionedonschrift** (von griech. *κίων* ›Säule, Pfeiler‹), eine Schreibweise in Vertikalzeilen, wobei man die Buchstaben senkrecht untereinanderstellt. Kommt v. a. auf byz. Inschriften vor.

**Klause,** Wohnung eines Einsiedlers.

**Kleeblattkreuz,** ein Kreuz, das an den Schenkelenden Verzierungen in Kleeblattform hat (Abb. 21). → Crux.

**Kleiderinschrift,** Buchstaben, die v. a. auf Zipfeln frühchristl. Kleider vorkommen. Die Frage ist noch nicht geklärt, ob sie reines Ornament sind oder symbolischen Sinn haben. Vgl. → Vestis litterata.

**Kline,** im Altertum das Ruhebett, auch das Lager, auf dem man beim Mahle lag, mit einer Lehne am Kopfende.

**Kloster** (lat. *claustrum* ›Siegel, das Verschlossene‹), abgeschlossener Wohn- und Wirtschaftskomplex religiöser Gemeinschaften (vgl. → Monasterium, → Koinobion). Es entstand anstelle verstreuter Einsiedlerhütten (→ Laurenanlage) zuerst in Syrien und Ägypten gemäß den Weisungen des Pachomius († 346).

**Klostergewölbe,** eine der Kuppel nahe Wölbeform über vier- oder mehreckigem Grundriß. Auf jeder Seite des Vielecks setzt eine gekrümmte, nach oben schmaler werdende Fläche, die sog. Wange, unmittelbar an (Abb. 33). → Gewölbe.

**Koimesis** (griech., ›das Schlafen‹), Bezeichnung für Darstellungen des Marientodes (Entschlafung Marias) in der byz. Kunst.

**Koimeterion** → Coemeterium.

**Koinobion** (griech., ›gemeinsames Leben‹), Bezeichnung für strenge Formen mönchischer Gemeinschaft im Kloster. Oft auch einfach = Kloster.

**Kolobion** → Colobium.

**Kolonnen,** Schriftspalten in einem Buch, die senkrecht nebeneinander verlaufen. Dann auch senkrecht untereinander gestellte Einzelbuchstaben (vgl. → Kionedonschrift).

**Kolorit,** Farbgebung.

**Komos. 1.** Gott des Zechgelages. – **2.** Der nächtliche Umzug froher Zecher, die zur Musik des Flötenspiels durch die Straßen zogen. – **3.** Ein festliches Gelage selbst.

**Kompartiment,** selbständiger Teil eines Raumes oder einer Fläche.

**Kompositkapitell,** eine Verbindung von ionischem und korinthischem Kapitell, das sich in der röm. Kaiserzeit einer großen Beliebtheit erfreute. Es werden ionische Voluten mit korinthischem Blätterschmuck vereinigt. Manchmal

*Abb. 44.* Kompositkapitell.

tritt eine Bereicherung durch Tiere oder Tierköpfe auf. (Abb. 44.) Vgl. → Kapitell.

**Kompositordnung** → Säulenordnung.

**Konche,** Muschel (vgl. → Concha). Halbrund ausbuchtender Teil eines Gebäudes, also z. B. ein apsisähnlicher Anbau, oder ein selbständiger Bau gleicher Grundrißform. → Dreikonchenanlage.

**Konchylien,** Schalen der Weichtiere.

**Konkordanz** → Evangelienkonkordanz.

**Konsekration,** Weihe von Altar, Kirchen oder auch Personen im Unterschied zur einfachen Segnung (*Benedik-*

*tion*). Für die frühchristl. Kunst wichtig: K.-Inschriften, K.-Münzen, K.-Typen (bestimmte Typen, die als Symbole auf Weihetafeln, Weiheinschriften u. a. abgebildet wurden).

**Konsole,** auch **Kragstein**, aus der Mauer hervorspringender Stein, der verziert sein kann und als Stütze für Bogen und Gesimse dient, aber auch für Figuren benutzt wird. Es gibt auch Holzk.n.

☧ **Konstantinisches Monogramm,** das Zeichen Christi, gebildet aus den griech. Großbuchstaben $X$ (Chi) und $P$ (Rho), das angeblich Konstantin vor der entscheidenden Schlacht gegen Maxentius bei der Milvischen Brücke vor Rom 312 am Himmel sah und auf seine Fahne heftete. Er führte auf dieses seinen Sieg zurück. → Crux monogrammatica (Abb. 21, 53), → Labarum (Abb. 49).

**Konsulardiptychen, Diptycha consularia** → Diptychon.

**Kontakion,** Hymnus in der Liturgie der Ostkirche, der eine gewisse Selbständigkeit innerhalb des liturgischen Verlaufs hatte.

**Kontorniate** → Konturniate.

**Kontrapost,** ein Standmotiv in der Wiedergabe der mensch-

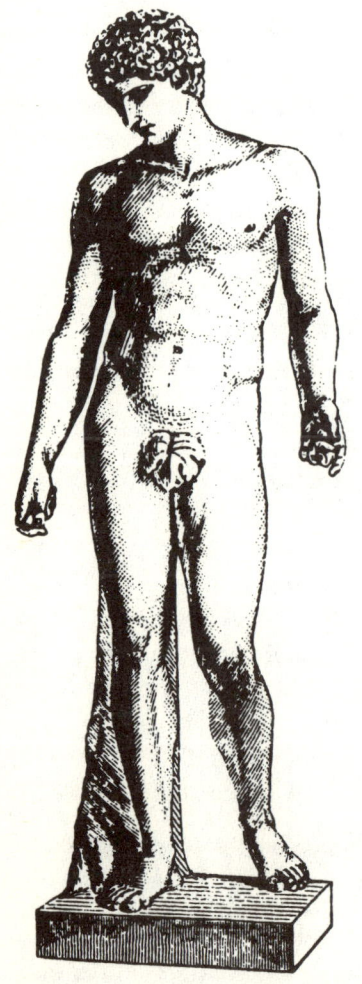

*Abb. 45.* Kontrapost.

lichen Figur, besonders bei Statuen. Die gegensätzlichen Bewegungen des Körpers werden ausgeglichen und formale Gesetze aufgestellt, basierend auf dem Wechsel zwischen tragendem *Standbein* und ruhendem *Spielbein* (Abb. 45). Ausgebildet wurde der K. in der griech. Kunst des Strengen Stils und der Klassik im 5. und 4. Jh. v. Chr.

**Kontur,** Umriß einer Fläche.

**Konturniate,** auch **Kontorniate,** spätröm. Gedenkmünze mit erhabenem Rand, auch Erinnerungsmedaille bei Zirkusspielen.

**Kopfquader,** ein Quaderstein, der mit seiner Schmalseite nach außen hin sichtbar wird.

**Koptische Kunst** (3.–9. Jh. n. Chr.), Kunst der Kopten, d. h. der christl. Nachkommen der alten Ägypter. Hellenist. Kunst und orientalische Einflüsse verbinden sich mit dem ägypt. Stil und röm.-frühchristl. Elementen. In der Architektur ist die → Dreikonchenanlage der Basilika bemerkenswert, in der Webkunst sind es Stoffe von seither nicht bekannter Musterung und Färbung.

**Korbkapitell,** in der Form eines geflochtenen Korbes gearbeitetes → Kapitell (Abb. 40).

**Korinthische Ordnung** (Abb. 77) → Säulenordnung.

**Korinthisches Kapitell** (Abb. 39) → Kapitell.

**Koronis,** Markierung am Schluß eines größeren Textabschnitts in einem → Codex.

**Koroplast,** der Künstler, der Figuren aus Ton schafft.

**Korporale,** feines Altarleinentuch, auf dem der Kelch und die geweihte Hostie stehen.

**Kosmas Indikopleustes,** ein griech. Indienfahrer (wie der Name sagt) im 6. Jh. Dieser Geograph, Kaufmann und spätere Mönch aus Alexandrien hat in den 12 Büchern seiner Reisebeschreibungen (Χριστιανικὴ τοπογραφία), von denen die 7 letzten eine Erweiterung des urspr. Werkes darstellen, Orte erwähnt, die für die Entwicklung der christl. Kunst von Bedeutung sind.

**Kosmokrator,** Bezeichnung für Christus als ›Weltenherrscher‹.

**Kraggewölbe,** unechtes Gewölbe, gebildet aus mörtellos verfugten Steinlagen, die permanent ein kleines Stück vorkragen, in das Innere hinein.

**Kragstein** → Konsole.

**Kranz** (Abb. 75), vgl. Dorische → Säulenordnung.

**Kranzgesims,** Gesims unter dem Dach, meistens ausgezeichnet durch reiche Profilierung (Abb. 76, 77). Es wird auch *Hauptgesims* genannt. → Gesims.

**Krater,** umfängliches zweihenkeliges Mischgefäß für Wein und Wasser auf gegliedertem Fuß. Die Form kann kelchförmig oder glockenförmig sein (Abb. 97). (Das gebräuchliche Mischungsverhältnis beim Wein war im Altertum: $2/_5$ Wein, $3/_5$ Wasser.)

**Kredenz,** Vorbereitungsraum für die Zurüstung des Abendmahls. → Prothesis, → Credentia.

**Krepidoma, Krepis** (griech., ›Schuh‹), dreistufiger Unterbau des griech. Tempels (Abb. 75, 88).

**Kreuz** → Crux.

**Kreuzgewölbe** → Gewölbe.

**Kreuzkirche,** jede Kirche, die in irgendeiner Form ein Kreuz als Grundriß hat.

**Kreuzkuppelkirche,** ein in byz. Zeit voll entwickelter Kirchentyp, der das griech. Kreuz zum Grundriß des Kernbaus hat und über dessen Mittelquadrat sich eine Kuppel erhebt. Oft tragen auch die Nebenräume zwischen den

*Abb. 46.* Kreuzkuppelkirche.

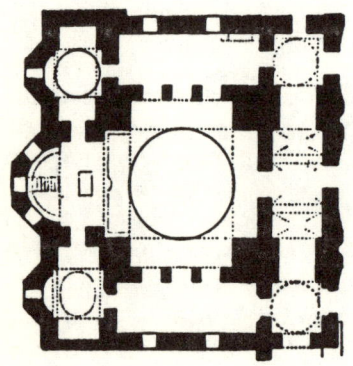

Kreuzarmen kleine Kuppeln. (Abb. 46.)

**Kreuznimbus,** ein → Nimbus mit einem Kreuzeszeichen, das in der Darstellung nur als Attribut Gottes, Christi und des Heiligen Geistes erscheint.

**Kriophor,** Beiwort für den widdertragenden Hermes. Der lammtragende Christus (Lk. 15,5) ist diesem angeblich nachgebildet (vgl. → Pastor Bonus).

**Kronleuchter** (Bezeichnungen u. a.: *Corona*, *Pharus cantharus*), Hängeleuchter, meistens aus Metall. Er ist an der Decke der Kirche entweder mit Ketten oder mit eisernen Stangen befestigt.

**Krypta** (griech. *κρύπτη* ›bedeckter Gang‹), jeder unterirdische Gang, auch jeder unterirdische Raum; daher manchmal gleichbedeutend mit → Katakombe gebraucht. Die Bezeichnung wird in der romanischen Zeit für den Raum üblich, der sich aus der → Confessio entwickelte.

**Kryptoporticus** (f.), Eingang zur Gruft, unterirdischer oder bedeckter Gang.

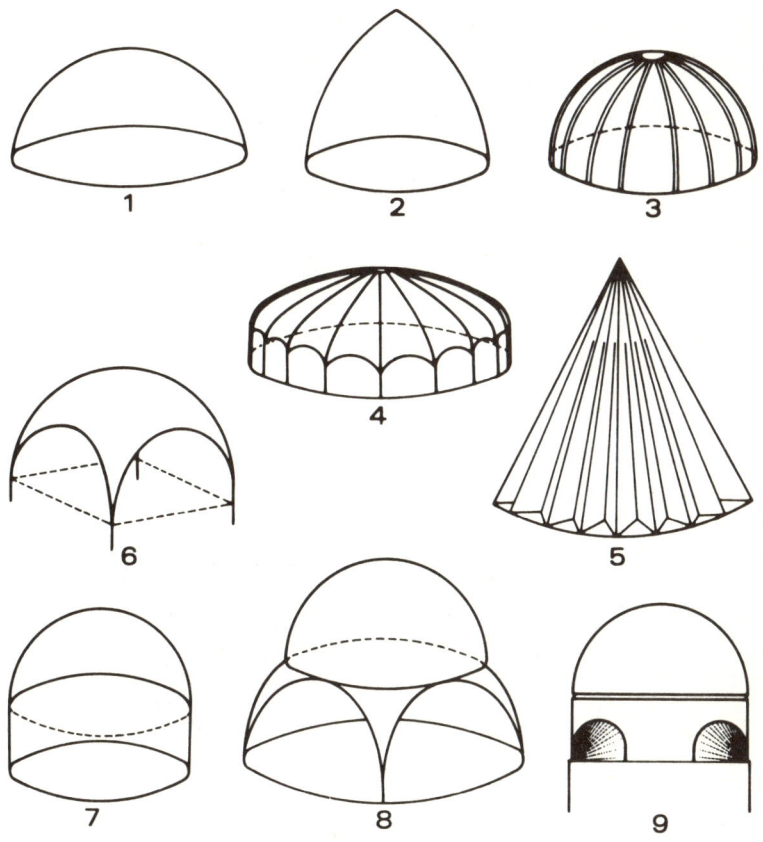

**Kuppel,** Rundgewölbe (über-
wiegend) in Form einer Halb-
kugel. Der von ihr überdeckte
Raum kann in der Grundfläche rund, quadratisch oder polygonal sein. Die verschiedenen K.-Benennungen orien-
tieren sich teils an der allgemeinen Form der K. (**Flach-,
Spitzkuppel**), teils an der Ausführung des K.-Gewölbes

*Abb. 47.* Kuppelformen. 1.
Flachkuppel. 2. Spitzkuppel. 3.
Rippenkuppel. 4. Schirmkuppel.
5. Faltkuppel. 6. Stutzkuppel,
Hängekuppel. 7. Tambourkuppel.
8. Pendentifkuppel. 9. Trompenkuppel.

selbst (**Rippen-, Schirm-, Faltkuppel**) oder an den verschieden möglichen Unterbauten
bzw. Auflagern (**Stutz-, Hän-**

**ge-, Tambour-, Pendentif-, Trompenkuppel).** (Abb. 47.)

**Kuros,** Jüngling, das Standbild des nackten stehenden Jünglings in der griech. Antike allgemein.

**Kurvatur,** leichte Krümmung der Horizontalen (Stylobat, Gebälk) am antiken Tempel, dem Zweck nach mit der → Entasis vergleichbar.

**Kustodie, Custodia,** Aufbewahrungsbehälter für die konsekrierte Hostie.

**Kyklopisches Mauerwerk,** Pelasgisches Mauerwerk (Abb. 52) → Mauerwerk, → Opus siliceum.

**Kylix,** flache Trinkschale mit Henkeln (Abb. 97).

**Kyma** (n., griech. ›Welle‹), **Kymation,** Schmuckleiste in Form einer Blattwelle, die bei Architekturgliedern wie Kapitell, Fries, Architrav, dann auch bei Gegenständen wie Sarkophagen verwendet wur-

*Abb. 48.* Kymaformen. 1. Dorisches, 2. Ionisches, 3. Lesbisches Kyma.

de. Von der Antike hat die frühchristl. Kunst die »klassischen« drei Formen des **Dorischen,** des **Ionischen** und des **Lesbischen K.s** übernommen. (Abb. 48, auch 38, 76.)

**Kyniker,** Armutsapostel, der meist mit langem Bart, unordentlichem Haar und nackter Brust dargestellt wird.

**Kyriotissa** (griech., ›Herrscherin‹), Titel des Bildes der stehenden Maria, die das Kind auf ihrem Arm vorweist.

# L

**L.,** Abkürzung des Vornamens *Lucius*.

**L,** Abkürzung auf Münzen für *Lugdunum* (Lyon) bzw. *Londinium* (London).

**Labarum,** Feldzeichen der Römer, »Reichsfahne«. Lange Lanze mit einem Querstück, woran ein purpurnes Fahnentuch hing. Kaiser Konstantin ließ vor der entscheidenden Schlacht gegen Maxentius (312) das Mono-

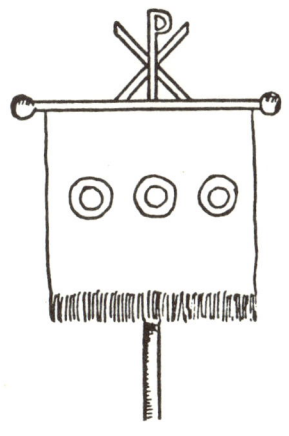

*Abb. 49.* Labarum.

gramm Christi auf der Fahnenstange über dem Tuch anbringen, weil er auf Grund einer Vision unter diesem Zeichen siegen sollte (Abb. 49); vgl. → Konstantinisches Monogramm.

**Laborantes** (lat., ›Arbeiter‹), in den ersten Jahrhunderten n. Chr. gelegentliche Bezeichnung für die Totengräber. Für gewöhnlich wurden sie als → Fossores bezeichnet.

**Labrum,** Reinigungsbrunnen im Atrium, Becken, Kessel.

**Lacerna,** ein über die Schulter geworfener kurzer, vorn offener wollener Mantel, der entweder mit einem Leder- oder Tuchstreifen (→ Lingula), der auf Knöpfe aufgeknöpft wurde, oder durch eine Spange, auch Brosche zusammengehalten wurde. Die kurze, bis zu den Hüften gehende L. war immer mit Fransen versehen; bei der lang herabfallenden L.-Form, wie auf Abbildungen in Rom und Ravenna, fielen die Fransen fort. (Vgl. → Byrrus.) Später wurde die L. hauptsächlich Luxusgewand.

**Lacinia,** Zipfel eines Kleides, etwa einer Toga, der bei diesem Kleidungsstück von der linken Schulter nach vorn herabhing.

**Laconicum,** Schwitzraum der → Thermen (Abb. 90).

**Lacrimatorium, Lacrymatorium** (lat. *lacrima* ›Träne‹), Taschentuch, auch Tränenkrüglein.

**Lacunaria, Laquearia** (n. pl.), auch **Tabula lignea,** eine durch viereckig vertiefte Felder getäfelte Decke in der antiken Baukunst, dann auch die viereckig vertieften Felder selbst. Vgl. → Kassette.

**Ladula,** Kästchen.

**Laena,** Kleidungsstück, wollener Überwurf.

**Lagena,** Tongefäß in Form eines bauchigen Henkelkrugs.

**Lagerfuge,** Fuge zwischen den einzelnen Steinen in Richtung des Mauerwerks.

**Laibung. 1.** Schnittfläche, die durch senkrechten Einschnitt eines Fensters oder einer Tür in einer Mauer entsteht (vgl. → Gewände). – **2.** Die untere Wölbfläche eines Bogens über Fenstern oder Türen, auch die Unterseite der Arkadenbögen (Abb. 14).

**Lamina** → Lisene, → Pilaster.

**Lampen.** Man unterscheidet in der frühchristl. Kunst *Handlampen* aus Ton, *Standlampen* und *Hängelampen:* Vgl. → Öllampen (Abb. 54).

**Lana coccinea,** rote Wolle.

**Längenmaße** (Einheiten in Durchschnittswerten). Das *griech.-attische Stadion* zu 100 *Orgyiai* (Klafter) und 600 Podoi (Fuß) mißt 185 m, der *Pus* (Fuß) zu 16 Daktyloi (Finger) 30,83 cm, der *Daktylos* 1,93 cm. 4 Daktyloi ergeben eine *Palaiste* (Handbreite) von 7,71 cm, 12 Daktyloi eine *Spithame* (Spanne) von 23,16 cm, 24 Daktyloi einen *Pechys* (Elle) von 46,26 cm. – Das *röm. Stadium* zu 625 Pedes (Fuß) mißt ebenfalls 185 m, der *Pes* zu 16 Digiti (Finger) 29,57 cm, der *Digitus* 1,85 cm. 5 Pedes ergeben einen *Passus* (Doppelschritt) von 1,48 m, 2 $1/2$ Pedes einen *Gradus* (Schritt) von 73,9 cm, 1 $1/2$ Pedes einen *Cubitus* (Elle) von 44,35 cm. – Weitere Unterteilungen des röm. Fuß: *Dodrans* ($3/4$ Fuß), *Sextans* ($1/6$ Fuß), *Quadrans* ($1/4$ Fuß), *Triens* ($1/3$ Fuß), *Quincunx, Uncia* ($1/12$ Fuß),

*Semipes* ($^1/_2$ Fuß), *Septunx* ($^7/_{12}$ Fuß), *Bes* ($^2/_3$ Fuß), *Dextans* ($^5/_6$ Fuß), *Deunx* ($^{11}/_{12}$ Fuß). – Der *byz. Fuß* maß etwa 30,95 cm.

**Langhaus** (*Corpus*, auch *Corpus longum*) bedeutet die Kirche in ihrer ganzen Breite mit Mittel- und Seitenschiffen vom Eingang bis zum Beginn des Querschiffes bzw. des Chores. (Abb. 12.)

**Lapicida** (von lat. *lapis* ›Stein‹), Steinmetz.

**Lapicidinae,** auch **Lapidicinae**, Steinbruch.

**Lapidarius,** Steinmetz.

**Lapidarstil,** wurde v. a. auf Steininschriften angewandt. Charakteristisch ist für ihn die knappe Ausdrucksform.

**Lapidatio,** das Werfen mit Steinen, Steinigung.

**Lapidicinae** → Lapicidinae.

**Lapis Lacedaemonius** → Serpentino.

**Lapislazuli,** dunkelblauer, undurchsichtiger Schmuckstein.

**Lapis quadratus** → Quaderstein.

**Laquearia** → Lacunaria.

**Laquearium,** gelegentliche Bezeichnung für → Ciborium.

**Largitio,** das Schenken, das Spenden, v. a. auch öffentliche Spenden für das Volk in Form von Gastmählern, Verteilung von Brot usw. Im übertragenen Sinne die Spendekasse, die Gnadenkasse.

**Larophorum,** Gestell, das eine kleine Statue trägt.

**Lastra,** Steinplatte.

**Lateinisches Kreuz** → Crux immissa (Abb. 21).

**Later,** an der Luft getrockneter, ungebrannter Ziegelstein. – **L. coctus, L. testaceus,** gebrannter Ziegelstein, Backstein.

**Laterculus, Latericulus,** (kleiner) Ziegelstein.

**Laterculus plumbei,** Bleiplatte zum Belegen eines Daches.

**lateritius,** aus Ziegelsteinen gefertigt.

**Laterne** (lat. *laterna* ›Lampe‹), gegliederter Aufbau als Lichteinlaß auf dem Scheitel einer Kuppel.

**Later testaceus** → Later.

**Latomiae,** auch **Lautumiae** (f. pl.), Steinbruch.

**Latomus,** Steinhauer.

**Latreia,** in der röm. Kirche Bezeichnung für die Verehrung, die allein Gott und Christus zukommt.

**Latus** (n.), Nebenseite eines Gebäudes.

**Laufender Hund,** Schmuckstreifen, gekurvter, wellenförmiger → Mäander (Abb. 50).

**Läufer,** der Mauerstein, der in der Richtung der Mauer verläuft, im Unterschied zum → Binder, der senkrecht zur Fluchtlinie der Mauer liegt, also seine Schmalseite nach außen zeigt. Vgl. → Mauerverband (Abb. 51).

**Laurenanlage** (*laura* ›Gang zwischen Felsen‹), Einsiedlerkolonie im frühen Mönchtum, v. a. in Ägypten und Syrien, trotz der verstreuten Anlage unter einem Abt stehend. Später wurde der Name auch auf bedeutende Klöster koinobitischen Charakters übertragen. → Koinobion, → Lawra.

**Lautumiae** = → Latomiae.

**Lavabo** = → Lavatorium.

**Lavacrum** → Baptisterium.

**Lavatorium, Lavarium, Lava-** bo. **1.** Gleichbedeutend mit der → Piscina in der Taufkapelle. – **2.** Bezeichnung für das Waschbecken des Priesters oder den Waschraum der Mönche in der Nähe des Speisezimmers. – **3.** Die Stätte, wo die Leichen gewaschen wurden.

**Lawra,** Bezeichnung für eine große Klosteranlage der Ostkirche mit vielen Einzelzellenbauten oder -höhlen und meist zentraler Kirche und → Trapeza.

**Lectica,** Tragbett, das aus einem Holzgestell besteht, auf dem sich eine Matratze und ein Kopfkissen befinden. Zum Tragen des Bettes sind zwei lange Tragstangen angebracht.

**Lectorium,** auch **Lectrum, Lectrinum, Lectricium,** Lesepult. Vgl. → Adlerpult.

**Lectus cubicularis,** Bett zum Ausruhen und Schlafen.

**Lectus tricliniaris,** Speisesofa.

**Legende,** Inschrift auf Gemälden oder Plastiken, auch Umschrift auf Siegeln und Münzen.

**Lehrgerüst,** ein Gerüst aus

Holz, das einen Bogen oder ein Gewölbe abstützt, bis der Bau fertig ist. Das L. legt dabei die Form des zu konstruierenden Bauwerks fest. Nach Fertigstellung des Bauteils verschwindet das L.

**Leibung** → Laibung.

**Leiturgia** (griech., ›Dienst am Volke‹), eine Art Dienstverpflichtung, die schon in Athen Gesetz war und es in Byzanz blieb. Die Bürger hatten Leistungen für die Allgemeinheit zu erbringen und die Kosten dafür selbst zu tragen, z. B. beim Bau der Stadtmauern.

**Lektionarium,** Lektionar. – **1.** Buch, das die zum Vorlesen im Gottesdienst bestimmten biblischen Abschnitte enthält. – **2.** Lesepult.

**Lekythos** (f.), griech. Gefäß (Abb. 97), urspr. für Öl verwendet. Seit dem 5. Jh. v. Chr. wurde es aus Marmor gebildet für den Grabkult benutzt, mit entsprechenden Szenen geschmückt und den Toten beigegeben oder auf das Grab gestellt.

**Leonianum** → Sakramentar.

**Leptopsephos,** Porphyr mit weißen Flecken. Vgl. → Marmor (7).

**Lesbisches Kyma, Lesbische Welle** (Abb. 48) → Kyma.

**Leucachates,** weißer Achat.

**Leviathan,** Drache oder Ungeheuer anderer Gestalt, oft als Bild des Satans gedeutet; vgl. Hiob 3,8; 7,12; 40,10 ff.

**Lewkas,** Malgrund einer Ikone.

**Lex christiana** ist die Buchrolle, die Christus auf vielen Bildwerken dem Petrus oder Paulus übergibt und die sein Gesetz enthält (vgl. → Traditio legis). Das entspricht der Sitte am kaiserlichen Hof, daß der Kaiser dem Kanzler mit der linken Hand die Gesetzesrolle überreichte.

**LG,** Abkürzung auf Münzen für *Lugdunum* (Lyon).

**Libella,** Senkblei, Wasserwaage.

**Liber pontificalis,** Verzeichnis der röm. Bischöfe bis ins 9. Jh. (Stephan V. [VI.], † 891) und von verschiedenen Verfassern bis 1431 fortgeführt, das zunächst spärlich, dann immer umfassender auf die Geschichte der Päpste eingeht. Es ist für die frühchristl. Kunst deshalb besonders wichtig, weil es neben vielen anderen Dingen auch die Bautätigkeit der Bischöfe und Päpste in den → Coemeterien und ihre darin befindlichen Ruhestätten erwähnt.

**Liber sacramentorum** → Sakramentar.

**Liber viventium et mortuorum,** Bezeichnung für kirchliche → Diptychen (*Diptycha ecclesiastica*), mit wichtigen Namenlisten bedeutender Personen.

**Libra,** röm. Pfund (dem → As gleich), Gewichtsbestimmung, Wasserwaage.

**Librarius,** der Buchschreiber, Bücherabschreiber.

**Libratio,** waagerechte Fläche.

**Lichtgaden** → Obergaden.

**Liciatorium,** Weberbaum.

**Licimen,** Einschlag.

**Licium,** Faden, Draht.

**Ligatur,** Buchstabenverbindung.

**Ligula,** kleiner Löffel, der zum Abschmecken benutzt wurde.

**Limbus. 1.** Untere Einfassung eines Gewandes (→ Instita). – **2.** Bezeichnung für Vorhölle. So spricht man vom *L. patrum*, in dem sich die alttestamentlichen Gerechten vor der Befreiung durch Christus (→ Höllenfahrt Christi) aufhalten.

**Limina apostolorum** werden bisweilen die Schwellen beim Eingang zu den römischen Apostelkirchen S. Paolo (fuori le Mura) und S. Pietro (in Vaticano) genannt, dann auch Bezeichnung für Platten auf den Türflügeln.

**Limina martyrum,** seltener Ausdruck für Märtyrerkirche.

**Liminare,** Raum des Kirchenschiffs unmittelbar vor der Apsis.

**Linea,** auch **Tunica linea. 1.** Aus Leinen gefertigte → Tunika. Sie wird dann oft auch → Alba genannt. – **2.** Äußerer Umriß, Entwurf.

**Lineamentum,** Linienführung, Federzeichnung.

**linere,** bestreichen.

**Lingua,** breiter Zierstreifen. Vgl. → Clavus.

**Lingula,** Verbindungsschnalle aus Tuch oder Leder, welche die → Lacerna auf der Brust zusammenhielt.

**linostemos,** halbleinen.

**Linteamen,** Altartuch.

**Linteum. 1.** Leinenkleid. – **2.** Handtuch, das die Diakone auf der linken Schulter trugen; → Stola transversa.

**Lipsanothek** (griech., ›Reliquienbehälter‹), spezielle Bezeichnung für ein reich verziertes Elfenbeinkästchen im Museo Cristiano von Brescia, ein Hauptwerk der frühchristl. Kunst, um 360–370.

**Liquatorium** = → Cola.

**Lisene,** senkrechter, flach hervortretender architektonischer Wandstreifen dekorativer Art, der die Wand gliedert. Im Unterschied zum → Pilaster hat die L. weder Basis noch Kapitell.

**Litanei,** Bitte, Flehen, speziell Gebet mit Anbetung und Lobpreis Gottes als Abfolge von vielen Anrufungen, auch um die Fürbitte der Heiligen. Sie ist dadurch charakterisiert, daß sie abwechselnd vom Vorbeter und der Gemeinde gesprochen und gesungen wird.

**Lite,** Vorraum einer Kirche, eine Art erweiterter → Narthex.

**Lithostrotum,** Steinfußboden, Steinmosaik, auch der Boden einer röm. Straße.

**Litorale,** Küstenstrich.

**Litterae capitaneae** → Kapitalschrift.

**Litterae unciales** → Unzialschrift.

**Littera initialis** → Initiale.

**Liturgie** (vgl. → Leiturgia), der in eine feste Form gebrachte Verlauf der gottesdienstlichen Feier.

**lividus,** graugrün.

**LN,** Abkürzung auf Münzen für *Londinium* (London).

**Locator,** Bauherr.

**Loculusgrab,** die am meisten vorkommende Bestattungsart in den → Katakomben. Parallel zu den Gängen sind in das weiche Gestein der Wände Gräber hineingehauen, die der Länge des Leichnams entsprechen. Oft befinden sich zehn oder mehrere solcher Loculusgräber übereinander.

**Loculussarkophage** nannte

man die Loculusgräber, deren Vorderseite reich verziert ist wie die eines → Sarkophags.

**Locus** (lat.), **Topos** (griech.), Ort, Stelle, Platz, auch Wandgrab.

**Locus biscandens, Locus vescandens, Locus tercandens,** Ausdrücke für Gräber, die → sub divo nebeneinander angelegt sind und durch Steine oder Marmorplatten voneinander getrennt werden. Je nach der Zahl der Gräber kommen auch die Ausdrücke **Locus bisomus, trisomus, quadrisomus** usw. vor. Auch Bezeichnung für Gräber sub divo, die nicht neben-, sondern übereinander angelegt sind.

**Locus inter cancellos,** Apsis.

**Lodix,** gewebte Decke.

**Logos** (griech. λόγος ›Wort‹). In Joh. 1 ist Christus das fleischgewordene ewige Wort Gottes.

**Lokalfarbe,** die Farbe, die einem Gegenstand objektiv entspricht, seine Eigenfarbe, ohne die Veränderung, die er durch Zwischentöne, Licht, Schatten oder die Umgebung erfährt.

**LON,** Abkürzung auf Münzen für *Londinium* (London).

**Longinus,** nach der Legende der Soldat, der Christus die Lanze in die Seite stach.

**Longitudinalbau,** ein Längsbau, wie etwa die Basilika, im Unterschied zum → Zentralbau.

**Lorica. 1.** Panzer der röm. Legionssoldaten. – **2.** Umzäunung, Gehege. – **3.** Schutzdecke.

**Lorica testacea,** Mauer-, Backstein.

**Loricatio duplex,** doppelter Fußboden.

**Loros,** eine von der Toga abgeleitete Schärpe, prunkvoll verziert, Hoheitszeichen des byz. Kaisers und der Konsuln.

**Lorum. 1.** Verkürzter → Clavus, Purpurstreifen, der nur bis zur Brust geht, also etwa die Länge eines Panzers (lat. *lorica*) hat. Die Zahl der Lora konnte verschieden sein. Dementsprechend war auch die Bezeichnung der → Tunika. Man sprach von einer *Tunica monoloris, diloris, triloris*. – **2.** Unter L. verstand man auch einen Riemen, mit dem

das → Volumen zusammen-
gehalten wurde.

**Lotos,** Wasserrose, in der Antike ein bekanntes Ornament,
das auch von der frühchristl.
Kunst übernommen wurde.
Vgl. → Anthemion.

**Lucerna,** → Öllampe aus Ton
oder Erz, meistens kunstvoll
verziert, später auch Bezeichnung für die »Ewige Lampe«
im röm. Kultus.

**Lucernarium,** Luft- und Licht-
schacht der Katakomben. Er
hat die Form eines Schorn-
steins, der sich nach oben verjüngt und rund oder auch viereckig ist.

**Lumen,** Lichtöffnung.

**Luminarium** = → Lucernarium.

**Luna,** Mond, oft als weibliche
Halbfigur, auch mit Sichel im
Haar und Fackel, dargestellt.
Mit → Sol zusammen bezeich-
net sie Okzident und Orient
als äußerste Enden der →
Ökumene. Beide sind Zeugen
der Kreuzigung Christi und im
Sinne der Antike auch seine
Herrschaftsinsignien.

**Lünette** (frz., ›kleiner
Mond‹), halbkreisförmiges
Bogenfeld über Türen und
Fenstern, auch die Fläche in
einem → Schildbogen und die
Rückseite eines → Arkoso-
liums. Sie ist oft mit Malerei
und Relief geschmückt.

**Lunula** (lat., ›kleiner Mond‹),
halbmondförmiger Hostien-
halter in der Monstranz.

**Lustralis** (zu ergänzen: *aqua*),
Weihwasser.

**Lustratio,** Reinigung, Süh-
nung.

**Lutrophoros,** schlankes, lang-
halsiges Gefäß zum Wasser-
holen mit zwei oder drei Henkeln (Abb. 97). Es wurde seit
dem späten 5. Jh. v. Chr. auch
für den Grabkult verwendet.

**Lutum,** Lehm, Ton.

**Luxuria,** Dämon der Wollust.
Als personifiziertes Laster
wird sie in Frauengestalt,
meist mit einem Teufel, dargestellt.

**Lychnus,** auch **Lychnicus,**
Leuchter, speziell Wand-
leuchter.

**Lychnus pensilis,** Hänge-
lampe.

**Lysis** = → Kehlleiste.

# M

**M.,** Abkürzung des Vornamens *Marcus*.

**M'.,** Abkürzung des Vornamens *Manius*.

**M,** Abkürzung für *moneta*, steht meistens in der Mitte des Reverses einer Münze.

**Mäander** (griech. μαίαν-δρος), Fluß in Lydien (= Menderes, Westtürkei) mit einem sehr gewundenen Unterlauf. In der Kunst deshalb Bezeichnung für ein mehrfach gebogenes Ornamentband einer Zierleiste (Abb. 50).

*Abb. 50.* Mäander. 1. Wellenband, Laufender Hund. 2. Geometrischer Mäander.

**Machina,** Gerüst.

**Macrochera,** eine → Tunika mit langen Ärmeln.

**Maenianum,** Vorbau, Erker, Balkon eines Hauses.

**Mafors,** auch **Mavors, Mavorte, Mavortium,** einer Pelerine ähnlicher kurzer Mantel der Frau. Manchmal auch nur Bezeichnung für einen Kragen, der die Schultern und den Nacken bedeckt. In der späteren Kaiserzeit werden auch Kapuzen, Kappen und Schleier so genannt.

**Magier,** andere Bezeichnung für die im → phrygischen Gewand in der frühchristl. Kunst auftretenden Weisen aus dem Morgenland.

**Magis,** Schüssel.

**Magister operis,** Bauführer.

**Magister scriniorum,** Bürovorsteher.

**Magistrale,** Hauptstraße einer Stadt.

**Magnificat,** Lobpreis der Maria (Lk. 1,46–55), wird nach dem ersten Wort des lat. Textes so bezeichnet.

**Maiestas domini,** Bezeichnung für das Bild des majestätisch thronenden Christus. In der Linken trägt er dabei meistens ein Buch, während die Rechte im → Redegestus oder im → Segensgestus erhoben ist. Oft ist der Thron auch nur mit den Emblemen Christi geschmückt, mit einem Kreuz und seinem Purpurmantel; vgl. → Etimasia.

**Majuskel,** großer Buchstabe der lat. Schrift. Schriftarten aus Großbuchstaben (Versalien): z. B. → Kapitalschrift, → Unzialschrift.

**Malleus,** Hammer.

**Maltha,** geweihter Mörtel aus Kalk und geriebenem Ziegel, den der Bischof zu Beginn der Altarweihe mit feierlich gesegnetem Wasser herstellt. Er soll zur Befestigung des → Sigillum dienen. Auch Bezeichnung für Kitt.

**Manale,** Gießkrug, Kanne.

**Mandilion,** Ikone des Herrn auf Linnen. → Acheiropoietos, → Abgar-Bild, → Keramidia.

**Mandorla** (it., ›Mandel‹), mandelförmiges Medaillon, das in der frühchristl. Kunst z. B. auf Sarkophagen das Bild des Guten Hirten umschließt. Später auch Bezeichnung für mandelförmige → Aureole, Merkmal der göttlichen Herrlichkeit.

**Mandra,** Zelle, Kloster.

**Mandya,** ein großer und weiter Mantel, der nur von griech. Bischöfen und Archimandriten getragen wurde. Farbe und Stoff konnten sehr verschieden sein.

**Manica,** langer Ärmel bis zum Handgelenk, breite Goldborte am Ärmel.

**Manicae,** Bezeichnung für die Kreuzarme des Querhauses einer Kirche. → Cruces.

**Manichäer,** nach dem persischen Religionsgründer Mani (216? – um 276) benannte gnostische Sekte, die christl. Lehre und persischen Dualismus miteinander zu vereinigen versuchte.

**Manipel, Manipulus,** zunächst wie → Mappa gebraucht. Dann Bezeichnung für ein aus Flachs und Wolle gewebtes Handtuch, das der Priester auf dem linken Unterarm trug. Später hatte es die Form eines Streifens mit einem kleinen Kreuz in der Mitte und war nur noch ein Zierstück. Seit dem 11. Jh. ist es liturgisches Abzeichen des Subdiakons. – Vgl. → Mappula, → Sudarium.

**Manipulum,** Armband.

**Manipulus** → Manipel.

**Manna,** Israels wunderbare Nahrung während der Wüstenwanderung (2. Mose 16,31).

**Mansio,** Herberge, Wohnung.

**Mansionarius,** urspr. identisch mit → Ostiarius, dann = Kustos. Nach anderer Lesart ist es der Kleriker, der besonders für die vielen Lampen im Gotteshaus verantwortlich war. Er wohnte in der Nähe der Kirche, in der sog. **Mansionaria.**

**Mantele,** Handtuch. Vgl. → Manutergium.

**Mantergium** = → Manutergium.

**Manubrium,** Knauf. → Bischofsstab.

**manu exercitatus,** handfertig.

**Manutergium,** auch **Mantergium, Mantele,** Handtuch aus weißem Leinen, das der Diakon im Gottesdienst benutzte. Es trat an die Stelle des → Orariums, als dieses den höheren Geistlichen vorbehalten wurde.

**Maphorion. 1.** Kurzer Mantel der Mönche. – **2.** Kopftuch der Frau, das über die Schultern reichte. Ein M. angeblich der Maria wurde in einem von Kaiser Leon I. (457–474) eigens errichteten Sakralbau im Konstantinopler Stadtteil Blachernai verehrt. – **3.** Auch nur Schleier der Frau; → Mafors.

**Mappa,** ein zusammengefaltetes oder gerolltes Tuch, welches der Konsul oder Prätor in der Hand hielt, wenn er für die Wettfahrer im Zirkus das Startzeichen gab. So erkannte man an der M. die Würde bestimmter Standespersonen. Auf Diptychen ließen sich diese Würdenträger oft mit der M. in der Hand darstellen, auch in ihren Standbildern.

**Mappula,** kleinere Form der → Manipel, eine Art Taschentuch, auch Schweißtuch.

**Marculus,** kleiner Hammer.

**Margarita,** Perle.

**Maria lactans** → Galaktotrophusa.

**Maria orans,** Typ der Maria als → Orante. Sie wird in diesem Fall stehend gezeigt mit erhobenen Händen, die Handflächen betend nach oben gestreckt.

**Mariendarstellungen** →
Theotokos.

**Marmor** (von griech. μάρμαϱος ›schimmernd‹), Kalkgestein, häufig mit Farbbeimengungen. Bekannte M.-Sorten sind: **1.** *Bianco e nero di Francia* = Keltischer M. – **2.** *M. Chium*, auch *Africano* genannt, ein aus verschiedenen Farben wie Schwarz, Rot, Grün, Grau, Weiß zusammengesetzter M., der auf der Insel Chios gewonnen wurde. – **3.** *Greco duro*, harter griech. M. Der Farbe nach gibt es noch folgende Bezeichnungen für ihn: *M. mymettium*, honiggelber M., *M. pentelicum*, weißer M., *M. taphies*, aschfarbiger M. – **4.** *Karischer M.*, aus Iasos. – **5.** *Karystischer M.*, auch *Cipollino* genannt. Es handelt sich um weißen M. mit grünen Adern. Er kam aus der Stadt Karystos auf der Insel Euböa. – **6.** *Lakonischer M.* Er ist mit dem → Serpentin verwandt. – **7.** *Leptopsephos*, Porphyr mit weißen Flecken. – **8.** *Lunensischer M.* (M. Lunense), antiker Ausdruck für carrarischen M. – **9.** *Nero anti-*

*co*, ein in der Antike von Bildhauern gern benutzter M. – **10.** *Numidischer M.* (→ *Giallo antico*, auch *dorato*), kostbarer gelber M. Er wurde in Numidien gewonnen und in der Antike besonders für Skulpturen gebraucht. – **11.** *Parischer M.*, weißer, auch weißblauer Stein mit zartem Glanz von der Insel Paros. Wurde von den Griechen gern für Statuen verwendet. – **12.** *Pavonazzo*, mit roten und weißen Streifen durchsetzter M. – **13.** *Pentelischer M.*, feinkörniger weißer Stein vom Pentelikon bei Athen. – **14.** *Phrygischer M.*, konnte rot, violett, auch eine Mischung von purpur und weiß sein. – **15.** *Prokonnesischer M.* – **16.** *Salino*, fest und salzkornartig, ähnlich dem parischen M. – **17.** *Thessalischer M.*, grün. – **18.** *Verde antico*, antiker grüner M. – **19.** *Chernites*, elfenbeinfarbener M. – **20.** *Rosso antico*, feinkörniger, blutroter M., sehr beliebt bei ägypt., griech. und röm. Bildhauern.

**Marmorarius**, Steinmetz, der v. a. Marmor bearbeitet.

**Marstyp auf Münzen.** Der sog. Marstyp röm. Münzen zeigt

den mit Lorbeer gekrönten Kaiser Konstantin d. Gr. auf der Vorderseite, auf dem Revers eine Speer und Schild haltende nackte Mars-Figur.

**Märtyrerakten,** Berichte über die Person des Märtyrers, das Urteil und seine Hinrichtung, oft sogar Gerichtsprotokolle. Gelang es den Christen, amtliche Protokolle in die Hand zu bekommen, so schrieben sie eine lehrreiche Einleitung dazu und ergänzten ausführlich die Hinrichtungsbeschreibung. Später wurden statt der amtlichen Protokolle auch Augenzeugenberichte verwertet, die dann Gefahr liefen, legendarischen Charakter zu bekommen. Die M. wurden in der Gemeindearbeit verwendet.

**Martyriarius,** Wächter eines Martyrions, d. h. einer Märtyrerkultstätte.

**Martyriologium,** Verzeichnis von Märtyrernamen und Bekennern des christl. Glaubens, die, beginnend mit Weihnachten, auf die Tage des Kirchenjahres verteilt wurden. Auch der Ort ihres Martyriums wurde verzeichnet und die Stelle, wo sie besonders verehrt wurden. Etwa seit dem 5. Jh. fand dieses M. im Gottesdienst Verwendung. Später nach Monaten geordnete Heiligenlegenden mit Todestag (= »*Dies natalis*« = Geburtstag der Aufnahme in den Himmel, vgl. → Natalis), Tag der Beisetzung (*Depositio*), Erhebung (*Elevatio*), Übertragung (*Translatio*) und Heiligsprechung (*Canonisatio*), soweit jeweils bekannt.

**Martyrion. 1.** Bau über dem Grab eines christl. Märtyrers, in der gebräuchlichsten Form ein Zentralbau. Die Bezeichnung galt auch dann, wenn der Leib des Märtyrers selbst nicht dort ruhte, ihm aber das M. geweiht war. – **2.** Altar.

**Maße und Gewichte** → Gewichtseinheiten, → Längenmaße.

**Materia,** Baumaterial jeder Art.

**Mathematicus,** Astrologe.

**Matricula,** Liste oder Verzeichnis für verschiedene kirchliche Zwecke. So gab es Klerikerverzeichnisse (*Clerici immatriculati*), Armenverzeichnisse (*M. pauperum*).

Manchmal wurde der Ausdruck M. auch für Armenhaus verwendet.

**Matrize,** eine vertiefte Form, die erhabene Abgüsse oder Abdrücke liefert (vgl. Siegel, Stempel).

**Matroneum,** griech. **Gynaikonitis, Matronikia,** Platz der Frauen in der frühchristl. Kirche, meistens auf der Empore. Vgl. → Gynaceum.

**Matta,** grobe Decke aus Leinen.

**Maturn,** Ausdruck für Kapelle in Armenien.

**Mauer,** Steinwand. Vgl. → Füllmauer, → Futtermauer, → Stützmauer.

**Mauerverband,** die Art der Steinsetzung beim Mauer- und Wandbau (Abb. 51).

**Mauerwerk,** mit oder ohne Mörtel verfugter vertikaler Steinaufbau (Abb. 52). Vgl. → Opus (Abb. 56), → Schichtmauerwerk.

**Mausoleum,** oberirdischer Grabbau, so benannt nach dem Grabmal des Königs Mausolos in Halikarnass (vollendet nach 353 v. Chr.).

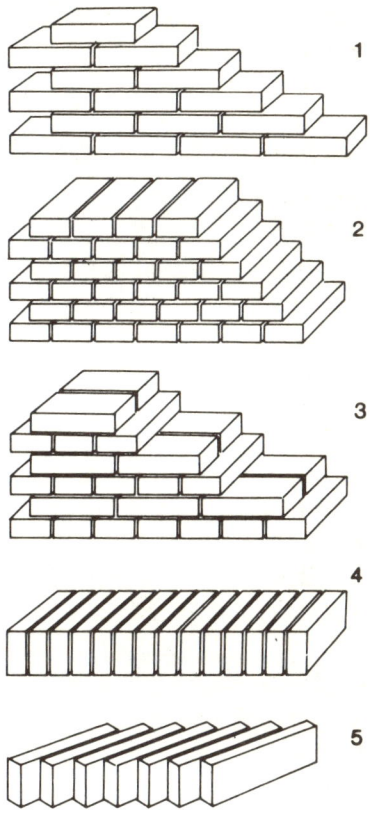

*Abb. 51.* Mauerverband. 1. Läuferverband. 2. Binderverband. 3. Blockverband. 4. Rollschicht, Rollschar. 5. Sägeverband.

**Mavors, Mavorte, Mavortium** → Mafors.

**Mazdaismus,** andere Bezeichnung für die persische Religionsstiftung Zarathustras (7./6. Jh. v. Chr.). Der höchste

Gott heißt in dieser Religion Ahura Mazdah.

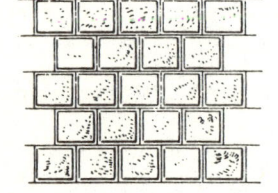

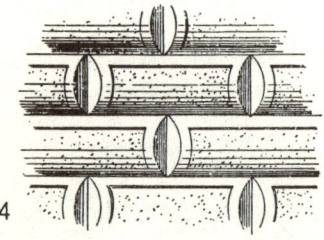

*Abb. 52.* Mauerwerk. 1. Kyklopisches Mauerwerk, Pelasgisches Mauerwerk, Opus siliceum. 2. Polygonalmauerwerk. 3. Quadermauerwerk. 4. Polsterquader.

**Medaille,** eine besonders wertvolle Form des → Enkolpions. Im Unterschied zu den Enkolpien, die oft nur einfache Münzen, also Massenware waren, die man um den Hals trug, wurde die M. von vornherein individuell für den eigentlichen Zweck hergestellt und gewöhnlich nicht mit Symbolen verziert, sondern speziell graviert mit Bildern, die eine besondere Beziehung zum Besitzer oder zum Anlaß der Prägung hatten.

**Medimnos, Medimnum,** griech. Hohlmaß, das etwa 52,5 Liter umfaßte. Es wurde für Korn und andere trockene Güter benutzt.

**Melota,** Schaf- oder Ziegenhaut, Gewand der Einsiedler und Mönche.

**Membrana, Membranum,** Pergament, die zum Schreiben präparierte Tierhaut.

**Memoria,** Grabbau auf einer → Area; → Cella, → Accubitorium, → Coemeterium. Gedächtniskirche, in der die alljährliche Märtyrergedenkfeier stattfand, daher auch → Martyrion genannt.

**Menologium** (von griech. μήν

›Monat‹). – **1.** → Martyrologium, Liste von Heiligen, derer an den einzelnen Tagen des Monats gedacht wurde. Auch die Hauptfeste Christi und der Maria fanden im M. ihren Platz. Zur Bereicherung waren passende Evangelientexte zum Vorlesen an den entsprechenden Tagen beigefügt. Auch die Lebensbeschreibung des jeweiligen Heiligen, die meistens stark legendarisch ausgeschmückt war, wurde mit hineingearbeitet. Das M. ist ein liturgisches Buch der Ostkirche. – **2.** Monatsikone. Bilder von Heiligen und ihren Festen, die in dem ihrem Festtag entsprechenden Monat vor dem Altar nebeneinander aufgestellt wurden.

**Mensa,** Platte des Altars.

**Mensagrab** → Altargrab.

**Mensa oleorum,** Lampenständer.

**Mensarius,** Wechsler.

**Mensor frumentarius,** Furier, der für die Herbeischaffung des Heeresproviants in Kriegszeiten zu sorgen hatte.

**Mensor machinarius,** Feldmesser.

**Meritum,** Reliquie.

**Mesaulion,** Halle.

**Mesaulos,** Verbindungsgang.

**Meta,** die Spitzsäule am oberen und unteren Ende des röm. Zirkus, die von den Rennfahrern siebenmal umkreist werden mußte; dann auch Bezeichnung für jeden Gegenstand, der die Form eines Kegels oder einer Pyramide hat.

**Metaborium,** Seitenraum.

**Metallum,** Metall. Gelegentliche Bezeichnung für Marmorplatte, besonders beim Fußboden.

**Metamorphosis,** Verklärung Christi.

**Metope,** Feld im Triglyphon des dorischen Tempels (Abb. 75, 89). Vgl. → Säulenordnung.

**Metreta,** eine Tonne, auch ein größeres Wein- oder Ölgefäß, das auf dem Rücken getragen wurde.

**Metropolis. 1.** Hauptstadt, Provinzhauptstadt. – **2.** Bischofskirche.

**Metropolit,** Geistlicher, der einer Provinz vorsteht und in der Hauptstadt = Metropole seinen Sitz hat. Der Titel ist etwa seit dem 4. Jh. geläufig. In späterer Zeit wird das geistliche Oberhaupt eines ganzen Landes so genannt.

**Micatio,** blitzschnelle Bewegung, Morraspiel, das heute noch in Italien sehr beliebt ist. Der eine der beiden Partner hat die Zahl der Finger zu erraten, die der andere ihm entgegenstreckt.

**migrare ab haec aevo** oder **migrare de hoc mundo,** Bezeichnungen für ›sterben‹ auf christl. Grabsteinen.

**Milites** (sg. **Miles**) **Christi,** Streiter Christi, werden Märtyrer seit der Zeit Tertullians (um 200 n. Chr.) oft genannt.

**Milliarium,** röm. Längenmaß von mille passus (1000 Doppelschritte) = 1,478 km (Durchschnittswert). 1 M. = 8 Stadien. Vgl. →Längenmaße.

**Mine. 1.** Griech. Gewichtseinheit von durchschnittlich 436,6 g. Vgl. → Gewichtseinheiten. – **2.** Goldmünze, von Ptolemaios II. (285–247 v. Chr.) eingeführt.

**Mineralfarbe,** gemahlene Erde (Rötel, Ocker, Zinnober).

**Miniator,** Miniaturenmaler.

**Miniatur** (von lat. *minium* ›Mennige‹, eine rote Farbe, die in Handschriften benutzt wurde). – **1.** Urspr. nur rote Randleiste, roter Strich in Büchern. Bald wurde die M. freie künstlerische Zutat zum Text (schon aus dem 4. Jh. Reste der Itala-Handschrift mit biblischen Darstellungen; im 6. Jh. in Italien und im christl. Orient gibt es viele Beispiele). Für die M.-Malerei war der Übergang von Papyrus zu Pergament von großer Wichtigkeit. Der Bildmaler hieß Miniator oder auch Illustrator und Illuminator. – **2.** Bezeichnung für Bilder in kleinem Format.

**Ministeria sacra,** auch nur **Ministeria,** die gottesdienstlichen Utensilien, v. a. Abendmahlsgeräte.

**Minium,** Mennige. → Miniatur.

**Minuskel,** Kleinbuchstabe. Schriften aus Kleinbuchstaben haben Ober- und Unterlängen (z. B. Halbunziale).

**Mirabilia** nennt man Reiseberichte von Rom, die im Mittelalter entstanden, aber auch für das Verständnis der frühchristl. Kunst von großer Wichtigkeit sind.

**Miraculum Dei,** gelegentliche Bezeichnung für Wundertat Christi, aber auch für das Wunder des den Christen neu geschenkten inneren Lebens.

**Mirsus,** Spange.

**Missa ad corpus,** gottesdienstliche Feier am Grab eines Verstorbenen.

**Missale,** liturgisches Buch mit den kanonischen und veränderlichen Messetexten des Kirchenjahrs.

**Missorium. 1.** Rundschild oder Teller aus Edelmetall, speziell Silber. – **2.** (Seltener) Bezeichnung für ein flaches Kreuz aus Silber oder anderem kostbaren Material.

**Mitatorion,** auch **Mutatorium,** Raum in einem kirchlichen Nebengebäude oder Palast, wahrscheinlich zum Ankleiden für Geistliche bzw. den Kaiser.

**Mitella aurea,** ein goldener oder vergoldeter Kopfschmuck der gottgeweihten Jungfrau.

**Mithra** → Mitra.

**Mithraeum,** Kultstätte des Mithras, vorherrschend an der Grenze des röm. Reiches. Der Kult des Mithras stammt aus Persien. Die Religion des »Unbesiegten« hatte naturgemäß bei den röm. Legionen viele Anhänger.

**Mitra, Mithra. 1.** Kopfbinde, Binde um das Haupt, Stirnband, wurde zunächst von Frauen getragen. – **2.** Später auch Bezeichnung für Kopfbedeckung der Bischöfe und Äbte.

**Mittelgrund,** Bezeichnung für den Teil, der sich zwischen dem Vorder- und Hintergrund eines Bildes befindet.

**Mittelschiff** → Basilika.

**Mobilia,** gelegentliche Bezeichnung für Tragaltar. Vgl. → Altare portatile.

**Modius. 1.** Ein röm. Getreidemaß von 16 Sextarii, etwa 8,75 Liter, ungefähr $^1/_3$ einer → Amphora. – **2.** Eine Art M. tragen auch heidnische Gottheiten auf dem Kopf, um den Segen, der von ihnen ausgeht, zu verdeutlichen. Vielleicht ist auch der M. auf dem Kopf des ägyptischen Joseph auf eini-

gen Darstellungen der frühchristl. Kunst so zu deuten.

**Modulus,** Modul; in der antiken Baupraxis, wie sie der
röm. Architekt M. Vitruvius
Pollio (* um 84 v. Chr.) in »De
architectura« überliefert hat,
die Hälfte des unteren Durch-
messers eines Säulenschaftes.
Der in 30 Partes unterteilte M.
gab das Grundmaß bzw. die
Proportionseinheit für den
Gesamtbau ab.

**Mola manuaria, Mola manua-
lis,** Handmühle.

**Moletrina,** Mühle.

**Monasterium,** sowohl die
Wohnung eines einzelnen
Mönchs als auch der Ort eines Zusammenschlusses von
Mönchen. Später auch im Sinne von Klosterkirche ge-
braucht.

**monastisch,** mönchisch.

**Monatsikone** → Menologium.

**Monile,** Agraffe, Spange.

**Monochromie,** Einfarbigkeit,
Malerei in einer Farbe (z. B.
grau in grau).

**Monogramm Christi,** die in
vielfältiger Weise zu einem
Monogramm zusammenge-

*Abb. 53.* Monogramm Christi.

stellten griech. Anfangsbuchstaben des Wortes Christus (*X*
und *P*) oder des Wortes Jesus
(Abb. 53). Vgl. → Crux monogrammatica (Abb. 21). Besonders abwechslungsreich,
oft mit → Alpha und Omega,
ist das M. C. an syrischen Bauten. Vgl. → Konstantinisches
Monogramm, → Stabmono-
gramm.

**Monolith,** Bauteil, Säule,
Obelisk oder Bildwerk aus einem einzigen Steinblock.

**Monophysitismus,** die Lehre,
daß in Christus Göttliches und
Menschliches eine einzige Natur (nicht zwei) gebildet habe.
Vgl. → Dyophysitismus.

**Monopteros,** offener Rund-
tempel ohne Cella, dessen
Dach von Säulen getragen
wird.

**Montanismus,** eine nach dem
Begründer Montanus benannte enthusiastische Bewegung
des 2.–6. Jh. Sie verlangte
Rückkehr von der entstehen-

den Bischofskirche zum urchristl. Ideal. Im Westen war der bekannte Kirchenvater Tertullian (um 160 – um 225 in Karthago) Anhänger des M. Er ist als bilderfeindlich bekannt.

**Monumentum,** Kunstdenkmal.

**Mora, Morra,** ein Spiel; → Micatio.

**Mortarium. 1.** Mörser. – **2.** Übertragen: Zement.

**Mörtel,** eine Mischung von Kalk und Sand, oft unter Zusatz von Gips.

**Mosaik** (arab. *muzauwaq* ›verziert‹), Bildwerk, das aus kleinen bunten Teilchen aus Stein, Glas oder Ton besteht. Diese werden auf eine Schicht noch feuchten Mörtels aufgesetzt. Es können Fußböden, Wände, auch Gewölbe, mit M.en verziert sein. Die vier Haupttechniken des M.s sind → *Opus Signinum,* → *Opus Alexandrinum / Opus sectile,* → *Opus tesselatum* und → *Opus vermiculatum.*

**Mosaikfußboden,** konnte in geometrischem, ornamentalem und figuralem Schmuck

ausgelegt sein. → Lithostrotum.

**mosaische Arbeit** = musivische Arbeit, → Mosaik. Der Ausführende dieser Arbeit heißt *Mosaist, Mosaizist* oder *Musearius, Musivarius.*

**Mulctra,** der Milcheimer, dessen man sich beim Melken bediente und in dem die Milch ausgetragen wurde.

**mulleus,** rötlich, purpurfarben. Sandalenart aus rotem Leder mit Häkchen zum Befestigen (*Calcei mullei,* Schuhe aus rotem Leder, nur für die Vornehmsten; vgl. → Calceus).

**Mulsum** (zu ergänzen: *vinum*), Weinmet aus Most und Honig.

**Multicia** (n. pl.), feingewebte Gewänder.

**Multiplicatio panis,** Vermehrung des Brotes. Häufige Darstellung in der frühchristl. Kunst: Christus berührt dabei mit einem Stab das Brot.

**Munus,** Bauauftrag.

**Münzen.** Die übliche Münzeinheit zur Zeit des *röm. Kaiserreiches* war der *Denar.* Weitere Münzen: 1 *Quinar* (Silber) = $^1/_2$ Denar = 5 *Asses*, 1 *Sesterz* (kleinste Silber-, später Messingmünze) = $^1/_4$ Denar = 2 $^1/_2$ Asses (Kupfermünze). Das Verhältnis von Denar zu As hat sich im Laufe der Zeit geändert, so daß der Denar seit ca. 130 v. Chr. statt 10 Asses 16 wert war. In der Kaiserzeit gab es auch Goldstücke im Wert von 25 Denaren, die *Aurei*. Auf ihnen war stets das Bild des Kaisers oder eines Mitglieds der kaiserlichen Familie aufgeprägt. – In *Griechenland* entsprach dem Denar die *Drachme*. Kleinere Silber-, später auch Bronzemünzen waren hier die *Oboloi*. Goldmünzen wurden schon in hellenist. Zeit geprägt. – Weitere Münzen in alphabetischer Einordnung.

**Münzstätten,** Prägestätten. In der röm. Kaiserzeit gab es schon im 1. Jh. n. Chr. außer Rom noch M. in Lugdunum und Antiochia. Erst seit der Mitte des 3. Jh. zeigen die Münzen die Kontrollnummern und Zahlen der nun schon sehr zahlreichen Prägestätten. Beispielsweise waren folgende Abkürzungen auf Münzen üblich:

A, AR, ARL: Arelas, Arelate (Arles).
AQ: Aquileia.
AL: Alexandria.
A, AN, ANT: Antiochia.
C, CON: Konstantinopel.
H, HT: Heraklea Thessaliae.
K: Karthago.
L, LG: Lugdunum (Lyon).
L, LN, LON: Londinium (London).
NI, NIC, NIKO, NK: Nikomedia.
OST: Ostia.
R, RM, ROM: Roma.
SER, SD: Sardica.
SIRM: Sirmium (in Pannonien).
SIS: Siscia.
T: Tarraco (Tarragona).
TES, TS: Thessalonica (Saloniki).
ΘΕΣ: Thessalonica (Saloniki).
ΘΥΠΟΛ: Antiochia nach der Neugründung der Stadt als Theupolis unter Justinian, Mitte des 6. Jh.
TR, TRE: Treveris (Trier).

**Muscarium, Muscatorium,** Fliegenwedel. → Flabellum.

**Muschel** (lat. *concha*; vgl. d.), bildet auf Sarkophagen oft den Hintergrund eines Porträts des oder der Verstorbenen (Abb. 35). → Imago clipeata.

**Muschelnische,** Nische, welche die Form einer Muschel hat.

**Muschelschloß,** die Stelle, an der sich das Muschelgelenk der Schale befindet. Das M. kann bei christl. Kunstwerken oben und unten sein. Nach der Stellung des M. kann man dann Rückschlüsse auf die Herkunft ziehen. Auf christl. Sarkophagen aus dem Osten liegt das M. meistens oben. Im Westen findet man meistens die umgekehrte Anordnung.

**Muscifugium,** Fliegenwedel. → Flabellum.

**Musearius,** Wandmosaizist.

**Musivarius,** Mosaizist.

**musivische Arbeit** → Mosaik.

**Mutatorium,** Umkleiderraum im → Diakonikon. Vgl. → Mitatorion.

**Muttergottesdarstellungen** → Theotokos.

**Mutulus,** Hängeplatte mit gewöhnlich drei Reihen zu sechs runden Zapfen, den Guttae (Tropfen), an der Unterseite. Der M. sitzt unter dem Horizontalgeison des dorischen Tempels (Abb. 75, 89). Vgl. → Säulenordnung.

**Myrritis,** heute unbekannter myrrhenfarbiger Edelstein.

**Myrrophoren,** Bezeichnung für die Frauen, die am Ostermorgen mit Spezereien zum Grabe Christi gingen.

**Mysterien,** Bezeichnung für die Geheimkulte in hellenist. und röm. Zeit. Die Neueintretenden wurden einer Weihe unterzogen, und es wurde ihnen unmittelbare Gottesnähe durch die Weihe versprochen.

**Mystischer Berg,** Bezeichnung für die Darstellung des Berges, auf dem Christus selbst oder als Lamm steht und dem die vier → Paradiesströme entspringen.

**Mythologie,** Kenntnis und Deutung der Mythen (heiligen Lehren), der Sagen der Götter- und Heroenwelt eines Volkes.

# N

**N. 1.** Abkürzung des Vornamens *Numerius*. – **2.** Abkürzung für → *Natalis* (*Dies natalis*).

**Naenia, Nenia,** Leichenlied, Trauergesang, bei der antiken Bestattungsfeier gesungen. In der christl. Kirche wurde die Sterbelitanei so bezeichnet.

**Naidion,** in der Antike Grabdenkmal in Form eines kleinen Tempels, auch Tempelchen selbst.

**Naos** (griech., ›Götterwohnung‹), urspr. im griech. Tempel der Raum, in dem das Götterbild seine Aufstellung fand; später Bezeichnung für den Kernbau des Peripteraltempels (Abb. 88) mit Cella, Pronaos und Opisthodom; schließlich für das Mittelschiff der christl. Basilika und den Innenraum der byz. Kirche, ohne Anräume.

**Narthex. 1.** Hirtenstab (→ Ferula) in der Hand des byz. Kaisers. – **2.** Seit dem 5. Jh. Vorhalle vor der frühchristl. Basilika (Abb. 12), wo sich die Büßenden versammelten, über welche die Kleriker mit der → Ferula wachten. Bisweilen ist dem N. noch ein Atrium vorgebaut. Der N. entspricht dem → Pronaos weltlicher Basiliken. – Vgl. → Esonarthex, → Exonarthex.

**Natalis, Dies natalis, Natalicium** (abgekürzt: **N., NT., Nat.**) bedeutet zunächst Geburtstag. In diesem Sinne wurde das Wort bei den Römern in vorchristl. Zeit gebraucht. In der alten Kirche verstand man darunter den Sterbetag der Gläubigen, v. a. der Märtyrer, weil er für sie der Geburtstag zum ewigen Leben wurde.

**Natatio,** Freibadebecken der → Thermen (Abb. 90).

**Nativitas,** Geburt des Herrn.

**Nav,** veränderte Form für → Naos bei den Armeniern.

**Navicula,** Behälter in Form eines Schiffchens zur Aufbewahrung von Weihrauch.

**Navis,** Schiff, Kirchenschiff. – **N. lateralis,** Seitenschiff, **N. maior,** Mittelschiff.

**Nekrologium,** Verzeichnis

der in der Gemeinde Verstorbenen und ihrer Wohltäter. Es ist geordnet nach ihren Todestagen. Später wird es auch Ritualbuch und gleichzeitig für die Seelenmessen der Verstorbenen benutzt.

**Nekropole** (griech., ›Totenstadt‹), zunächst Bezeichnung für größere, systematisch angelegte Gräberstätte im Altertum, dann aber auch für christl. → Coemeterien, → Katakomben.

**Nenia** → Naenia.

**Neophyt,** jemand, der gerade in eine Glaubensgemeinschaft eingetreten oder neu getauft ist.

**Nereiden,** Meernymphen, Töchter des Nereus.

**Nero antico** (it.) → Marmor (9).

**Netzwerk** → Opus reticulatum.

**NI, NIC,** Abkürzungen auf Münzen für *Nikomedia.*

**Nidus,** Fach eines Bücherschrankes.

**Niello** (it., von lat. *nigellum* ›schwarze Masse‹), eine schon in der Antike bekannte Technik, in ein Metall geometrische Formen oder Figuren einzuritzen, die mit einer schwarzen Masse ausgefüllt wurden. Die Masse bestand aus einer Mischung von Kupfer, Blei, Schwefel, Silber und Borax.

**Nigrum,** Tusche.

**Nike,** Siegesgöttin. In der frühchristl. Kunst bisweilen umgedeutet in Engel. Manchmal wird sie auch als Symbol des Sieges über den Tod aufgefaßt.

**NIKO,** Abkürzung auf Münzen für *Nikomedia.*

**Nikopoia** (zu ergänzen: *Theotokos*), Bezeichnung für die sitzende Maria, die das Jesuskind vor ihrer Brust hält. Vgl. → Platytera.

**Nilometer,** Nilmesser, ein Pfeiler mit Markierungen, die das Steigen und Fallen des Nilwassers anzeigten. Der Name wurde dann auch auf ähnliche nichtägyptische Instrumente übertragen.

**Nimbus,** Heiligenschein, Strahlenkranz, von der Antike übernommen. Schon Apollo und Sol ist er beigegeben. Der N. bestand in der frühchristl. Kunst zunächst nur aus einem Reifen. Später entwickelte er sich zur Scheibe. Der N. Christi hat in der späteren frühchristl. Kunst ein Kreuz oder ein Monogramm (→ Kreuznimbus). Nicht nur göttliche Personen (auch das Lamm als Symbol Christi) oder Heilige, Apostel und Propheten, sondern auch byz. Kaiser tragen den N. – Die *rechteckige Form* des N. sollte noch lebende Personen auszeichnen.

**Nische,** eine Vertiefung in einer Wand innen oder außen, die halbrund oder eckig sein kann. Für gewöhnlich enthält sie ein Dekorationsobjekt.

**Nischensarkophag,** ein → Sarkophag, der auf der Vorderseite Nischen aufweist, die durch Säulen voneinander getrennt sind. Am häufigsten sind Sarkophage mit fünf oder sieben Nischen.

**NK,** Abkürzung auf Münzen für *Nikomedia.*

**nn.,** Abkürzung für *nostrorum* (lat., ›der Unseren‹).

**Nodus. 1.** Knauf eines Altarleuchters. Er trägt einen Lich-terteller mit Dorn für die Kerze. – **2.** Knauf an Calix, → Kelch (Abb. 43).

**Nomenklatur,** Wörterverzeichnis, v. a. von Fachausdrücken.

**Nomos** = → Nummus.

**Norma,** Winkel, Winkelmaß. → Kanon.

**Nosocomium,** Krankenhaus, Wohltätigkeitsanstalt.

**Notae** (f. pl.), Zeichen, Abkürzungen, deren sich Griechen und Römer bei ihren Schriftstücken bedienten.

**Notarius** bezeichnet urspr. eine Art von Stenographen.

**Notitiae dignitatum,** byz. Staatshandbuch. Es verzeichnete die Zivil-, Militär- und Hofämter, die es im röm. Reich gab.

**Novatianer,** christl. Sekte, die sich von der Großkirche trennte. Ihr sittenstrenger, rigoroser Führer, der Presbyter Novatian (um 250), warf der Großkirche vor, daß sie den Todsündern gegenüber zu nachsichtig sei.

**NT.,** Abkürzung für → *Natalis* (*Dies natalis*).

**Nucleus,** Kern, z. B. einer Grabanlage.

**Numerarius,** untergeordneter Rechnungsbeamter in der späteren Kaiserzeit.

**Numismatik,** Münzkunde. Vgl. → Münzen.

**Nummion,** byz. Bronzemünze seit 498 n. Chr. 40 Nummia = 1 Follis.

**Nummus, Nomos,** Münze, Geld. Auch Bezeichnung der kleinsten Münze der röm. Spätantike.

**Nymphaeum,** urspr. ein heiliger Hain, auch nur ein Baum als heilige Stätte einer Quellnymphe. Schon in hellenist. Zeit als tempelartiger Rundbau nur eine Brunnenanlage, reich verziert und eingerichtet. In der frühchristl. Kunst auch Bezeichnung für → Kantharos.

# O

**Ω** vgl. → Alpha und Omega, → Apokalyptische Buchstaben.

**Obba,** großes Tongefäß mit breitem Boden. Diente als Mischkrug.

**Obergaden,** auch **Lichtgaden,** Fensterstockwerk in dem erhöhten Mittelraum der → Basilika, der über die Pultdächer der Seitenschiffe herausragt. Von hier erhält das Mittelschiff das Licht. (Abb. 11.)

**Obituarium, Obitarium** = → Nekrologium.

**Objex,** Riegel.

**Oblata** (lat., ›die Dargebrachte‹), Oblate, konsekriertes oder nichtkonsekriertes Brot für den liturgischen Gebrauch bei der Abendmahlsfeier.

**Oblatio,** Darbringung der Gaben zum gemeinsamen Liebes- und Abendmahl in der alten Kirche. Später Konsekration und Opferung der eucharistischen Opferelemente durch den Priester.

**Oblationarium,** im Abendland der Tisch, auf dem die Gaben der → Oblatio abgelegt und Brot und Wein für die → Eucharistie zugerichtet wurden. Bisweilen auch Bezeichnung für den Schrank in der Nähe des Altars für die Aufbewahrung der Gaben.

**obligare,** zusammenknüpfen, v. a. mit Wachs überzogener Holztäfelchen, die als Briefe dienten.

**obliquus,** schräg.

**Oblongum,** rechteckiges Gebilde, so das Langhaus der Basilika.

**Oboedientia,** Klause.

**Obolos. 1.** Griech. Gewichtseinheit von durchschnittlich 0,72 g. Vgl. → Gewichtseinheiten. – **2.** Griech. Silber- oder Bronzemünze. 6 Oboloi = 1 Drachme. Vgl. → Münzen.

**Obsignatio,** Versiegelung eines Schriftstücks mit dem Siegelring.

**Occipitium,** Hinterhaupt.

**Oceanus,** Meer, gern personifiziert dargestellt, z. B. als Greis.

**Ocker,** rotgelb gefärbte, auch gerötete Tonerde, Malerfarbe.

**Oculus,** Rundfenster.

**Oculus volutae,** das Schnekkenauge am ionischen → Kapitell.

**Oecus** (griech. *οἶκος* ›Saal‹), ähnlich dem → Atrium im röm. Haus, nur war er ganz überdeckt. Er galt als Pracht-, Gesellschafts- und Musikraum. In den ersten nachchristl. Jahrhunderten wurde er auch für kirchliche Zwecke benutzt.

**Offertorium, Offerenda** (lat. ›Opferstätte‹), das Darbringen der Gaben zum Gottesdienst, dann Darbringung von Gebeten in der röm. Messe, welche die Opferung der Elemente vorbereiten.

**Officina,** Werkstatt, speziell → Münzstätte.

**Officium. 1.** Die Gesamtheit der am kaiserlichen Hof Bediensteten. – **2.** Tribunal, etwa bei Märtyrerprozessen.

**Oikumene** → Ökumene.

**Oinochoe,** Henkelkanne, mit der man den Wein aus dem Mischkrug schöpfte, um ihn in die Trinkgefäße zu gießen. Die Mündung der O. ist kleeblattförmig aufgebogen (Abb. 97).

**Oktachorum,** christl. Kultgebäude, das von acht Apsiden umrahmt ist.

**Oktateuch,** in der griech. Kirche Bezeichnung für die ersten acht Bücher der Bibel (fünf Bücher Mose, Josua, Richter, Rut).

**Oktogon,** Achteck, Grundrißform für Zentralbauten oder für den Tambour einer Kuppel.

**Ökumene, Oikumene,** die bewohnte Erde.

**Olibanum,** Weihrauch.

**Olifa,** gekochtes Leinöl, mit dem man die → Ikone nach dem Trocknen der Farben bestreicht, um sie haltbarer zu machen.

**Olla,** nach oben gebauchtes Tongefäß mit zwei Henkeln (Abb. 97).

**Öllampen,** Gefäße aus Ton oder Metall mit Docht und pflanzlichen Ölen oder tierischen Fetten als Brennmaterial (Abb. 54).

*Abb. 54.* Öllampen.

**olosericus, holosericus,** ganz-seiden.

**Olpe,** Gieß- und Schöpfkanne mit Henkel (Abb. 97).

**Omega** → Alpha und Omega.

**Omonoia** (griech. *ὁμόνοια* ›Herzensgemeinschaft‹), Be-zeichnung für ein Symbol, das zwei Hände zeigt, die sich ver-einen. Es wurde auf Eherin-gen gern gebraucht, häufig mit der Unterschrift *omonoia*. Vgl. → Dextrarum iunctio.

**Omophorion** (von griech. *ὦμος* ›Schulter‹), Kleidungs-stück eines griech.-orthodo-xen Priesters, ähnlich dem → Pallium pontificium, nur mit längeren und breiteren Strei-fen. Es wurde um Hals und Schulter gelegt. Die Bänder waren wie das Pallium pontifi-cium mit Kreuzen geschmückt

(Abb. 19, 55, 74). Dieses Klei-dungsstück wurde v. a. von den griech.-katholischen Bi-schöfen getragen. In den ein-zelnen Ländern gibt es noch kleine Unterschiede im Anle-gen des O.s. Seit dem 4. Jh. ist das Gewandstück bereits be-kannt.

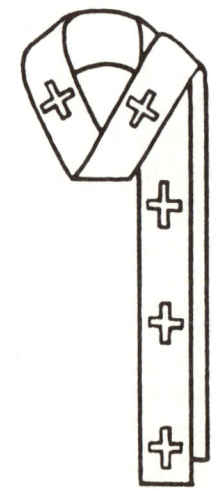

*Abb. 55.* Omophorion.

**Omphalos,** Nabel. Ein Buckel als besonderes Merkmal am Boden von Schalen und ande-ren Gefäßen (»O.-Schalen«).

**Onyx,** Schmuckstein mit wei-ßen und schwarzen Streifen.

**opacus,** dunkel.

**Opäon, Opaion** (griech. *ὀπαῖον* ›Luke, Öffnung im

Tempel‹), das Auge, die Öffnung im Scheitelpunkt einer Kuppel.

**Operarius,** Bauarbeiter.

**Opertorium,** auch **O. dominici corporis** genannt, Altartuch.

**Ophiten,** gnostische Richtung der Verehrer von Schlangen, die den Menschen angeblich höchste Gotteserkenntnis zu bringen vermögen.

**Opifex,** Handarbeiter.

**Opisthodom,** hintere Halle eines Tempels, rückwärtige Entsprechung zum Pronaos (Abb. 88).

**Opus,** Bau, Kunstwerk, auch Sammelbegriff für Maueroder Kunsttechniken verschiedener Art.

**Opus albarium** → Albarium.

**Opus alexandrinum,** auch **Opus sectile,** geometrisches Fußbodenmosaik. Der Name kommt wahrscheinlich von der Stadt Alexandria her, die man als die Geburtsstätte dieser Kunst ansieht (also nicht von dem Kaiser Alexander Severus, wie manche annehmen). Im O. a. sind meist nur zwei Farben verwendet und größere Mosaikteile als sonst üblich. Die Plättchen haben mehreckige, oft rhombische Form oder sind rund.

**Opus anaglyphum,** getriebene Arbeit.

**Opus antiquum** → Opus incertum.

**Opus caementicium,** Mauer aus Steinsplittern (*caementa*) und Mörtel (Abb. 56).

**Opus coronarium,** Stuckarbeit, mit bildreichem Schmuck versehen.

**Opus diamictum,** Füllmauern, deren Schalen kein Verbindungsglied aus anderem Material haben. Vgl. → Diamikton.

**Opus ductile,** getriebene Arbeit.

**Opus gallicum,** auch **Opus gallicanum,** ein → Bruchsteinmauerwerk.

**Opus inauratum,** Bezeichnung für Goldmosaiken, etwa in den Basiliken.

**Opus incertum,** auch **Opus antiquum** (Abb. 56), ein → Bruchsteinmauerwerk.

**Opus interrasile,** Schmuck-

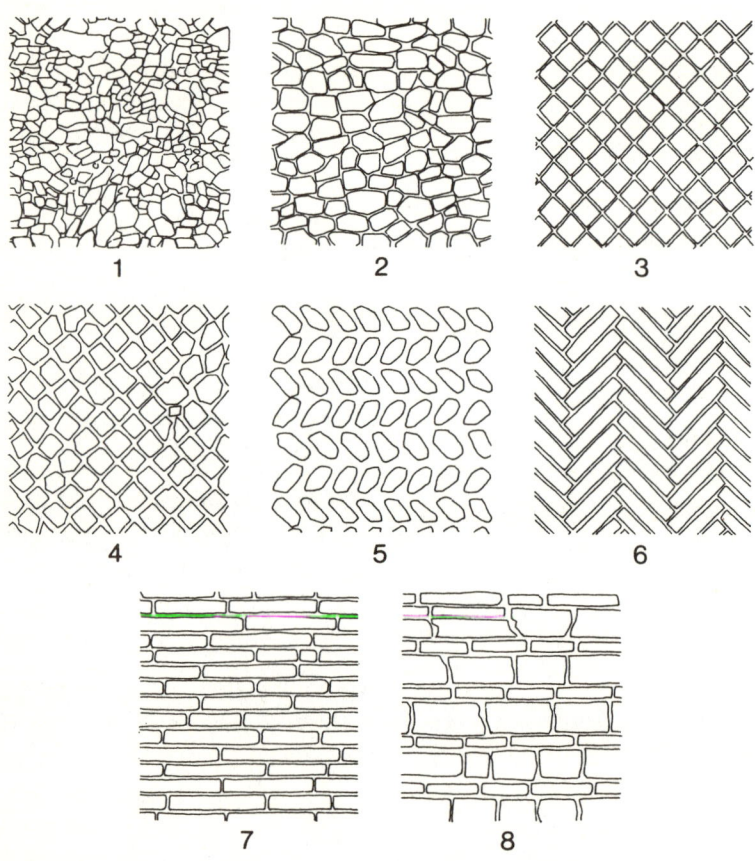

technik (Goldblech) als An-
einanderreihung von spitzen-
artigen Formen.

**Opus intestinum,** eingelegte
Arbeit.

**Opus isodomum,** eine Mauer,
die aus gleichmäßigen Steinen
gearbeitet ist.

**Opus latericium,** auch **Opus**

*Abb. 56.* 1. Opus caementicium.
2. Opus incertum, Opus antiquum.
3. Opus reticulatum. 4. Opus quasi
reticulatum. 5, 6. Opus spicatum.
7. Opus latericium, Opus testaceum. 8. Opus vittatum.

**testaceum,** Ziegelmauerwerk
(Abb. 56).

**Opus listatum,** Mauerwerk
aus wechselnden Schichten

von Ziegeln und schmalen Steinblöcken.

**Opus mallei,** getriebene Arbeit.

**Opus marmoratum,** Mauerwerk, das aus Hausteinen oder Bruchsteinen bestehen kann, das aber mit Marmormörtel verbunden sein muß.

**Opus metallum,** Metallplatte.

**Opus mixtum,** Mauerwerk, das aus einer regelmäßigen Abfolge von Ziegellagen und einem anderen Steinverband besteht.

**Opus musivum,** Bezeichnung hauptsächlich für das Fußbodenmosaik.

**Opus nigellum** → Niello.

**Opus pseudisodomum,** Mauerwerk aus Steinreihen, deren Höhe in den einzelnen Schichten ungleichmäßig ist.

**Opus quadratum,** ein Verband aus regelmäßigen Quadern.

**Opus reticulatum,** etwa seit dem 1. Jh. v. Chr. angewendete röm. Mauertechnik, bei der die an der Vorderseite quadratischen Steine netzförmig angeordnet werden (Abb. 56).

**Opus rusticum,** Quaderfront, die nicht abgeglättet ist. Vgl. → Rustica (Abb. 73).

**Opus sarsurium,** Bezeichnung für ein bestimmtes gallisches Steinmosaik.

**Opus sectile** → Opus alexandrinum.

**Opus signinum,** das einfachste und urspr. Fußbodenmosaik: In den Estrich oder Ziegelmörtel sind weiße oder schwarze, selten bunte Steinwürfel oder Kiesel zu linearen Ornamenten aneinandergelegt. Benannt nach der Stadt Signia (Segni) in Latium, wo feine keramische Produkte hergestellt wurden.

**Opus siliceum,** ›Kyklopisches Mauerwerk‹, aus sehr großen, unregelmäßig oder trapezförmig gefügten Natursteinen. Urspr. ein Kennzeichen der mykenischen Architektur, auch *Pelasgisches Mauerwerk* genannt; von den Römern übernommen. (Abb. 52.)

**Opus spicatum,** Steinsetzung in Form von Ähren- oder Fischgrätmustern (Abb. 56).

**Opus tectorium,** Mauerbewurf, Freskomalerei.

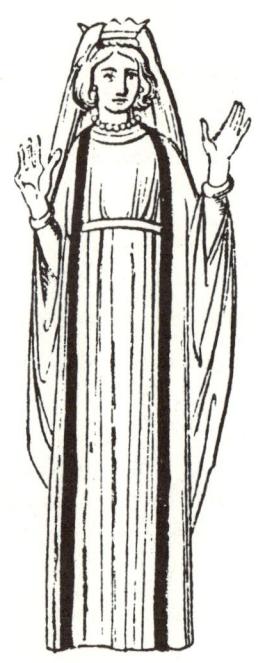

*Abb. 57.* Orans.

4. Jh. n. Chr. weit verbreitet (Abb. 56).

**Orans** (m./f.), **Orant** (m.), **Orante** (f.), mit erhobenen Händen betender Mensch, oft in den Katakomben dargestellt (Abb. 57). Vgl. → Maria orans.

**Orarion, Orarium.** Zunächst Tuch zum Abwischen des Mundes. Bei Bischöfen und Priestern dann Bezeichnung für ein um den Hals unter der Kasel getragenes Tuch; es sollte Hals und Brust gegen Kälte schützen. Schließlich blieb nur noch ein Stoffstreifen mit Kopföffnung (Abb. 58), ähnlich dem → Epitrachelion.

**Opus tesselatum,** Mosaik aus relativ großen Steinwürfeln (*tesselae*) oder allgemein: Mosaik aus geschnittenen Steinen.

**Opus testaceum** → Opus latericium.

**Opus vermiculatum,** Mosaik aus kleinen Steinen verschiedener Form in differenzierter Bildgestaltung.

**Opus vittatum,** Mauer aus regelmäßiger Abfolge von Quader- und Ziegellagen, seit dem

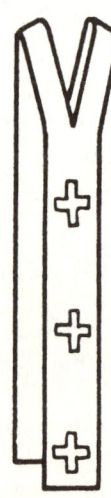

*Abb. 58.* Orarion.

**Oratorium,** Versammlungsraum der Christen in Privathäusern, dann auch Bezeichnung für ein kleines Gotteshaus.

**Oratorium populi.** Bisweilen wird das Kirchenschiff so genannt.

**Orbiculum segmentum. 1.** Kleines Besatzstück auf einem Kleid in runder Form. – **2.** Fingerreif.

**Orbiculus** → Medaille.

**Orbis,** Fußboden, der aus runden bunten Marmorstücken besteht.

**Orbis cruciger,** der → Reichsapfel, eine Kugel, auf der sich ein Kreuz befindet.

**Orbis terrarum** (lat., ›Erdkreis‹), Reichsapfel.

**Orca,** schlankes Ölgefäß mit enger Mündung.

**Ordinatio,** Anordnung des Bauplans.

**Ordination,** Weihe der Kleriker, die gleichzeitig die Vollmachten zur Ausübung ihres Amtes verleiht.

**Ordines,** christl. Stände. Der Titel war im Mittelalter auf die höheren (**O. maiores**) und niederen (**O. minores**) Kleriker beschränkt. In der Frühkirche gab es aber auch O. von Laien.

**Ordnung** → Säulenordnung.

**Ordo Romanus,** liturgisches Buch, das im Mittelalter die Ordnung der Liturgie zugleich mit den entsprechenden Funktionen der Priester festlegte. Vorstufen dieses O. R. gab es im Frankenland schon im 9. Jh.

**Orga,** Tongefäß, kleiner als die Amphore.

**Orgyia,** Klafter, griech. Längenmaß von durchschnittlich 1,85 m. Vgl. → Längenmaße.

**Orichalcum,** Messing.

**Orientierung,** Ostung, die seit frühchristl. Zeit fast ausnahmslos übliche Ausrichtung der Kirchenbauten von Westen nach Osten, mit dem Altarraum zum Orient, auf die Erdseite des Sonnenaufgangs und – vom röm. Westreich aus gesehen – das Herkunftsland Christi hin.

**Ornament** (lat. *ornare* ›schmücken‹), Schmuck in der verschiedenartigsten Ausführung. Die Freude an der kleinen Form ist vorherrschend, ohne einen bestimmten Inhalt darbieten zu wollen. Man unterscheidet das *rein geometrische O.*, das *vegetabile* oder *Pflanzen-O.* und das *figürliche O.*

**Ornamentum,** urspr. beschränkt auf plastische Zierde jeder Art einschließlich der Kapitelle.

**Orphanotrophium,** Waisenhaus und Haus für Findelkinder.

**Orpheus,** thrakischer Sänger, der durch Musik in unerklärlicher Weise auch die widerstrebendsten Wesen an sich zu locken vermochte. O. wurde gelegentlich auch in der frühchristl. Kunst dargestellt als Prototyp von Christus.

**Orthographia,** Gebäudeaufriß, technische Zeichnung der Architekten.

**Orthostata** (griech., ›Stirnmauer‹), Orthostaten, besonders kräftig gewählte Quader, die hochkant gestellt wurden, als unterste Schicht des aufgehenden Mauerwerks, z. B. der Cella-Wand des Tempels.

**Ossuarium** = → Columbarium.

**OST,** Abkürzung auf Münzen für *Ostia.*

**Ostiarius,** Türhüter in der frühchristl. Zeit.

**Ostium,** Tür, Türeingang.

**Ostrum,** Purpur.

**Ostung** → Orientierung.

**Ovalis,** Ehrenkranz, der bei einer Ovation überreicht wurde.

**Ovile,** Schafstall.

**Ovum** (lat., ›Ei‹), Schmuck in Form von aneinandergereihten Eiern, wie am Ionischen → Kyma.

# P

**P.,** Abkürzung des Vornamens *Publius.*

**Paenula,** Obergewand mit Kapuze, für gewöhnlich aus schwerem Wollstoff. Die P. bedeckte die Vorder- und Rückseite des Körpers und hatte einen Halsausschnitt. Sie diente zum Schutz gegen Regen und Kälte. Bei Sklaven war die P. im allgemeinen kleiner. Das zunächst nach unten spitz zulaufende Gewand hatte später eine elliptische Form. Von einer barocken P. spricht man dann, wenn der hintere Teil wesentlich tiefer herabhängt als der vordere. (Abb. 59.)

**Paganus** wurde der Heide von den Christen genannt.

**Palaiste,** Handbreite, griech. Längenmaß von durchschnittlich 7,71 cm. Vgl. → Längenmaße.

**Paläographie,** Wissenschaft von den alten Schriftformen des Abendlandes.

**Palästra,** urspr. der Peristylhof des Gymnasiums, der Unterrichtsstätte für musische Fächer und Sport (›Ringplatz‹), dann mit diesem gleichbedeutend. In den röm. → Thermen eine Halle oder ein Hof für Sportübungen (Abb. 90).

**Palatium,** Palast, kaiserliche Burg (abgeleitet vom Palatin in Rom, dem Standort der Kaiserpaläste).

**Palergium de holoserico,** Altardecke oder Vorhang aus reiner Seide.

**Palimpsest** (von griech. πάλιν ψέειν ›wieder abglätten‹),

*Abb. 59.* Paenula.

Schriftstück, dessen erste Schrift durch Abreiben, Abwaschen oder Abschaben beseitigt wurde, damit das wertvolle Pergament wieder benutzt werden konnte. Es ist durch neuere Methoden gelungen, die alten Schriftzüge noch zu erkennen und auszuwerten.

**Palla,** festliches Obergewand vornehmer Frauen, das dem → Pallium der Männer ent-

*Abb. 60.*  Römerin in der Palla, mit der Tunika darunter.

spricht und im wesentlichen auch in gleicher Weise getragen wurde. Die Frauen zogen gern einen Teil der P. über den Kopf, wenn sie keinen Schleier benutzten. (Abb. 60.)

**Palla altaris, Palla corporalis,** Altartuch. → Corporale.

**Palladium,** Schutzbild oder Hoheitszeichen einer Stadt oder eines Reiches, abgeleitet von der Schutzgöttin Pallas Athene.

**Palla linostina,** Altarbekleidung, ein Gewebe, bei dem die → Kette aus Leinen war.

**Pallia** (n. pl.), Wandteppich.

**Pallia mortuorum** (n. pl.), Leichentuch. In der Antike im allgemeinen 250 × 160 cm groß.

**Palliolum. 1.** Schleier, Kopftuch. – **2.** Kleines Kleid.

**Pallium. 1.** Von den Griechen übernommener Mantel der Vornehmen (griech. *Himation*). Es war ein oblonges Tuch, das als Überwurf um den Körper herumgeführt wurde und dreimal so lang wie breit war. Man begann das Umlegen bei der linken Schulter, indem man ein Drittel des

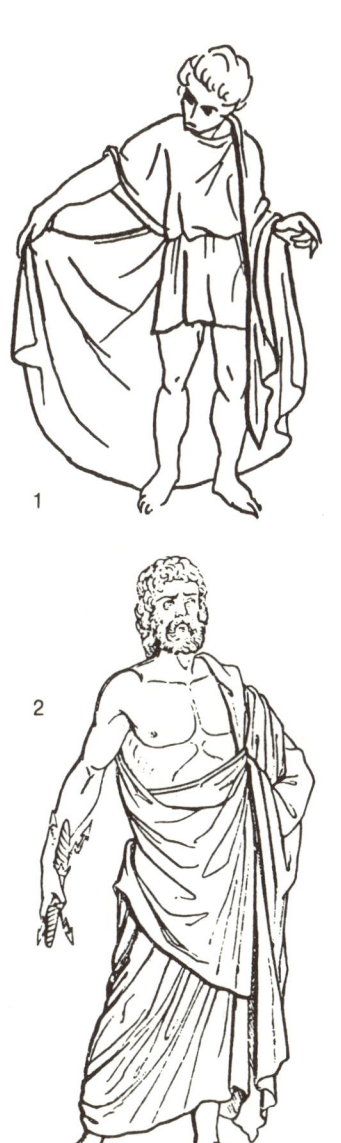

Stoffes nach vorn herabfallen
ließ. Zwei Drittel wurden
dann hinter dem Rücken herumgeführt und meistens unter
dem rechten Arm wieder nach
vorn gezogen. Der linke Unterarm übernahm dann für gewöhnlich den Rest des Stoffes
(Abb. 61). Wenn das auch das
Grundschema war, so gab es
doch Nuancierungen. Die Philosophen trugen das P. gewöhnlich auf dem bloßen Körper, während sich sonst die
Tunika darunter befand. In
der frühchristl. Kunst ist das P.
ein Ehrenkleid für Christus,
die Apostel, später auch für
andere berühmte Männer der
Heiligen Schrift. Schließlich
trugen auch geistliche Würdenträger dieses Gewand-
stück. Das P. Christi zeichnet
sich gewöhnlich durch eine
besondere Farbgebung aus.
– **2.** Vorhang, Altar-Antepen-
dium.

**Pallium contabulatum,** ein ge-
faltetes Pallium, das in seinem
Grundschema dem üblichen
Pallium entspricht, nur daß es
auf der Brust zu einem schmalen Streifen zusammengefal-
tet war. So ist das P. c. eine
Vorstufe des erzbischöflichen

*Abb. 61.* Pallium. 1. Umlegen der Tuchbahn (über Tunika). 2. Um-gelegtes Pallium.

174 *Pallium pontificium – Pannus*

Palliums (→ Pallium pontificium).

**Pallium linostinum** = → Manipel.

**Pallium pontificium,** erzbischöfliches Pallium. Es hat mit dem urspr. Pallium kaum Ähnlichkeit und besteht aus einem schmalen, drei Finger breiten Streifen von weißer Wolle, auf dem sich sechs schwarzseidene Kreuze befinden. Liturgisches Abzeichen der Erzbischöfe.

**Palmette,** ein stilisiertes Palmblatt als ornamentales Motiv (Abb. 39). Vgl. → Anthemion (Abb. 6).

**Paludamentum,** die → Chlamys der Vornehmen. Es ist länger, der Stoff und die Farbe kostbarer. Es wurde von Kaisern und Militärpersonen höheren Ranges getragen. (Abb. 62.)

**pampinatus,** mit Weinranken verziert.

**Panagia,** Bezeichnung für Gottesmutter in der Ostkirche, auch für Behältnis des Gottesmutterbrotes.

**Panarium,** Brotkorb, in dem bei Tisch das Brot aufgetragen wurde.

**Pandochien,** Unterkunftshallen.

**Paneel,** rechteckiges Wandfeld.

**Panegyricus,** Lobrede.

**Panes decussati,** Brote mit Kreuzkerben.

**Pannisellus,** Schweißtuch.

**Pannus,** Tuch, Lappen, auch Ausdruck für Altar-Velum.

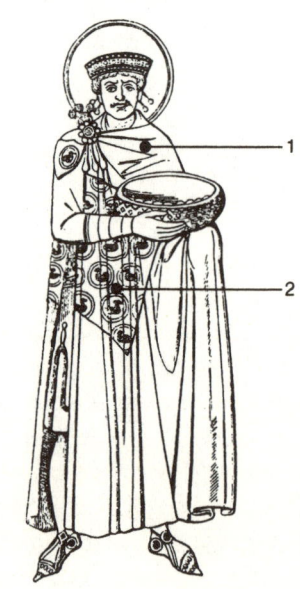

*Abb. 62.* Oströmische Kaiserkleidung. 1. Paludamentum. 2. Tabula.

**Pantokrator,** Christus als Allherrscher. In der frühchristl. Darstellung segnet er mit seiner Rechten und hält in der Linken eine Buchrolle.

**Papierabdruck.** Ein nasses, saugfähiges Papier wird auf die abzuziehende (Relief-) Bildseite aufgedrückt. Die aufzunehmende Platte ist vorher mit einem Farbpulver eingerieben. Es wird so erreicht, daß bei vertieften Inschriften diese weiß, bei erhöhten dieselben farbig erscheinen.

**Papstgruft,** Bezeichnung für ein → Cubiculum in der Calixtus-Katakombe in Rom, das eine größere Zahl von Gräbern röm. Bischöfe seit dem 3. Jh. birgt.

**Papyrus,** eine hoch wachsende stämmige Grasart. Das Mark der dicken Schäfte wurde in Streifen geschnitten, getrocknet, kreuzweise zusammengeklebt, gepreßt und geglättet. Die entstandenen Blätter und Rollen sind in Ägypten seit dem 3. Jh. v. Chr. nachweisbar, waren aber auch sonst in der Antike bekannt.

**Parabel,** lehrhaftes Gleichnis, bei dem nur ein Vergleichspunkt entwickelt wird im Unterschied zur → Allegorie, die Punkt für Punkt ausdeutet.

**Paradies. 1.** Ursprünglich Bezeichnung für große Parkanlagen und Ziergärten orientalischer Fürsten. – **2.** Übertragen: umzäunter heiliger Bezirk. – **3.** Seit dem 6. Jh. gelegentlich auch Bezeichnung für das Atrium.

**Paradiesströme.** Nach 1. Mose 2,10–14 tragen sie die Namen Phison (Pis[ch]on), Geon (Gihon), Tigris und Euphrat. Sie werden in der frühchristl. Kunst mit Vorliebe als vier Wasserzungen dargestellt, die aus einem Berg (→ Mystischer Berg) hervorquellen, auf dem Christus als Herrscher steht oder im Sessel thront.

**Paradigma,** Gleichnis, Beispiel, auch Vorbild.

**Paragauda,** Schmuck, der in der Form eines Goldbandes oder eines mit Goldstickereien versehenen Seidenbandes auf einer Tunika aufgenäht ist.

**Parament** (lat. *paramentum*), Bezeichnung für die Bekleidung der Altäre, in späterer

Zeit auch der Ambonen und Kanzeln. Prachtgewänder der Geistlichen tragen diesen Namen ebenfalls.

**Paramonarius,** Tempelwächter.

**Paränese,** Mahnung.

**Parastata** (griech. *παρα-στάς*), flache Säule oder Pilaster.

**Parastatica.** Vierkantiger Wandpfeiler. → Pilaster.

**Paratorium** = → Oblationarium, auch Ankleideraum für Priester.

**Parekklesion,** Nebenkirche.

**Parentatio, Parentalia** (von lat. *parentes*), das bei den Römern übliche Totenopfer. Auch der Totenschmaus wird so bezeichnet.

**Paries communis,** Grenzmauer.

**Paries craticius,** Fachwerk.

**Parietarius,** auch **Pictor p.,** Wandmaler.

**PARL,** Abkürzung für *prima Arelate* auf Münzen der Münzstätte in Colonia Arelate (Arles) in Südfrankreich.

**Parochia,** Kirchspiel, Pfarrei,

seit dem 4. und 5. Jh. im heutigen Sinne gebraucht.

**Parura,** Schmuck, verzierter farbiger Stoffteil auf der Alba.

**Parusie,** die Wiederkunft Christi am Jüngsten Tage.

**Passionale,** Ritualbuch, das die Passionsgeschichte der Märtyrer und Heiligen enthält. Manchmal wurde auch das Leben Jesu, der Maria und der Apostel mit hineingenommen.

**Passionssarkophag,** Sarkophag, auf dem Szenen aus der Leidensgeschichte Jesu dargestellt sind.

**Passus,** (Doppel-)Schritt, röm. Längenmaß von durchschnittlich 1,48 m. 1000 P. = 1 Milliarium. Vgl. → Längenmaße.

**Paste,** künstlicher Glasstein.

**Pasticcio,** ein Kunstwerk, z. B. eine Statue, das verschiedenartige, meist aus mehreren historischen Vorbildern zusammengefügte Stilmerkmale vereinigt.

**Pastophorium,** ursprünglich kleine Kapelle an einem Tempel, in der das Bild eines Got-

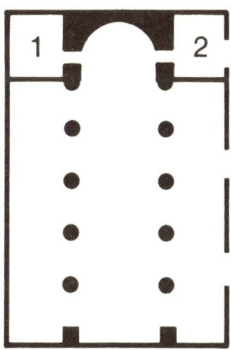

*Abb. 63.* Pastophorien im Grundriß einer Basilika. 1. Prothesis. 2. Diakonikon.

tes aufbewahrt wurde und dessen Diener sich aufhielten, dann auch Bezeichnung für die durch Gitter abgegrenzte → Cella. In der Ostkirche umfassender Ausdruck für → Diakonikon und → Prothesis, die zusammen als Pastophorien (lat. *secretaria*) bezeichnet werden (Abb. 63).

**Pastor Bonus,** Bezeichnung für Christus als Guten Hirten, der ein Lamm auf dem Rücken trägt (Joh. 10, Lk. 15,5).

**Pastorale** (eigtl. ›zu den Hirten gehörig‹), Darstellung des Hirtenlebens in idealisierter Form, dann auch → Pedum.

**Patagium,** breites Band von Purpur oder Goldstickerei, welches bisweilen die Vorderseite der Tunika der Frau schmückte.

**Patene, Patena,** Teller, auf den die Hostien beim Abendmahl gelegt werden.

**Patene chrismalis,** Teller zur Aufnahme des Tauf-Chrismas (geweihtes Öl).

**Patera,** Opferschale, Teller.

**Patibulum,** Block, Halsblock, mit dem der zum Tode Verurteilte zur Richtstätte geführt und am Pfahl hinaufgezogen wurde, so daß das P. als Querholz stehenblieb.

**Patriarch,** zunächst Titel für Bischof allgemein. Seit dem 4. Jh. für einige besonders angesehene → Metropoliten in der Ostkirche.

**Patriarchenkreuz** (Abb. 21) → Crux.

**Patricius,** von Kaiser Konstantin gestifteter hoher Ehrentitel.

**Patrocinia,** Reliquie.

**Patrologie, Patristik,** Wissenschaft vom Leben und von den Schriften der Kirchenväter.

**Patronus primarius,** Hauptpatron einer Kirche oder eines Altars.

**Patronus secundarius,** Nebenpatron einer Kirche oder eines Altars.

**Pavimentum,** Fußboden, der aus einem Mosaik, aus kleinen Steinen oder auch aus einem Belag mit größeren bunten oder einfarbigen Platten bestehen kann.

**Pavimentum sectile,** Fußbodenbelag aus größeren Platten von verschiedener Form.

**Pavimentum tesselatum, P. tesselarium,** Fußbodenbelag aus kleinen, regelmäßigen Mosaiksteinen.

**Pavimentum testaceum,** Terrazzomosaik: Estrich mit Stein- oder Ziegelsplittern, die nach dem Einlegen und Feststampfen geschliffen wurden.

**Pavimentum testaceum spiceum,** Fußbodenbelag aus Backsteinen in ährenförmiger Anordnung.

**pavonaceus** (von lat. *pavo* ›Pfau‹), pfauenartig, buntfarbig.

**Pavonazzo** (it.) → Marmor (12).

**Pax-Formel.** Auf Inschriften kommt die Redewendung *»spiritus tuus in pace«* oder einfach *»in pace«* vor, besonders häufig auf christl. Gräbern.

**P/E** Gelegentlich vorkommender Stempel auf christl. Tonlampen. Die Buchstaben erscheinen meistens in Verbindung mit einer Palme. Man hat das P auf *palma* gedeutet, den Buchstaben E sucht man mit *emerita* in Verbindung zu bringen und kommt dann zu der Auflösung ›Palme des Verdienstes‹. Auch die Lösung *pax (a)eterna* wird vorgeschlagen, da ja die Palme Symbol des Friedens ist.

**Pechys,** Elle, griech. Längenmaß von 46,25 cm. Vgl. → Längenmaße.

**Pectoralia** (n. pl.), Altarschranken.

**Pedale,** Fußbodenteppich.

**Pedeplana,** Erdgeschoß.

**Pedilavium,** Fußwaschung.

**Pedules,** Gamaschen.

**Pedum,** zunächst: gekrümmter Stab, Hirtenstab. Später

Bezeichnung für → Bischofsstab.

**Pegma,** Büchergestell, Bibliothek.

**Pektorale,** Spange am Chor-
mantel, die das Gewand zusammenhält, oft reich verziert. Später Bezeichnung für
Brustschmuck eines Bischofs
in Form eines Kreuzes oder
Brustschildes.

**Pelasgisches      Mauerwerk**
(Abb. 52) → Opus siliceum.

**Pelikan,** ein beliebtes Motiv in
der frühchristl. Kunst. Da der
P. nach der Fabel seine Jungen
mit seinem eigenen Blut ge-
tränkt hat, gilt er als Sinnbild
Christi.

**Pelike,** gebauchtes Vorratsgefäß mit Henkeln (Abb. 97).

**Pelles manicatae,** Ärmel mit
Pelzbesatz.

**Pelta,** kleiner Schild in Form
eines Halbmondes.

**Pelvis baptismi,** Taufschüssel.

**Pendeloques** (frz.), moderner
Ausdruck für der Sache nach
schon in der frühchristl. Kunst
bekanntes Gehänge an Leuch-
tern oder auch an Kreuz-
balken.

**Pendentif,**      Hängezwickel
(Abb. 64), sphärisches Drei-
eck zur Ecküberleitung vom
kubischen Raum zur → Kup-
pel (Abb. 47).

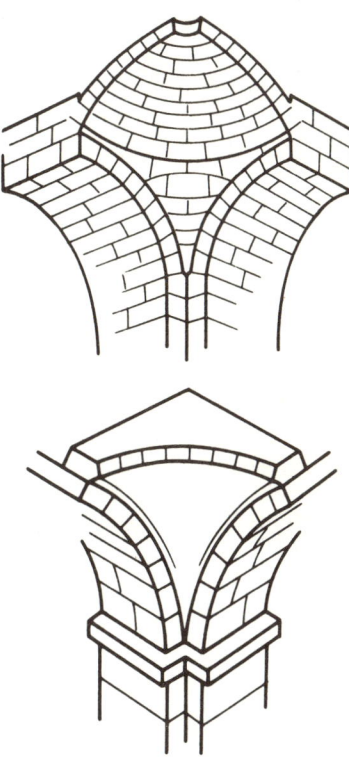

*Abb. 64.* Pendentifs.

**Pendulae,** Hängebänder.

**Pentachorum,** christl. Kultgebäude mit fünf Apsiden, die es
umschließen.

**Pentalpha,** auch **Pentagramm**

oder **Drudenfuß,** Zeichen mit magischem oder symbolischem Sinn. Fünfzackiger Stern, der aus fünf Alpha zu bestehen scheint. (Abb. 65.)

*Abb. 65.* Pentalpha.

**Pentateuch,** Sammelbezeichnung für die 5 Bücher Mose.

**Pentecosterium,** liturgisches Buch der Ostkirche, das die Stundengebete und die Liturgie von Ostern bis Pfingsten enthält.

**Peperin,** auch **Pfefferstein** genannt. Der graugelbe Tuff im Albaner Gebirge, der bei röm. Bauten sehr beliebt war, hatte Einschüsse von schwarzen Körnern.

**Peplos,** auch **Peplum,** eng anliegendes Gewand aus schwerem Wollstoff, das v. a. die griech. Frau trug. Es wurde ein- oder zweimal gegürtet. Auf der Schulter war es mit einer Spange befestigt. (Abb. 66.)

**Pera,** Ranzen, Tasche, Sack, = → Bursa.

*Abb. 66.* Peplos.

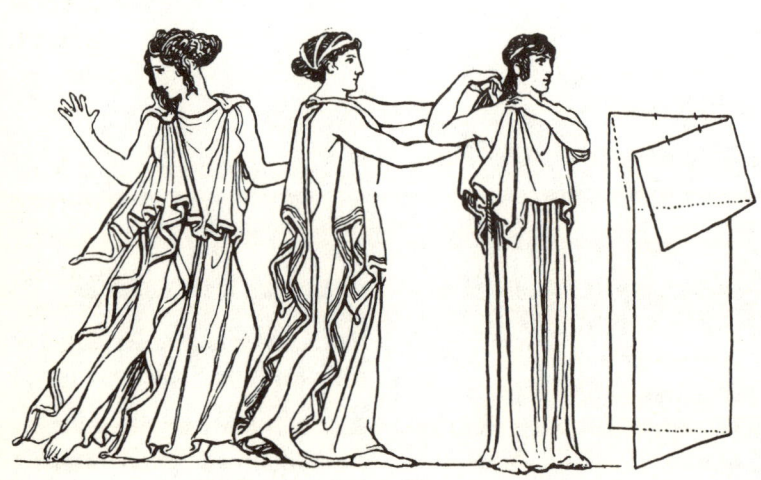

**Peregrinatio Sanctae Silviae, Peregrinatio ad loca sancta,** Reisebericht aus Palästina von einer Pilgerin namens Egeria oder → Aetheria, um 400.

**Perfectissimus** → Rangordnung.

**Pergament,** seit der Antike benutztes Schreibmaterial, vielleicht nach der Stadt Pergamon benannt, wo im Altertum dessen Herstellung besonders blühte. Benutzt werden geglättete, aber nicht gegerbte Tierhäute.

**Pergola** (lat. *pergula*), Vorbau, Anbau, ein Gang, der, nach oben offen, meist von Pfeilern oder Säulen flankiert wird, besonders beliebt bei Landhäusern.

**Peribolos,** urspr. der Hof oder Bezirk um das Tempelgebäude herum. Das Eingangstor ist reich verziert, der Hof oft mit Hallen umgeben. Später wird dieser Ausdruck auch auf den Hof um die Basilika übertragen.

**Periegese, Periegesis,** Beschreibung von Ländern und Orten.

**Periklysis,** untere Einfassungsborte eines Gewandes.

**Peripteros, Peripteraltempel,** antiker Tempel mit einem → Pteron, also mit einem Säulengang um das ganze Gebäude herum (Abb. 87).

**Peristase, Peristasis,** die Säulenstellung um alle Seiten des Tempels herum (Abb. 88).

**Peristerium,** ein Behälter in Form einer Taube, in der das bei der Eucharistie geweihte Brot aufgehoben wird.

**Peristyl** (griech. περί ›ringsum‹, στύλος ›Säule‹), also ein Platz, der rings von Säulen umgeben ist, so der Innenraum des röm. Hauses. In der frühchristl. Kunst bisweilen Bezeichnung für → Atrium.

**Perizoma,** Gürtel, Lendentuch, von Männern und Frauen unter der Tunika getragen, in der Breite verschieden.

**Perlstab** → Astragal.

**per modum actus,** eine Vollmacht, die den Bischöfen und den höheren Oberen exemter Orden (Orden, die nicht der bischöflichen Jurisdiktion unterstehen) für ihre Untergebenen zusteht.

**per modum privilegii,** eine durch kanonisches Recht oder

den Papst zu erteilende Vollmacht.

**Pero,** grober Schuh, den der einfache röm. Bürger trug.

**Persisches Kostüm** → Phrygisches Gewand.

**Personifikation.** Konkrete Dinge, die an sich seelenlos und unpersönlich sind (etwa das Meer), ebenso abstrakte Begriffe (etwa die Tugend) werden in Form von hierfür charakteristischen menschlichen Personen in der Literatur und Kunst den Menschen nahegebracht.

**Pes** (pl. *Pedes*), Fuß. – **1.** Röm. Längenmaß von durchschnittlich 29,57 cm. Vgl. → Längenmaße. – **2.** → Kelch.

**Petasos,** ein urspr. bei den Thessaliern und Makedoniern gebräuchlicher flacher Filzhut mit breiter, runder Krempe

*Abb. 67.* Petasos.

(Abb. 67). In der frühchristl. Kunst wird bisweilen Isaak bei der Opferungsszene mit ihm gezeigt.

**Petruskreuz,** Kreuz, dessen Querbalken den unteren Teil des Längsbalkens schneidet (Abb. 21). → Crux.

**pete** (lat.), bitte, häufige Inschrift in Verbindung mit Oranten.

**Pfau,** erscheint in der frühchristl. Kunst häufig, ist oft nur Zierstück, manchmal symbolisch zu deuten. Er ist dann das Sinnbild der Unsterblichkeit, weil man in der Antike das Fleisch des P.s für unverweslich hielt.

**Pfefferstein** → Peperin.

**Pfeife,** Rundstab, seit hellenist. Zeit zur Füllung der → Kanneluren im unteren Teil einer Säule dienend.

**Pfeiler** (lat. *pila*, *pilarius*), Stütze mit meist rechteckigem Grundriß für Balken oder Bogen.

**Pfeilerbasilika,** Basilika, bei der Pfeiler und nicht Säulen (→ Säulenbasilika) den Architrav oder die Bogen tragen.

**Pharus,** Leuchtturm. Urspr.: Insel bei Alexandria; der Name wurde auf den hier um 300 v. Chr. erbauten Leuchtturm übertragen, der als eines der sieben Weltwunder berühmt war.

**Pharus cantharus** → Kronleuchter.

**Phenolion,** byz. Meßgewand, ein glockenförmiger, ärmelloser Überwurf mit Loch für den Kopf.

**Phialae cruentae, Phialae rubricatae** → Ampullae sanguinolentae.

**Philoxenia,** Gastfreundschaft. In der frühchristl. Kunst spezielle Bezeichnung für Abrahams Gastfreundschaft (1. Mose 18).

**Philurae, Philyrae,** die einzelnen Häute der → Papyrusstaude, die zu Schreibblättern verwendet wurden.

**Phiole,** großbauchige Glasflasche mit langem, engem Hals.

**Phönix,** in der christl. Kunst Sinnbild der Auferstehung. Nach einer ägyptischen Sage verbrannte er sich selbst und stieg verjüngt aus der Asche hervor.

**Photisma,** Taufe.

**Phrygio,** Phrygier, dann auch Goldsticker.

**Phrygische Mütze,** eine kegelförmige Mütze, deren Zipfel nach vorne hing (Abb. 68).

*Abb. 68.* Phrygische Mütze.

**Phrygisches Gewand,** bestand aus einer gegürteten Tunika, meist langen, engen Beinkleidern, oft einem leichten Überwurf und der auffällig gestalteten Phrygischen Mütze.

**Phylakterion,** Schutzmittel, → Amulett.

**Physiologus,** Tierbuch aus dem Mittelalter, das in seinen Anfängen frühchristlich ist und wahrscheinlich in Alexandrien entstand. Später wurde es stark erweitert (*Bestiaria*). Die Handlungsweise gewisser Tiere wird allegorisch gedeutet, z. B. die des Pelikans, und mit christl. Ideen in Verbindung gebracht.

**Piano** (it.), Stockwerk. In der frühchristl. Kunst spricht man z. B. von einem doppelten P. bei Sarkophagen, wenn zwei Bildreihen übereinandergesetzt sind.

**Pictor,** Kunstmaler. – **P. parietarius,** Wandmaler.

**Piedestal,** Postament für eine Statue, auch Sockel für eine Säule.

**Pigmentum,** Farbstoff.

**Pignora** (von lat. *pignus* ›Unterpfand‹). Reliquien galten als Unterpfand des Schutzes, den die betreffenden Heiligen am Thron Gottes durch ihre Fürbitte leisten.

**Pila, Pilarius,** Pfeiler.

**Pilaster,** flacher Wandpfeiler, der nur wenig aus der Wandfläche hervortritt. Im Unterschied zur → Lisene hat er Basis und Kapitell. Er ist im allgemeinen Zierglied, kann aber auch Träger von Gebälk sein.

**Pilgerbuch,** Verzeichnis von heiligen Stätten für Pilger.

**Pilos, Pi(l)leus, Pi(l)leolus,** kleine Kappe aus Leder, Filz oder Wolle. Wird z. B. von den Fossoren in den Katakomben getragen. (Abb. 69.)

*Abb. 69.* Pilos.

**Pinacographia,** Tafelmalerei.

**Pinax** (pl. *Pinakes*), bemalte Holz-, Marmor- oder Tontafel. In Griechenland diente sie als Weihegeschenk für Götter und wurde im Tempel aufgestellt. Manchmal hängte man sie auch an heilige Bäume.

**Pinienzapfen** (lat. *pinea*), Symbol der Fruchtbarkeit und des Lebens. Er kann als Ornament im Kunstgewerbe dienen, aber auch als Brunnen oder Wasserspeier eine selbständige Plastik sein, etwa im Mittelpunkt eines Atriums.

**Pipa** = → Fistula.

**Pisalis. 1.** Kleiderkammer. –

**2.** Beheizbarer Raum (vgl. → Calefactorium).

**Pisciculi** (lat.), wörtl.: Fischchen. In übertragenem Sinne nannten sich die Christen P.; vgl. → Ichthys.

**Piscina,** Wasserreservoir, Becken (in den Thermen). – **1.** Bezeichnung für Taufbecken im Baptisterium, manchmal auch für die Taufkirche selbst. – **2.** Kesselartige Vertiefung in einer erhöhten Nische an der Südfront der Kirche in der Nähe des Altars, manchmal auch hinter dem Altar, mit Abflußröhrchen versehen. Dieses Becken diente dem Priester zum Händewaschen im Gottesdienst, auch zum Reinigen der heiligen Gefäße.

**Piscina probatica,** Schafteich, Bezeichnung für den Teich Bethesda (vgl. Joh. 5,2).

**Pistrinum,** Stampfmühle, Bäckerei.

**Pithos,** meist sehr hohes Tongefäß, das unten spitz zuläuft, da es in die Erde eingelassen wurde, für Vorräte, aber auch zur Totenbestattung benutzt.

**P. KONST.,** Abkürzung auf Münzen für *prima Konstantina*, wahrscheinlich für die Münzstätte von Arles, das Konstantin besonders begünstigte. Die Deutung auf Konstantinopel läßt sich nicht aufrechterhalten.

**Plaga,** Blatt, Fläche, Überzug, verziertes Stoffteilchen auf der Alba.

**Plagae,** die Kreuzarme des Querschiffs einer Kirche. → Cruces.

**Plagula. 1.** Teil (gleichsam Blatt) einer Tunika, die aus zwei solchen zusammengenähten Teilen bestand. – **2.** Papyrusblatt, Teppich, Vorhang.

**Planeta,** die zum Meßgewand (→ Casula) gewordene → Paenula. (Abb. 70.)

**Planum,** Ebene, Fläche, speziell Kirchenniveau.

**Plastes,** Bildner in Ton, Bildhauer, allgemein Modelleur. – **P. gypsarius,** Stukkateur.

**Platoma,** Krypta, die angeblich die Gebeine der Apostelfürsten nach ihrer Translation enthielt. So wird sie im → Liber pontificalis bezeichnet. Das Wort P. wird hergeleitet von dem Plattenbelag des

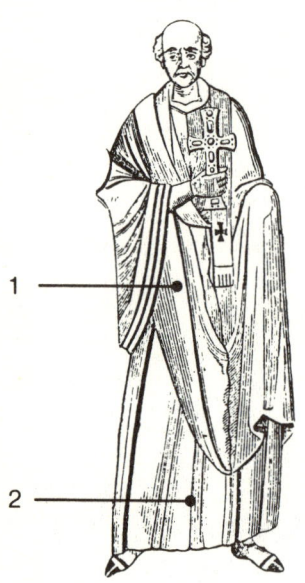

1

2

*Abb. 70.* 1. Planeta. 2. Alba.

Fußbodens der Krypta. Statt P. liest man bisweilen auch *Platonia.*

**Platonia,** Platte. → Platoma.

**Platytera** (zu ergänzen: *Theotokos*), die ›mehr als den Himmel umfassende‹ Gottesmutter Maria, da sie den Schöpfer geboren hat. Ein byz. Bildtypus: Die stehende Maria trägt auf der Brust in einem Medaillon (→ Clipeus) das Jesuskind.

**Plaw,** Schmelztechnik in der Ikonenkunst: Mehrere durch-sichtige Farbschichten werden übereinandergelegt.

**Plecta,** gewundene Leiste.

**Plica,** Falte.

**Plinthe** (griech., ›Ziegel‹), die rechteckige oder quadratische Fußplatte einer Statue, einer Säulen- oder Pfeilerbasis (Abb. 76, 77).

**PLM., PL. MEN, PL. MINS,** Abkürzungen für *plus minus.*

**Plumarius,** Seidensticker für Gewänder und Teppiche, Brokatkünstler.

**Plumbatura,** Bleiverlötung.

**Pluteus, Pluteum,** Gerüst, Brüstung, jede Art von Bretter- und Gitterwerk. Daher auch für → Cancelli gebraucht, ferner Lehne einer Bank, Bücherschrank, Lesepult, Mauergürtel.

**Pluviale,** zunächst allgemein Regenmantel, aus dem im Mittelalter ein kostbares liturgisches Gewand in der Form eines rund geschnittenen Umhangs wurde.

**PM,** Abkürzung für *plus minus.*

**Pocillum,** Becherchen.

**Poderes** = → Alba.

**Podlinnik,** Handbuch mit Vorschriften zur Herstellung der Ikonen.

**Polis,** der griech. Stadtstaat.

**Politio,** Polieren, Abputz, Bekleiden der Wände.

**Pollux** → Dioskuren.

**Polsterquader** (Abb. 52) → Mauerwerk.

**Polyandrum, Polyandrion** (griech., ›viele Männer‹), Bezeichnung für eine Grabstätte, die mehr als vier Menschen barg. Seltener Ausdruck für → Loculusgräber.

**Polycandela, Polycandilum,** großer siebenarmiger Standleuchter.

**Polychnion,** Kastell, Kronleuchter.

**Polychromie,** Mehrfarbigkeit oder einfach: farbige Bemalung, z. B. einer Architektur.

**Polygon,** Vieleck.

**Polygonalmauerwerk,** Mauerverband aus unregelmäßig vieleckig zugerichteten Steinblöcken (Abb. 52). → Mauerwerk.

**polypsephus,** mit vielen Edelsteinen besetzt.

**Polyptychon** (griech., ›faltenreich, zusammenfaltbar‹), Bezeichnung für kleine Bilderwand, die man zusammenlegen und transportieren kann (vgl. → Diptychon). Sie wird zum Gebet in Privathäusern benutzt. Es fehlt der untere Teil der sonst üblichen → Ikonostasis.

**Pomellus,** Knauf bei Calix.

**Pomum. 1.** Knauf bei Calix, → Kelch. – **2.** Reichsapfel.

**Ponderation,** harmonische Ausrichtung von Körper und Gliedmaßen bei Wiedergabe der menschlichen Figur, als Weiterentwicklung des → Kontraposts (Abb. 45).

**Poros,** leichter, fester Kalksandstein von der Halbinsel Akte in Attika, unweit Athen.

**Porphyr,** purpurfarbenes (»königliches«) Gestein, vulkanisch, mit kristallinen Einsprengseln.

**Porphyrogennetos** (griech., ›im Purpur geboren‹), Bezeichnung für die während der Regierungszeit des Vaters geborenen byz. Prinzen, weil sie in einem mit Purpur ausgeschlagenen Gemach zur Welt kamen.

**Portatile** (= *Altare portatile*), **Portatilium,** tragbarer Altar, auf Reisen mitzunehmen, um unterwegs Messe halten zu können. Seine Benutzung war ein besonderes Privileg für höhere Geistliche.

**Porticatio,** Arkaden, Reihe von Säulengängen.

**Porticus** (f.), von Säulen oder Pfeilern getragene Eingangshalle eines Gebäudes oder nur kleiner offener Vorbau.

**Postament,** Unterbau für Säule oder Statue.

**Postis,** ursprünglich Pfosten, dann Deckel eines Prachteinbandes.

**Praeco,** Ausrufer, Herold.

**Praedium,** Grabterrain, das durch Zivilrecht festgelegt ist.

**präexistent,** vor- und überweltlich bestehend, besonders auf Christus angewandt.

**Praefectus operarius,** Bauvorstand.

**Praefectus praetorio,** der ranghöchste konstantinische Reichsbeamte an der Spitze einer der 4 Präfekturen Orient, Italien, Algerien und Gallien.

**Praefectus urbi** oder **urbis,** Stadtpräfekt von Rom.

**Praefurnium,** Feuerstelle, z. B. in den Thermen und allgemein im Heizsystem der Hypokaustenanlagen.

**Praepositi sculptorum,** Vorgesetzte in Münzstätten.

**Praepositi valetudinarum,** Verwalter der Hospitäler.

**Praesentatio B. M. V.** (*P. Beatae Mariae Virginis*), Einführung der dreijährigen Maria in den Tempel, eine apokryphe Erzählung. Sie ist ein beliebtes Thema der Ostkirche, das auf der → Ikonostasis in der Reihe der 12 Hauptfeste erscheint.

**praestruere,** vorbauen.

**Praesul** (lat., ›Vortänzer, Vorspringer‹), gelegentliche Bezeichnung für Bischöfe, sogar Päpste.

**Praetorium,** Amtsgebäude des Prätors, des höchsten Zivilrichters.

**Prägestätten** → Münzstätten.

**Presbyter,** urspr. ein durch Alter und Erfahrung angesehenes Mitglied der Gemeinde in der alten Kirche, das eine

Vorzugsstellung in den gottesdienstlichen Versammlungen hatte. Seit dem 2. Jh. stehen die P. mit dem Bischof an der Spitze des Kollegiums der Priester. Ihre Bedeutung wuchs seit dem 4. Jh., als die Pfarreien gegründet wurden.

**Presbyterium,** Altarraum. Wird nach den → Presbytern so genannt, die in der alten Kirche hier ihren Platz hatten. Im Mittelalter war es im besonderen der Raum für die Sitze der Geistlichen vor dem Hochaltar.

**Primas,** Bezeichnung für → Metropoliten, die zuerst in Afrika aufkam.

**Princeps militiae,** bisweilen Bezeichnung für Christus.

**Proaula,** Vestibül eines Gebäudes.

**productilis,** von getriebener Arbeit.

**Profil,** aus der Grundfläche hervortretende gegliederte Form. In der Architektur der Umriß eines vorspringenden Bauglieds.

**Projectura,** die beiderseitige Vorkragung des Türsturzes.

**Prominentia,** Vorsprung, Absatz.

**Pronaos. 1.** Die offene Vorhalle vor dem Cella-Eingang des antiken Tempels (Abb. 88). – **2.** Dem → Narthex entsprechender Vorraum weltlicher Basiliken.

**Prophetia,** erscheint bisweilen personifiziert. So im Psalter der Pariser Nationalbibliothek (cod. graec. 139).

**Proplasma,** erster Entwurf einer Sache, also auch eines Kunstwerkes.

**Propyläen, Propylon** (griech., ›Vortor‹), Torbau. Auch der architektonisch hervorgehobene Zugang zum Atrium der christl. Basilika.

**Proseukterion** (griech., ›für das Beten‹) = → Conventiculum.

**Proskenion,** im antiken Theater der eigentliche Bühnenraum, dann aber auch die Bühnenwand.

**Proskynese,** Huldigungsgeste vor dem byz. Herrscher durch Sichniederwerfen auf den Boden.

**Prostratio,** die Geste des Sichniederwerfens als Zeichen der Anbetung und Buße.

**Prostylos,** ein → Antentempel mit einer Säulenreihe vor der Front; beim **Amphiprostylos** vor beiden Fronten (Abb. 87).

**Protevangelium, Protoevangelium,** Bezeichnung für die Worte 1. Mose 3,15, wonach der Schlange der Kopf zertreten wird. Darin ist die Verheißung des Messias und der Maria als Siegerin über den Drachen der Apokalypse gesehen worden.

**Prothesis** (griech., ›vorgesetzt‹). – **1.** Meistens nördliche, d. h. linke Nebenapsis, v. a. in der Ostkirche. Sie kann rechteckig, rund oder polygonal geformt sein. Hier wird in der griech.-orthodoxen Kirche das Abendmahl vorbereitet. (Abb. 63.) Vgl. → Pastophorium. – **2.** Gelegentlich auch Bezeichnung für einen kleinen Tisch an der Apsiswand gegenüber dem Altar, auf dem die Hostien bis zur Opferung aufbewahrt wurden.

**Prothyra** (griech., ›vor der Tür‹), beim Wohnhaus der Gang zwischen der Straßentür und der Eingangstür des eigentlichen Gebäudes. Übertragen auf die frühchristl. Basilika die Tür, die in den Peribolos der Basilika oder in ihr Atrium führt.

**Protoevangelium** → Protevangelium.

**Protomagister operum,** oberster Bauführer.

**Protomartyr,** gelegentliche Bezeichnung für Christus als ›erster Märtyrer‹.

**Protome, Protom,** Schmuck von Gefäßen und Geräten, auch Architekturgliedern, in der Form tierischer oder menschlicher Köpfe oder Halbfiguren.

**Protoplasten** (griech., ›die zuerst Gebildeten‹), Stammeltern, also Adam und Eva.

**Prototyp** (griech., ›erster Typ‹), eine Person oder eine Begebenheit des Alten Testaments, die für eine neutestamentliche vorgebildet ist. So ist etwa Adam der P. für den Antitypus Christus. → Typologie.

**Psaranus, Lapis p.,** bunter Granit.

**Pseudocyprianische Gebete,** Gebete, die fälschlich dem Bischof Cyprian von Karthago († 258) zugeschrieben werden, über deren Alter die Meinungen jedoch geteilt sind.

**Pseudisodomus** → Opus pseudisodomum.

**Psychagogos,** Geleiter der abgestorbenen Seelen ins Jenseits; kommt auch in der frühchristl. Kunst als Engel dargestellt vor. Später ist namentlich Michael dargestellt, der die Auferstandenen nach dem Gericht in das Paradies führt.

**Psyche,** Seele, in der frühchristl. Kunst als menschliche Figur dargestellt, oft als Kind, und in → Dura Europos schon mit Flügeln.

**Psykter,** Tongefäß zum Weinkühlen (Abb. 97).

**P. T.,** Abkürzung für *prima Tarracone* auf Münzen der Prägestätte Tarragona.

**Pteron, Pteroma,** Ringhalle, gedeckter Umgang zwischen → Cella und → Peristase des antiken Tempels (Abb. 88).

**Ptochotrophium** (griech., ›Armenernährer‹), Haus für Arme.

**P. TR.,** Abkürzung für *prima Treveris* auf Münzen der Prägestätte Trier.

**Puer matrimus,** ein Knabe, dessen Mutter noch lebt.

**Puer patrimus,** ein Knabe, dessen Vater noch lebt.

**Pugillaris** (zu ergänzen: *liber*), kleine Schreibtafel, die nur die Größe einer Faust (*pugillus*) hatte.

**Puigitis,** dunkelfarbiger Töpferton.

**Pulpitum,** ursprünglich Bühnenraum des röm. Theaters, dann gebraucht wie → Ambon, → Bema.

**Pultdach,** ein Dach, das, einem Pultdeckel ähnlich, an die aufstrebende Wand eines Gebäudes schräg angelehnt ist (Abb. 11).

**Pulvinus,** Polster, Kissen, auch → Kämpferblock.

**Punzarbeit,** genannt nach der Punze, einem Stift oder kleinen Stempel, mit dem man Figuren oder Buchstaben als Muster oder Zeichen in Leder und Metall einhämmert.

**Purificatio B. M. V.** (*P. Beatae Mariae Virginis*), Mariae

Reinigung, dann Bezeichnung des Festes der Darstellung Jesu im Tempel (2. Februar) gemäß Lk. 2,22 ff.

**Pus** (pl. *Podoi*), Fuß. Griech. Längenmaß von durchschnittlich 30,83 cm. Vgl. → Längenmaße.

**Putten** (it. *putto*), Bezeichnung für → Eroten, nackte kleine Knaben, oft mit Flügeln, die es auch in der frühchristl. Kunst gibt.

**Puzzolano** (it.), schon im Altertum in Puteoli (Pozzuoli) verschiffter lockerer vulkanischer Sand, der sich ausgezeichnet zur Mörtelbereitung eignete.

**Pylonen,** befestigte Tore, im besonderen die Türme, die das Eingangsportal der ägypt. Tempel umrahmten. Sie hatten die Form schlankerer Pyramidenstümpfe.

**Pyramidengrab,** oberirdische Grabanlage mit pyramidalem Abschluß.

**Pyxis,** zumeist runde Deckeldose (Abb. 97) aus Ton oder Elfenbein, auch Holz oder Metall, zunächst zur Aufbewahrung von Schmuck- und Kosmetikgegenständen, später von Reliquien und Hostien.

**Pyxomelum** = → Pyxis.

# Q

**Q.,** Abkürzung des Vornamens *Quintus.*

**Quaderstein** (lat. *lapis quadratus*), regelmäßig behauener Baustein. Vgl. → Mauerwerk (Abb. 52), → Kopfquader.

**Quadragesima,** die mit Aschermittwoch anhebende vierzigtägige Fastenzeit.

**Quadrangulum,** Viereck.

**Quadrans. 1.** Röm. Geldstück, = $^1/_4$ As. Vgl. → Münzen. – **2.** $^1/_4$ röm. Fuß. Vgl. → Längenmaße.

**Quadraria,** Steinbruch.

**Quadrataria, Ars qu.,** Quadertechnik, Mosaikkunst.

**Quadratum populi,** gelegentlicher Ausdruck für Kirchenschiff.

**Quadrificium,** Vierung.

**Quadriforis,** Tür, die aus vier Teilen besteht.

**Quadriga,** Viergespann, das als Streit- und Rennwagen benutzt wurde.

**quadrilaterus,** vierseitig.

**Quadriporticus,** vierseitige Säulenhalle um den Kern eines Atriums.

**Quadrisomus,** erweiterter → Bisomus.

**Quergurt,** ein → Gurtbogen bei einem Gewölbe. Er überschneidet die Längsachse einer Kirche.

**Querschiff, Querhaus** (Abb. 12) → Basilika, → Transept.

**Quinar,** röm. Münze, = 5 Asses = $^1/_2$ Denar. Vgl. → Münzen.

**Quincunx,** $^1/_{12}$ röm. Fuß. Vgl. → Längenmaße.

**Quinquangulum,** Fünfeck.

# R

**R,** Abkürzung auf Münzen für *Roma*.

**Rabbula-Codex,** syr. Evangeliar, das um 586 der Mönch Rabulas im Kloster Zagba geschrieben hat (Biblioteca Laurenziana, Florenz). Die Miniaturen und Kanontafeln des R. sind in vieler Hinsicht bedeutsam.

**Racana,** eine Art Oberkleid bei Mönchen.

**ramosus,** vielästig, zackig.

**Rangordnung.** In der von Konstantin d. Gr. herausgegebenen R. gibt es die Rangbezeichnungen *Illustris*, *Spectabilis*, *Clarissimus*, *Perfectissimus*, *Egregius*.

**Ratiocinatio,** vernünftige Überlegung, Schlußfolgerung, Theorie, ästhetischtheoretische Befähigung, einen Bau durchzuführen.

**Rationale. 1.** Das Brustschild des aaronitischen Hohenpriesters (2. Mose 28,4). – **2.** Ein breiter, mit Kreuzen bestickter Gewandstreifen, der um die Schultern gelegt und vom 9. Jh. ab mit einer Spange zusammengehalten wurde. R. blieb ein seltenes liturgisches Gewand im Mittelalter, das dem erzbischöflichen Pallium ähnelte, ebenso dem → Superhumerale. Das R. hat sich aus dem → Pallium entwickelt.

**Rauchfaß** (Bezeichnungen u. a.: *Thymaterion*, *T[h]uribulum*, *T[h]uricremium*), ein Gefäß für Weihrauch und Kohlen. Es ist mit Ketten versehen, die zum Aufhängen oder Schwenken benutzt werden. Seine Form ist sehr verschieden (z. B. Pinienzapfen). Das Metallgefäß kann getrieben oder gegossen sein.

**Recedentia** (n. pl.), zurückliegender Teil.

**Receptaculum venti,** Windfang.

**Receptio,** Aufnahme des Verstorbenen in den Himmel.

**Receptorium,** gelegentlicher Ausdruck für Sakristei. Vgl. → Diakonikon.

**Recessus,** Hintergrund.

**Recinus** → Ricinium.

**Reclinatorium.** Umzäunung

zwischen Säulen des Ciboriums.

**Reclusorium,** Klause.

**Recommendatio animae,** Sterbegebet in Form von Bildern, wie sie sich in den Malereien der Katakomben finden. Vgl. → Commendatio animae.

**recto** (zu ergänzen: *folio*), auf der Vorderseite eines Blattes.

**Redegestus,** in der darstellenden Kunst dadurch gekennzeichnet, daß Zeigefinger und Mittelfinger ausgestreckt werden, während die anderen nach innen gebogen sind.

**Refectorium,** auch **Trapeza,** Speisesaal im Kloster.

**Refrigerium,** Erquickung im Jenseits. Auf christl. Grabinschriften befindet sich oft der Anruf an Gott, der Seele des Verstorbenen möge ein R. zuteil werden. Urspr. bedeutet es eine Erquickung durch ein Mahl mit Speisen und Getränken.

**Regeneratio,** gelegentlicher Ausdruck für Taufe.

**Regio,** Stadtbezirk in Rom. Augustus teilte seine Haupt-

stadt in vierzehn Regionen ein.

**Regiolae,** Flügel einer Fenestella, eines Fensters.

**Regula. 1.** Leiste, Stab, Maßstab, auch Stab zum Abstreichen des Korns, wenn das Hohlmaß gefüllt war, Lineal. – **2.** Am Gebälk des dorischen Tempels, unter der Taenia, eine Platte mit sechs Guttae (Abb. 75, 89; vgl. Dorische → Säulenordnung).

**Regulares,** Balken, Gebälk, auch → Cancelli.

**Reichsapfel,** Insignie des röm. Kaisers schon seit Caracalla. Er trug auf der linken Hand zum Zeichen seiner Weltherrschaft eine Weltkugel (= Apfel). Die christl. Kaiser des Morgen- und Abendlandes folgten diesem Brauch und fügten den Kronenreif und das Kreuz dem R. hinzu. Bezeichnungen für den R. waren u. a.: *Globus cruciger, Globus imperialis, Orbis cruciger, Orbis terrarum, Pomum.*

**Reinigungsbrunnen,** ein Wasserbecken im Atrium der frühchristl. Basilika. Es diente der Reinigung der Füße und Hände vor dem Eintritt in das Gotteshaus. Vgl. → Kantharos, → Labrum.

**Relief** (it. *rilievo* ›erhabene Arbeit‹), eine Plastik, die im Unterschied zur Freiplastik aus einer Fläche herausgearbeitet ist und mit ihr verbunden bleibt. Die Fläche kann dabei gerade oder gekrümmt sein. Je nach der Stärke des Hervortretens spricht man von einem **Flachrelief** (frz. *bas relief*), einem **Halbrelief** oder einem **Hochrelief** (frz. *haut relief*).

**Reliquiar** (lat. *reliquiarium*), Behältnis zur Aufbewahrung von Reliquien. Seit dem 4. Jh. üblich.

**Reliquien,** Überreste vom Körper eines Heiligen oder auch Gegenstände, die mit dem Heiligen in Verbindung gewesen sind.

**Reliquiengruft** → Sepulcrum.

**Renovatio,** Taufe.

**Repa,** Baldachin.

**Replik,** Dublette, Wiederholung eines Werkes durch den Künstler selbst. Man gebraucht auch dann den Ausdruck, wenn die Kopie Abwandlungen zeigt.

**Replum,** Rahmen, Anschlagleisten.

**Rescriptus codex** = → Palimpsest.

**Reservatorium** = → Pyxis.

**Res gestae,** der Taten- und Rechenschaftsbericht des Kaisers.

**Resina,** Harz.

**Responsus** (lat., ›Übereinstimmung‹), Symmetrie.

**Resticula,** kleine Schnur.

**Resurrectio,** Auferstehung, im besonderen Auferstehung Christi.

**Retabulatum, Retabulum,** Retabel, Aufsatz eines Altars, Altarrückwand.

**Retiaculum,** das netzförmige Streifenornament am Kapitell.

**Reticulum,** Netz, Haarnetz, Binde, Haube.

**Retinaculum,** Klammer, Halter.

**retrograd,** rückwärts verlaufend, Bezeichnung auch für eine Schrift, die von rechts nach links verläuft (z. B. Hebräisch).

**retro martyres** → ad sanctos.

**Revers,** die rückwärtige Seite einer Münze.

**Revimentum,** Umschlag, Saum eines Kleides.

**Rhabdosis,** Kannelierung. → Kannelur.

**Rhomaios,** Römer, wie die Byzantiner sich selbst als Erben Roms nannten.

**Rhyton. 1.** Trinkgefäß in Form eines Tierhornes oder -kopfes (Abb. 97). – **2.** Gefäß für die Opferspende, die aus einem mit dem Finger zu schließenden unteren Loch floß.

**Rica,** Kopftuch.

**Ricinium,** auch **Recinus, Ricinus, Ricula,** kleines Kopftuch, auch kleiner Tuchmantel für Frauen. Vgl. → Velum.

**Riefeln,** Einkerbungen, die entweder gerade, wie die Kanneluren, oder geschwungen, wie an den daher so genannten Riefelsarkophagen (Abb. 71),

*Abb. 71.* Riefelsarkophag.

von oben nach unten verlaufen.

**Ring,** schon im Altertum als Schmuck, als Zeichen der Würde und auch als Siegelr. bekannt. Das Material konnte sehr verschieden sein. So gab es neben Metallr.en auch solche aus Horn und Elfenbein. Vgl. → Anulus, → Baucus.

**Ringhalle** → Pteron.

**Rinnleiste** → Sima.

**R. I. P. A.,** Abkürzung für *Requiesca(n)t in pace anima(e)* (lat., ›die Seele[n] möge[n] in Frieden ruhen‹).

**Rippe,** Gewölbegrat. → Gewölbe.

**Rippenkuppel** (Abb. 47) → Kuppel.

**RM,** Abkürzung auf Münzen für *Roma.*

**Rollschar, Rollschicht** (Abb. 51) → Mauerverband.

**ROM,** Abkürzung auf Münzen für *Roma.*

**Rosette** (frz., ›Röschen‹), kreisförmiges Ornament, bei dem sich von einem Mittelpunkt aus die Blätter oder Linien strahlenförmig entwikkeln. Geometrische oder pflanzliche Motive können zur Darstellung gebracht werden. (Abb. 72.)

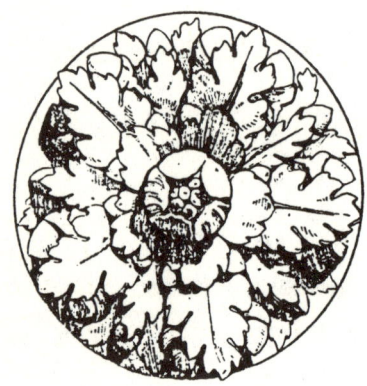

*Abb. 72.* Rosette.

**Rosso antico** (it.) → Marmor (20).

**Rota** (lat., ›Rad‹). – **1.** Kreisförmiges Ornament auf einem Kleid. Vgl. → Callicula, → Segmentum. – **2.** Hängeleuchter, Kronleuchter.

**Rota figuli,** Töpferscheibe.

**Rotulus. 1.** Spruchband, Schriftrolle, Buchrolle. Im Altertum wurde sie aufgewickelt (→ Volumen) und durch Riemen (→ Lorum) zusammengehalten. – **2.** Runde Reliquientafel für Partikel des Kreuzes Christi. – **3.** Brot-

kranz. – **4.** Knoten eines Kelchknaufs.

**Rotundatio,** Kreis, Kreisfläche.

**Rotunde,** Rundbau, einfachste Form des → Zentralbaues.

**RP, RS, RT, RQ,** Abkürzungen für *Roma prima, secunda, tertia, quarta* (zu ergänzen: *officina*) auf Münzen, die zu verschiedenen Zeiten in Rom geprägt sind. → Münzstätten.

**Rubrica** (zu ergänzen: *terra*, lat., ›rote Erde‹), Rötel.

**rubricatus,** mit roter Tinte geschrieben.

**Rubrum** (von lat. *ruber* ›rot‹), Überschrift mit roter Tinte auf einem Papyrusblatt.

**Ruderatio,** Estrichmasse.

**Rudimentum** (lat., ›die erste Probe, der erste Versuch‹), etwas, was schlecht gebildet oder unausgebildet ist.

**Rudus,** Mörtel, Mörtelbettung unter dem Fußbodenmosaik.

**Ruga** (lat., ›Runzel‹), Falte eines Kleides.

**Rugae,** selten gebraucht für → Cancelli.

**Rundbogen** (Abb. 14) → Bogen.

**Rundbogenfries,** Fries aus einer Folge aneinandergereihter Blendbögen.

**Rundsäule,** freistehende Säule, im Unterschied zu der mit einer Wand oder einem Pfeiler verbundenen Säule.

**Rundstab,** ein halbierter Stab, nach außen gewölbt.

**Rustica** (lat. *opus rusticum* ›bäuerliches Werk‹), Mauerwerk aus grob behauenen Quadern, deren Binnenfläche bucklig als Bosse stehenbleibt. Nur die Randstreifen sind geglättet (»Randschlag«). (Abb. 73.)

*Abb. 73.* Rustica.

**Rutellus** (dimin. von lat. *rutrum* ›Schaufel‹). – **1.** Kurzes, breites, einschneidiges Schwert. – **2.** Löffel, mit dem das Korn im gefüllten Gefäß abgestrichen (abgemessen) wurde.

**Rutrum,** Scharreisen, Maurerkelle.

# S

**S.,** Abkürzung des Vornamens *Sextus*.

**Saalkirche,** Kirchenbau, der aus einem einzigen, meist stützenlosen Raum besteht.

**Sabanum,** leinenes Tuch zum Abtrocknen.

**Saccus vinarius,** Korb oder Sieb aus grobem Stoff, das zum Filtern des Weines benutzt wurde. Es hatte die Form eines umgekehrten Kegels.

**Sacellum,** kleines Heiligtum, Kapelle.

**Sacrae tabulae** (lat., ›heilige Tafeln‹), im kirchlichen Sprachgebrauch bisweilen für → Diptychen gebraucht.

**Sacramentarium. 1.** → Sakramentar. – **2.** Bei den Armeniern für → Diakonikon.

**Sacramentum fidei,** Taufe.

**Sacraria christiana** (n. pl.), Gotteshaus.

**Sacrarium. 1.** Apsis. – **2.** Pastophorium. – **3.** Hauskapelle. – **4.** Gefäß für unbrauchbar gewordene, aber geweihte Gegenstände. – **5.** Aufbewahrungsort für geweihte Gegenstände.

**Sacra sindon,** das heilige Schweißtuch, speziell das Leichentuch Christi, das die ganze Gestalt Christi umgibt im Unterschied zu dem Schweißtuch, das nur das Antlitz Christi bedeckte. Beide Male soll es den Abdruck seines Gesichtes bzw. seiner Gestalt zurückbehalten haben.

**Sacra supellex** (lat., ›heiliges Gerät‹) = → Vas sacrum.

**Sacratorium,** Sakristei.

**Sägeverband** (Abb. 51) → Mauerverband.

**Sagum,** langer, wollener Soldatenmantel, auf der Schulter mit einer Spange gehalten, Abart der → Chlamys. Auch viereckiges grobes Tuch zum Schutz gegen die Kälte für die Sklaven.

**Sakkos** (eigtl. ein Kleid aus grobem Stoff), halblanges Prachtgewand mit weiten, bis zum Ellbogen gehenden Ärmeln und reichem Schmuck, das in der Ostkirche von höch-

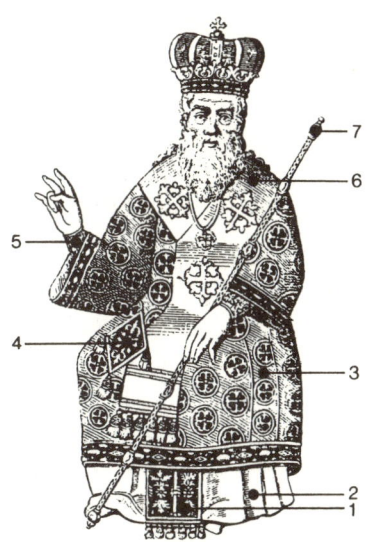

*Abb. 74.* Griechische Bischofskleidung. 1. Epitrachelion. 2. Sticharion. 3. Sakkos. 4. Epigonation. 5. Epimanikion. 6. Omophorion. 7. Dikanikion.

sten Würdenträgern benutzt wird. Es schließt eng an den Körper an. Urspr. sollte es ein Kleid der Armut sein. (Abb. 74.)

**Sakramentar, Sacramentarium, Liber sacramentorum,** Meßbuch. Es enthielt in der Zeit der alten Kirche die Gebete, die der Bischof oder Priester bei der Messe (lat. *sacramentum*) oder bei messeähnlichen Feiern zu sprechen hatte. Aus ältester Zeit bedeutsam das sog. *Sacramentarium Leonianum* (nach 538 festgelegt), das *Gelasianum* (Mitte 6. Jh.), das *Gregorianum* (älteste Gestalt etwa 595). Im Mittelalter wurde das S. stark erweitert.

**Sakramentskapellen,** gebräuchlicher Ausdruck für sechs Räume in der CalixtusKatakombe in Rom. Der Name kommt daher, daß man in diesen Räumen die Sakramentslehre der Kirche dargestellt zu finden meinte.

**Sakristei,** diente in frühchristl. Zeit sehr verschiedenen Aufgaben, die man aus den Bezeichnungen für diesen Raum herauslesen kann. Diese Namen sind: → *Sacrarium*, → *Secretarium*, → *Receptorium*, → *Vestiarium*. Vgl. → Diakonikon.

**Salino** → Marmor (16).

**Salutatorium,** Ankleideraum und Audienzzimmer des Klerus. → Diakonikon.

**Salvatorbild,** Darstellung des segnenden Christus. → Maiestas Domini.

**Sancta Sanctorum,** Bezeichnung für die päpstliche Kapel

le im Lateranpalast. In ihrer heutigen Form im 13. Jh. gestaltet. Sie ist für die frühchristl. Kunst dadurch bedeutsam geworden, daß im Jahre 1903 unter dem Altar eine große Zahl wertvoller Reliquienbehältnisse in verschiedener Form und aus unterschiedlichem Material gefunden wurden, die aus sehr früher Zeit stammen.

**Sanctimonialis** (zu ergänzen: *virgo*), eine Jungfrau, die sich einem heiligen Leben geweiht hat.

**Sanctuarium. 1.** Die für die Laienwelt unzugängliche Apsis. Später wird der Begriff verengt auf die Stätte des Hochaltars. – **2.** Bezeichnung für den Aufbewahrungsort von Reliquien, auch für die Reliquie selbst.

**Sankir,** Bezeichnung für den Grundton bei den Ikonen.

**Saphir,** blauer Edelstein.

**Sarabaiten,** verstreut lebende Einzelmönche, v. a. im Orient. Sie hielten sich noch lange, als das geordnete Klosterleben schon eingeführt war.

**Sarabara,** persische Pluderhose.

**Sardes,** durchscheinender, kastanienbrauner Stein, nach der Stadt S. in Kleinasien genannt. Er gehört zur Gruppe des Chalcedon.

**Sardonyx,** Spielart des Chalcedon. Er hat hellere und dunklere Streifen, v. a. weiße und rote.

**Sarkavagatum,** Bezeichnung für → Diakonikon bei den Armeniern.

**Sarkophag** (griech., ›Fleischfresser‹), der Sarg für die Begüterten in der Antike und auch in frühchristl. Zeit. Er kann aus Stein, Holz, Bronze oder Blei bestehen, wenn auch der Stein-S. überwiegt. Der merkwürdige Name S. rührt wahrscheinlich daher, daß viele S.e, die aus einer bestimmten Kalkart verfertigt waren, die Verwesung des Leichnams beschleunigten.

**Satteldach,** das übliche Dach, das sattelförmig aufgebaut ist (Abb. 11).

**Satyr,** Halbgottheit, ähnlich dem Pan, menschenähnliches Wesen mit den Beinen und Ohren eines Bockes.

*Abb. 75.* Dorische Ordnung.

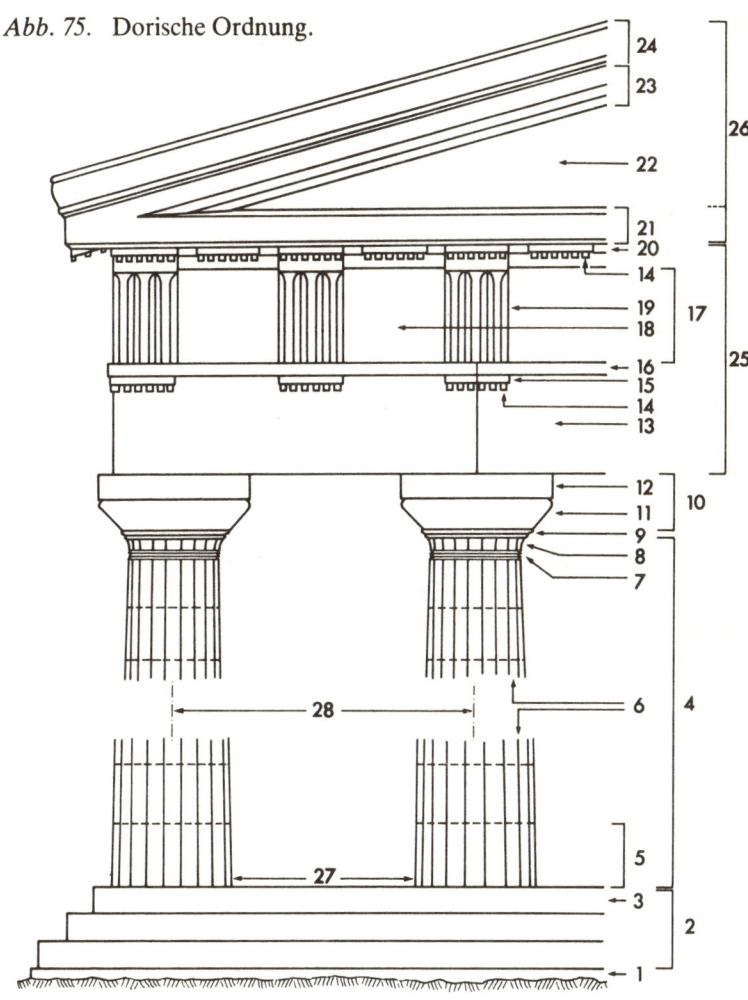

1. Euthynterie. 2. Krepis. 3. Stylobat. 4. Säulenschaft. 5. Säulentrommel. 6. Kanneluren (Rillen mit Graten). 7. Fuge, Kerbe. 8. Hypotrachelion, Säulenhals. 9. Anuli, Riemchen. 10. Kapitell. 11. Echinus. 12. Abakus. 13. Archi-trav. 14. Guttae, Tropfen. 15. Regula. 16. Taenia, Leiste. 17. Triglyphon. 18. Metope. 19. Triglyphe. 20. Mutulus. 21. Geison. 22. Tympanon. 23. Schräggeison. 24. Sima. 25. Gebälk. 26. Kranz. 27. Interkolumnium. 28. Joch.

**Saugröhrchen** vgl. → Kelchröhrchen.

**Säulenarkadensarkophag** →
Säulensarkophag.

**Säulenbasilika,** Basilika, die
als Stützen des Gebälks Säulen benutzt im Unterschied
zur → Pfeilerbasilika.

**Säulenordnung,** die Form der
Säule und ihr Verhältnis zum
gesamten Gebäude, darüber
hinaus das ganze Aufrißsy-
stem einer Architektur. Vor-
bildlich wurden die drei
Hauptsysteme der griech. Antike, die **Dorische** (Abb. 75,
37), die **Ionische** (Abb. 76, 38,
83) und die **Korinthische**
(Abb. 77, 39) **Ordnung.** Die
**Tuskische** oder **Toskanische S.**
(Abb. 78) der Römer ist eine

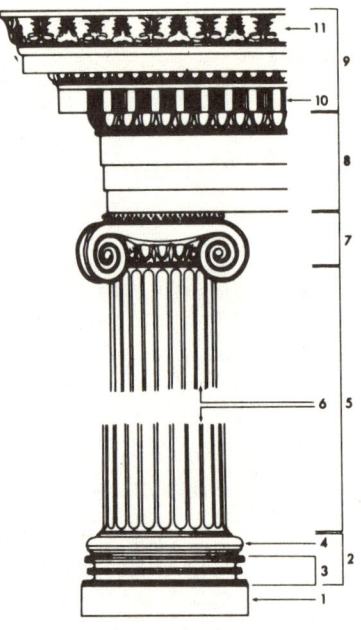

*Abb. 76.* Ionische Ordnung. 1.
Plinthe. 2. Basis (jüngere, sog.
ephesische Form; vgl. Abb. 83). 3.
Doppelter Trochilus (2 Hohlkeh-
len). 4. Torus, Wulst. 5. Säulenschaft. 6. Kannelure mit Steg. 7.
Kapitell. 8. Epistyl, Architrav, mit
(von unten nach oben) 3 Faszien,
Astragal und Ionischem Kyma. 9.
Geison, Kranzgesims. 10. Zahnschnitt. 11. Sima, Rinnleiste.

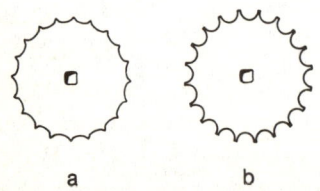

a               b

*Zu Abb. 75/76.* a) Schnitt durch
den Schaft der dorischen Säule mit
den kanonischen 20 durch scharfe
Grate getrennten Kanneluren. b)
Schnitt durch den Schaft der ionischen Säule mit den durch Stege
getrennten Kanneluren.

Variante der Dorischen; meist
haben die Säulen keine Kanneluren, aber eine Basis und
statt der Anuli einen Hals-
ring; der Architrav ist gegliedert, und die Ecktrigly-

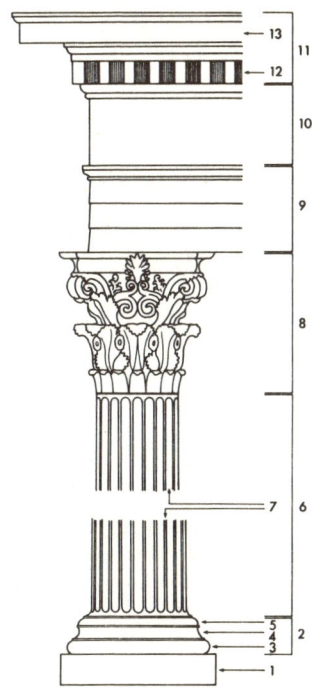

pitell (Abb. 44) kombiniert das Ionische mit dem Korinthischen. Vgl. → Kapitell.

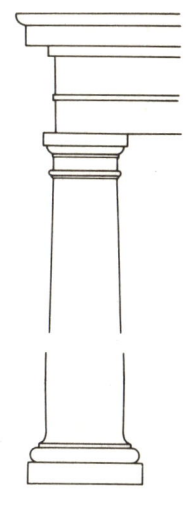

*Abb. 78.* Tuskische Ordnung.

*Abb. 77.* Korinthische Ordnung. 1. Plinthe. 2. Basis. 3. Torus, Wulst. 4. Trochilus, Kehle. 5. Torus, Wulst. 6. Säulenschaft. 7. Kannelure mit Steg. 8. Kapitell. 9. Epistyl oder Architrav, mit 3 Faszien. 10. Fries. 11. Geison, Kranzgesims. 12. Zahnschnitt. 13. Sima, Rinnleiste.

phe sitzt in der Mittelachse der Säule, nicht an der Ecke des Frieses. Die **Kompositordnung** ist im wesentlichen der Korinthischen (in röm. Abwandlung) gleich, aber ihr Ka-

**Säulensarkophag,** Sarkophag, bei dem v. a. die Schauseite durch Säulen gegliedert ist. Zwischen den Säulen befinden sich biblische und symbolische Darstellungen. Werden die Säulen noch mit Bogen verbunden, so spricht man auch von einem **Säulenarkadensarkophag.**

**Säulentrommel,** das trommelähnliche Teilstück einer Säule (Abb. 75), wenn sie nicht aus einem → Monolithen besteht.

**Saxum quadratum,** Sandquaderstein.

**Scabellum,** Fußbank, → Subsellium.

**Scalptura,** Schnitzwerk, Metallschneiderei. Vgl. → Glyptik.

**Scamillus** (lat., ›Schutzsteg‹), keilförmiges Ausgleichsstück zur Schaffung einer waagerechten Ebene auf schrägen Flächen, z. B. zwischen einem schrägen Stylobat und einer Säulentrommel.

**Scandula** → Scindula.

**Scapus,** Schaft einer Säule, aber auch Ständer einer Lampe, Diele.

**Scenographia,** perspektivische Zeichnung eines Baues.

**Schächerkreuz,** gabelförmiges Kreuz; →Furca (Abb. 21).

**Schachtgrab,** ein Grab, das in einem vom oberirdischen Friedhof aus in die Tiefe getriebenen Schacht liegt.

**Schede** (lat. *scheda* oder *schida*), ein etwa sechs Finger breites Pergament- oder Papyrusblatt. Die einzelnen S.n wurden zu einer Buchrolle zusammengeleimt und beschrieben.

**Scheidbogen,** Bogen unter der Scheidmauer auf der Trennungslinie von Mittel- und Seitenschiff.

**Scheidmauer,** Mauer über den Scheidbögen, die Mittelschiff und Seitenschiff voneinander trennt. Bei der Basilika ragt die S. über dem Seitenschiff empor.

**Scheinarkade** → Blendarkade.

**Scheitel,** höchster Punkt der Überwölbung oder eines Bogens (Abb. 14).

**Scheitelrippe,** Rippe im Scheitel eines Gewölbes in Längsrichtung der Kirche.

**Schicht,** die in horizontaler Lage vermauerten Steine eines Mauerverbandes.

**Schichtmauerwerk,** Mauerwerk aus unregelmäßigen Steinen, das von Schichten regelmäßiger Steine durchzogen ist. Eine Eigenheit der mittelbyz. Architektur ist die verdeckte Schichttechnik, bei der jede zweite Ziegelschicht zurückgesetzt und so vom Mörtel verdeckt ist.

**Schiebegrab,** ein Grab, bei dem der Körper in seiner gan-

zen Länge in die Wand einge-
schoben wird, im Unterschied
zum → Loculusgrab, bei dem
er parallel zum Gang in der
Wand ruhte.

**Schiff** (lat. *navis*), Bezeichnung für den langgestreckten
Raum einer Kirche oder für
die konstituierenden Teile eines durch Stützen und Wände
unterteilten Langhauses (**Mittelschiff, Seiten-** oder **Neben-
schiff**; Abb. 11).

**Schiffchen,** Bezeichnung für
ein Gefäß zur Aufbewahrung
von Weihrauchkörnern.

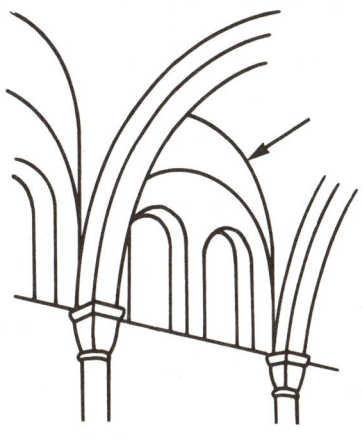

*Abb. 79.* Schildbogen.

**Schildbogen,** Bogen, der ein
Gewölbe in der Längsrichtung
der Kirche abgrenzt, also der
Ansatzbogen eines Tonnen-
oder Kreuzgewölbes an der
Wand (Abb. 79). Vgl. dagegen → Scheidbogen.

**Schildfläche,** Fläche, die von
einem → Schildbogen um-
rahmt wird.

**Schildkrötenlampe,** Öllampe
mit dachartigem Aufbau und
Henkel. Im Orient, v. a. in Syrien und Palästina, gebräuchlich.

**Schildmauer** oder **Stirnmauer,** Frontwand eines Ge-
bäudes.

**Schima,** ein mit Kreuzen be-
setztes breites Band, das auf
der Vorderseite des Körpers
senkrecht herabfällt. Es gehört zum Gewand eines
Mönchs der Ostkirche.

**Schirmkuppel** (Abb. 47) →
Kuppel.

**Schlagschatten** ist der Schatten, der durch einen Körper
hervorgerufen wird im Unterschied zum *Eigenschatten*, der
auf dem Körper selbst sichtbar
wird.

**Schlußstein,** besonders geformter Stein im Scheitelpunkt eines Bogens (Abb. 14)

oder im Kreuzungspunkt von Gewölberippen.

**Schmelzfarbe, Smalte** (lat. *smaltum, esmuletum*), eine leichtflüssige, durch Oxyde gefärbte Glasmasse, die auf anderes Glas, irdene Gefäße, auch Metall aufgetragen und dann eingebrannt wurde. → Email.

**Schmiege,** die beim → Abfasen entstehende schräge Fläche, auch **Fase** genannt.

**Schnurornament,** Ornament, das gedrehten Schnüren gleicht und in der Antike z. B. bei Fußbodenmosaiken als Umrandung benutzt wurde.

**Schola cantorum,** von Schranken umzäunter Raum für den Sängerchor.

**Scholae,** u. a. Bezeichnung für → Triclinien zur Abhaltung eines Totenmahls.

**Scholien,** kritische und erklärende Randbemerkungen in griech. und lat. Handschriften.

**Schuppenmuster,** beliebtes Ornament in Form von Schuppen.

**Schuß,** loser Weberfaden. Vgl. → Kette.

**Schweißtuch. 1.** Tuch zum Abwischen des Gesichts. – **2.** Schleier, mit dem man das Gesicht eines Toten bedeckte. – **3.** Grabtuch, mit dem der ganze Leichnam umhüllt wurde. Vgl. → Sacra sindon.

**Schwibbogen,** Bogen, der quer über das Mittelschiff einer Kirche oder zwischen zwei Gebäude gespannt ist.

**Sciagraphia,** Schattenriß, Längs-/Querschnitt (z. B. eines Gebäudes), Profil.

**Scientia graphidos,** Zeichenkunst.

**Scindula, Scandula,** Holzschindel.

**Scopa,** Reiserbesen zum Kehren.

**Scotia** (griech. σκοτία, τροχίλος), Hohlkehle, konkaves Glied rings um die Basis einer Säule über dem untersten → Torus. Vgl. → Trochilus.

**Scriba,** Schreiber, der privat oder amtlich seine Tätigkeit ausübte.

**Scrinium,** Behälter, in dem in der Antike die Buchrollen stehend aufbewahrt wurden. Die Form ist kasten- oder korbförmig. Vgl. → Cista.

**Scriptorium,** Schreib- und Buchmalwerkstatt oder -schule eines Klosters.

**Scripulum. 1.** Röm. Gewichtseinheit von durchschnittlich 1,14 g. Vgl. → Gewichtseinheiten. – **2.** Röm. Flächenmaßeinheit, ca. 8,7 m².

**Scrupulus** (›Skrupel‹), 24. Teil einer Stunde, spitzes Steinchen, der kleinste Teil eines Gewichts. Vgl. → Scripulum.

**Scrutinium,** in frühchristl. Zeit Bezeichnung für die Prüfung der Katechumenen vor der Taufe.

**Sculponea,** derbes Schuhwerk für Sklaven auf dem Lande; die Sohle wurde mit einem Riemen um den Fußspann gehalten. Auch hohe Holzschuhe.

**Sculptor,** Bildhauer.

**Scutella,** kreisförmiges Ornament auf einem Kleidungsstück.

**Scutula,** rautenförmig beschnittenes Stück Marmor oder auch andere beschnittene Steine, die zur → Inkrustation gebraucht wurden.

**Scutum,** Türschild.

**Scyphus, Skyphos,** Becher, Weinglas (Abb. 97). Später Bezeichnung für Konsekrationskelch.

**SD,** Abkürzung auf Münzen für *Sardica*.

**Sebaciarium,** Beleuchtungskörper mit Talglichtern.

**Sebacii,** Talglichter.

**Secco-Malerei** (it. *secco* ›trokken‹), eine Malerei auf trockener Wand im Unterschied zur → Fresko-Malerei, bei der die Farben auf den noch feuchten Kalkbewurf aufgetragen werden.

**Secretaria** (n. pl.), lat. Bezeichnung für → Pastophorien. Auch Cryptae subterraneae wurden bisweilen so genannt.

**Secretarium,** Sakristei.

**Sectio,** Bauriß.

**Securicula,** Schwalbenschwanz (Verklammerungsform von [Holz-]Architekturteilen).

**Sedes apostolicae,** Gemeinde, deren Ursprung man auf einen Apostel zurückführte.

**Sedes episcopalis** = → Kathedra.

**Sedes maiestatis,** Bezeichnung für den Thron Christi.

**Sedia gestatoria,** Sänfte. → Sella gestatoria.

**Segel,** geblähte Form einer Kappe im Gewölbe.

**Segensgestus.** Nach dem *lat. Ritus* werden dabei Daumen, Zeige- und Mittelfinger ausgestreckt und die beiden übrigen eingezogen. Nach *griech. Ritus* werden nur Zeige- und Mittelfinger ausgestreckt; der Daumen kreuzt den vierten Finger.

**Segmentbogen,** auch **Flachbogen** genannt, flacher als der eigentliche Rundbogen.

**Segmentum,** kreisrunde Stoffapplikation auf dem Gewandsaum oder auf den Schultern. Vgl. → Callicula.

**Seliquastrum,** eine Art Lehnstuhl, der vornehmlich für die Frauen als Sitzgelegenheit benutzt wurde.

**Sella curulis,** ein Sessel, der nur für obrigkeitliche Personen (die kurulischen Magistrate) bestimmt war. Von den vier Füßen waren je zwei über Kreuz gestellt. Eine Lehne fehlte. (Abb. 80.)

**Sella gestatoria,** Tragsessel für vornehme Personen. Gelegentlich, v. a. in der Ostkirche, wurden auf ihr Bischöfe zu Grabe getragen.

**Sella imperatoris,** Thronsessel.

**Semicanaliculus,** Halbschlitz, eine Vertiefung an den Säulen, die nur halb so groß ist wie im allgemeinen üblich.

**Semicirculus, Arcus s.,** Kreissegment, Halbkreis.

**semidigitalis,** halbzöllig.

**Semiorbis,** Halbkreis.

**Semipes,** $\frac{1}{2}$ röm. Fuß. Vgl. → Längenmaße.

**Semis** (lat., ›halb‹), röm. Münze = $\frac{1}{2}$ As. Vgl. → Münzen.

**Senatorium,** Ehrenplatz im Langschiff unmittelbar vor

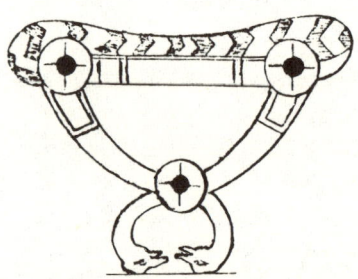

*Abb. 80.* Sella curulis.

der Apsis, wo die Senatoren saßen.

**Senkgrab,** die Form unseres heutigen Grabes. Nach oben hin war es entweder durch eine Platte oder durch ein kleines sattelfömiges Dach abgeschlossen.

**Sepia,** zehnarmiger Kopffüßler = Tintenfisch. Sein Tintenbeutel liefert die Farbe S.

**Septuaginta** (lat., ›siebzig‹), Bezeichnung für die älteste Übersetzung des Alten Testaments in das Griechische. Der Name geht zurück auf die 72 Bibelübersetzer, die angeblich zur Zeit Ptolemaios' II. Philadelphos (reg. 285–246 v. Chr.) unabhängig voneinander zu demselben Übersetzungsresultat kamen.

**Septunx,** $^7/_{12}$ röm. Fuß. Vgl. → Längenmaße.

**Sepulcrum,** Reliquiengruft im Altar (vgl. → Altargrab). Es bezeichnet die ausgehöhlte Stelle in der → Mensa oder im → Stipes, in die die Reliquie gelegt und die dann mit einer Platte (→ Sigillum) versiegelt wird.

**Sepulcrum a mensa,** Tafel-grab. Ähnelt in seiner Anlage einem → Arkosolium, nur ist der Arkosolbogen oben durch eine gerade Fläche ersetzt.

**Sepulkralgefäß** (lat. *vas sacrale*), ein in einem Grab oder Sarg gefundenes Gefäß.

**SER.,** Abkürzung des Vornamens *Servius.*

**SER,** Abkürzung auf Münzen für *Sardica.*

**Sera,** Latte, Riegel.

**Seraph** (hebr., ›brennender Lichtengel‹), Engel mit sechs Flügeln. (Vgl. Jes. 6,2: »mit zweien deckten sie ihr Antlitz, mit zweien deckten sie ihre Füße, und mit zweien flogen sie.«) Der S. ist der Schar dienender Engelwesen einzureihen. Seine Darstellung war v. a. in der byz. Kunst beliebt. Später verwischen sich in der Kunst die Unterschiede zwischen den S.im und → Cherubim.

**Serpentino** (it.), sehr harter Porphyr. Der Name kommt wohl daher, daß die hellgrünen Linien in dem dunkler gehaltenen Stein schlangenähnlich zu sein scheinen. Die Römer nannten ihn auch *lapis La-*

*cedaemonius*, weil er in der Nähe von Sparta gebrochen wurde.

**serratus,** gezackt.

**Sertum,** Girlande, Fruchtschnur.

**Servitium luminum,** das Amt, für die Beleuchtung der Kirche zu sorgen.

**Sestace,** Taschentuch der Priester.

**Sesterz** (Wertzeichen **HS**), röm. Münze (*sestertius* von lat. *semis tertius* = zweieinhalb), urspr. aus Silber, seit Augustus aus Messing, mit 27,3 g Gewicht. Sein Wert betrug $2^1/_2$ Asses, seit ca. 130 v. Chr. 4 Asses. Um die Mitte des 3. Jh. n. Chr. wurde seine Prägung eingestellt, verwendet wurde er aber noch bis in das 4. Jh. Vgl. → Münzen.

**SEX.,** Abkürzung des Vornamens *Sextus*.

**Sextans. 1.** Röm. Münze, = $^1/_6$ As. Vgl. → Münzen. – **2.** $^1/_6$ röm. Fuß. Vgl. → Längenmaße.

**Sextarius,** röm. Volumenmaß, der 6. Teil des Congius, = $^1/_{48}$ → Amphora.

**Sibyllinische Weissagungen.** Etwa seit dem 8. Jh. v. Chr. hört man in der ostgriech. Welt von der Sibylle oder auch von den Sibyllen, orientalischen weissagenden Frauen (Prophetinnen). Die düsteren Prophezeiungen der Sibyllen wurden später von der hellenist.-jüd. Literatur und noch später von der christlichen übernommen und entsprechend umgedeutet.

**siccescere** (lat.), in der Luft austrocknen (die Ziegel).

**Sicilicus. 1.** Röm. Gewichtseinheit von durchschnittlich 6,82 g. Vgl. → Gewichtseinheiten. – **2.** Röm. Längenmaßeinheit, ca. 6,2 mm.

**Siebenarmiger Leuchter,** vom jüd. Gottesdienst im Tempel zu Jerusalem in den christl. Kult übernommen. Er wird auch in der frühchristl. Kunst dargestellt.

**Siegelzylinder,** im Orient gebrauchter kleiner Zylinder aus Achat oder anderem Material, der zum Siegeln, aber auch als Schmuck benutzt wurde.

**Sigillographie,** Deutung der Beschriftung von Siegeln.

**Sigillum. 1.** Zeichen, Spur. – **2.** Verschlußplatte des → Sepulcrum im Altar.

**Sigla** (n. pl.), die feststehenden Abkürzungen für Wörter und Silben. Im allgemeinen wurden dazu die Anfangsbuchstaben gewählt, z. B. $\frac{P}{F}$ für *palma feliciter* (›ruhe glücklich‹).

**Sigma,** achtzehnter Buchstabe des griech. Alphabets. Wegen der Form der griech. Unziale C wurde es dann eine Bezeichnung für ein halbkreisförmig gelegtes Polster, auf dem die Tischgenossen Platz nahmen und auf dessen erhöhten Rand sie ihre Arme aufstützten. Bisweilen lagen sie auch hinter dem S. und benutzten dieses dann als Stütze.

**Signa** (n. pl.). Christen bezeichneten bisweilen Bilder und Statuen mit diesem Wort.

**Signatio frontis,** das Segenszeichen auf der Stirn bei der Firmung.

**Signum Christi** bedeutet das versteckt angebrachte Kreuz Christi in verschiedener Form. Es konnte etwa in einem Anker oder in dem griech. Buchstaben Tau ($\tau$) enthalten sein. Die → Arkandisziplin der Christen, welche die Geheimhaltung gewisser Geheimnisse verlangte, war wohl die Ursache dieser Sprache in Andeutungen. (Abb. 21.)

**Silanus,** Springbrunnen.

**Silex,** Kiesel.

**Silicarius,** Pflasterer.

**Silphium,** wohlriechende Pflanze aus Kyrene in Nordafrika, die auch als Arzneimittel diente. Da sie im Altertum in Massen ausgeführt wurde und der Bevölkerung großen Wohlstand brachte, bildete man diese Pflanze bisweilen auf den Münzen von Kyrene ab.

**Sima,** die karniesförmige Rinnleiste über dem schrägen Geison des Tempels, auch die Traufleiste an den Langseiten des Giebels (Abb. 75, 76, 77, 89). Vgl. → Säulenordnung.

**Simandra** (pl.), hölzerne Gongs, wie sie vor Gebrauch von Glocken für den Gottesdienst üblich waren.

**Siphon, Sifon,** Röhre, v. a. Röhrchen zur Entnahme des

Abendmahlsweines aus dem Kelch. → Fistula.

**SIRM,** Abkürzung auf Münzen für *Sirmium* (in Pannonien).

**SIS,** Abkürzung auf Münzen für *Siscia.*

**Situla,** Eimer aus Bronzeblech.

**Skarabäus** (eigtl. Mistkäfer), Bezeichnung für eine Gemme, welche die Form dieses Käfers besaß und mit Vorliebe zum Siegeln benutzt wurde. Ein S. galt auch als Amulett, als Glücksbringer.

**Skulptur,** Plastik.

**Skyphos** → Scyphus.

**Smalte, Smalto, Smaltum,** Schmelz, Email. → Schmelzfarbe.

**SMAN,** Abkürzung für *secunda moneta Antiochena* auf Prägungen der 2. Münzoffizin in Antiochia.

**Smaragd,** hellgrüner Edelstein.

**Soccus,** ein über die Knöchel reichender Lederschuh zum Hineinschlüpfen (Abb. 81).

**Sodalis,** Gewerbegenosse, Freund, Gefährte, Kamerad.

*Abb. 81.* Soccus.

**Sohlbank,** untere Abschlußfläche einer Fensteröffnung, Fensterbank.

**Sol,** Sonne, Sonnengott. Der Kult des S. wird in der frühchristl. Kunst auf Christus als → Helios und S. invictus übertragen. Als männliche Halbfigur mit Strahlenkrone ist S. das Pendant zu → Luna.

**Solarium,** Sonnenuhr, Treppe, Balkon, Altan.

**Solea. 1.** Sandale aus Holz, Fell oder Leinwand mit Riemen, die von beiden Geschlechtern getragen wurde

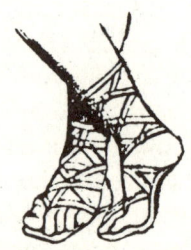

*Abb. 82.* Solea.

(Abb. 82). – **2.** Raum im Kirchenschiff, der unmittelbar vor der Apsis lag und für die Ehrensitze bestimmt war. Dann auch Bezeichnung für Unterchor, der für Sänger und den niederen Klerus gedacht war. – **3.** Erhöhter Gang zwischen Ambon und Presbyterium.

**Solertia,** Kunstgefühl.

**solidare,** bewerfen, verputzen.

**Solidus,** röm. Standardgoldmünze von durchschnittlich 4,55 g Gewicht, von Konstantin I. anstelle des → Aureus eingeführt und bis zum Ende des Byz. Reiches beibehalten.

**Solium,** ursprünglich Bezeichnung für → Sarkophag, dann auch für → Sepulcrum, ferner Schwelle, erhabener Sitz, Thron.

**Soltypus,** Bezeichnung einer Münze, die auf dem Revers einen nackten → Sol mit Strahlenkrone zeigt, der eine Kugel in der Linken hält und die Rechte ausstreckt. Die Umschrift lautet: »*Soli invicto comiti*« (›dem unbesiegten Begleiter Sol‹).

**Solum areae,** Grundfläche eines Baues.

**Sophia,** Weisheit. Wird in der frühchristl. Kunst bisweilen personifiziert dargestellt als die Weisheit Gottes.

**Soteria,** Rettung. Wird in der frühchristl. Kunst bisweilen personifiziert dargestellt.

**SP.,** Abkürzung des Vornamens *Spurius*.

**Spanoklista,** Krone, die nach oben hin geöffnet ist.

**Spatalium,** Armband am Handgelenk. Vgl. → Armillum.

**Species operis,** Planzeichnung, Bauschnitt.

**Spectabilis** → Rangordnung.

**Speculum,** Spiegel, der an der Wand hing oder als Standspiegel gearbeitet sein konnte.

**Speisekelch,** der → Kelch, der in früherer Zeit bei der Kommunion unter beiderlei Gestalt benutzt wurde.

**Spelunca magna,** Bezeichnung für einen → Kryptoporticus mit architektonischer Verzierung in der Praetextatus-Katakombe in Rom.

**Sphragistik,** Siegelkunde.

**Spica testacea,** länglicher Mauerstein, der für die Dielung gebraucht wurde, meistens bei einem ährenförmigen Muster.

**Spiculum,** Stachel, Spitze. Auch Bezeichnung für → Kreuzgewölbe.

**Spielbein,** das bei Ruhestellung des Körpers entlastete Bein im Unterschied zum → Standbein, auf dem die größte Last des Körpers ruht. → Kontrapost.

**Spina,** lange, niedrige Mauer, 2 m hoch, 6 m breit, die quer durch den Zirkus ging, und um die herum die Wettrennen stattfanden.

**Spint(h)er,** schlangenförmiges → Armillum.

**Spira,** rundes, mehrfach profiliertes unterstes Glied einer

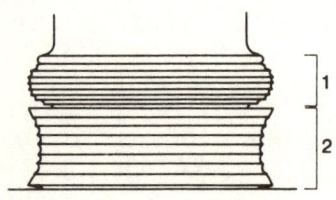

*Abb. 83.* Altionische (samische) Säulenbasis mit 1. Torus und 2. Spira. (Ephesische Basisform → Abb. 76.)

bestimmten Form der ionischen Säulenbasis (Abb. 83). Vgl. → Säulenordnung.

**Spiramentum,** Luftloch, Öffnung.

**Spithame,** Spanne, griech. Längenmaß von 23,16 cm. Vgl. → Längenmaße.

**Spitzkuppel** (Abb. 47) → Kuppel.

**Spoliarium,** Raum im Amphitheater, in dem verwundete Gladiatoren den Todesstoß erhielten und ihrer Waffen und Kleider entledigt wurden, aber auch einfach Umkleideraum.

**Spolie,** aus einem Bauwerk herausgenommenes und für einen Neubau wiederverwendetes Bau- oder Schmuckteil, wie z. B. viele röm. Tempelsäulen in den frühchristl. Basiliken.

**Spongia sacra,** Schwamm, der in der Ostkirche zum Abwischen des Altartisches und des Kelches benutzt wurde.

**Sportula, Sportella,** zunächst kleiner Korb für Fische beim Einkauf von Lebensmitteln, später allgemeine Bezeichnung für Naturprodukte, schließlich auch für Geldgaben.

**S. P. Q. R.,** Abkürzung für *Senatus populusque romanus*.

**squamatus,** mit Schuppen bedeckt.

**Stabkreuz,** anderer Ausdruck für → Tragkreuz.

**Stabmonogramm,** Stab, auf welchem sich das → Monogramm Christi befindet, wobei der Stab selber einen Teil des Monogramms ausmachen kann. Wir finden es in der frühchristl. Kunst bisweilen in der Hand des Petrus.

**Stadium,** röm. Längenmaß von 185 m. Das griech. Längenmaß **Stadion** differierte nach Zeit und Ort. So maß das *olympische St.* 192 m. Weiteste Verbreitung hatte das *attische St.* von 185 m, das die Römer übernahmen. Vgl. → Längenmaße.

**Stagnum** → Stannum.

**Stalagmium,** Ohrgehänge.

**Stamen,** Grundfaden beim Webstuhl, auch Faden in der Spindel.

**Stamnos,** großes, bauchiges

Vorratsgefäß mit zwei waagerechten Henkeln (Abb. 97).

**Standbein,** bei Skulpturen das Bein, das im Unterschied zum → Spielbein die Hauptlast des Körpers trägt. → Kontrapost.

**Standring,** runder Fuß eines Gefäßes.

**Stannum, Stagnum,** Werkblei, Mischung aus Silber und Blei.

**Stantarium,** Standleuchter.

**Stanze,** Stempel aus Stahl oder Bronze zum Einpressen oder Einschlagen von Verzierungen in Blech, Leder, Pappe usw.

**Stater,** griech. Gold-, Silberoder Elektronmünze (als Goldmünze ca. 8,6 g). Seit Philipp II. oder Alexander d. Gr. Grundlage der Währung im griech. Osten. Vorbild des → Aureus und → Solidus.

**Statio. 1.** Werkstatt des Schreibers. – **2.** Versammlung. – **3.** Aufstellung eines Prozessionszuges zum Einzug in die Kirche.

**Stationstage,** Fastentage für die Christen. Genannt nach lat. *statio* ›Standort, Wache‹.

**Statuette,** Statue, die nicht die natürliche Größe erreicht.

**Statumen,** Unterlage, Stütze, Steinunterlage einer Betonmasse, eines Mosaiks.

**Staurophoros,** Kreuzträger, der mit dem Kreuz in der Hand einer Prozession vorangeht.

**Staurothek,** Reliquiar, oft in Kreuzform, das angeblich ein Teilchen des Kreuzes Christi enthält.

**Steatit,** Gesteinsart (Talk, Speckstein), die zur Herstellung von Siegeln benutzt wurde.

**Stele,** freistehender Pfeiler oder Grabstein, rund oder ekkig, meistens ein Monolith, der mit Verzierungen und Inschriften versehen sein kann.

**Stelzbogen,** Bogen, der gleichsam auf Stelzen ruht, also hochgezogen ist.

**Stemma,** Girlande, die mit Goldbändern verziert ist.

**Stereobat,** der Unterbau des antiken Tempels. Nur seine oberste Quaderschicht, die → Euthynterie, ragt etwa zur Hälfte aus dem Boden.

**Stereotomicus,** Steinschnittarbeiter.

**Sternkranzsarkophage,** Sarkophage, v. a. in Südgallien, auf denen Sterne und Kränze in großer Zahl die Vorderansicht, besonders aber die Zwickel zwischen den einzelnen Figuren schmücken.

**Sticharion,** Gewand in der Ostkirche, ähnlich der Alba, eine Ärmeltunika, die bis zu den Füßen reicht und am Gewandsaum bestickt ist. Die Ärmel verengen sich zur Hand hin. Sie sind deshalb unten aufgeschlitzt und mit einem Bändchen zusammengehalten. (Abb. 74.) Der Name ist von griech. στίχοι (= lat. *clavi*), Purpurstreifen, herzuleiten, mit denen die Tunika geschmückt war. Die Farbe ist weiß. Chrysostomus (um 400) nannte das S. χιτωνίσκος. Alle Kleriker trugen es. Bischöfe waren dadurch ausgezeichnet, daß ihr Gewand mit roten und weißen Strahlen geschmückt war. Diese wurden – im Hinblick auf das Wort Christi, Joh. 7,38 – ποταμοί genannt.

**Stichbogen,** Flachbogen, flacher Rundbogen.

**Stichkappe,** eine Wölbung,

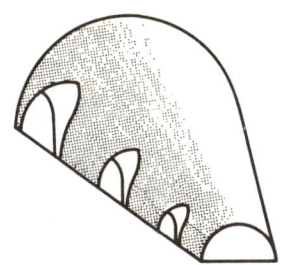

*Abb. 84.* Stichkappen in Tonnengewölbe.

die quer in ein Rundgewölbe einschneidet (Abb. 84).

**Stigma. 1.** Markierung auf der Stirn des Verurteilten. – **2.** Wundmal.

**Stilus. 1.** Griffel, Schreibgriffel, v. a. Metallgriffel, der an einer Seite abgeflacht war, um das Geschriebene auslöschen zu können. – **2.** Der vom Fuß aufstrebende Stil des Abendmahlskelches (Calix); → Kelch.

**Stimulus,** Stachel am → Bischofsstab.

**Stipes** (m.), Unterbau des Altars, der die Altarplatte (→ Mensa) trägt.

**Stipesgrab** → Altargrab.

**Stirn,** Vorderseite.

**Stirnwand,** anderer Ausdruck für → Schildfläche, dann aber auch abschließende Seitenwand, etwa eines Chorgestühls.

**Stirnziegel,** aufrecht stehender Ziegel, meistens an den Ecken der Giebel antiker Gebäude, oft mit Palmetten verziert. → Antefix.

**Stoa** (griech., ›Halle‹), Säulenhalle mit geschlossener Rückwand.

**Stola. 1.** Ungegürtete röm. Frauentunika als Oberkleid, oft mit langen Ärmeln. – **2.** Kaiserliches, dann liturgi-

*Abb. 85.* Stola.

sches Gewandstück, bis ins 8. Jh. in Rom von Klerikern aller Weihegrade getragen. Es ist ein 2,5 m langer und 8–10 cm breiter Stoffstreifen von der Farbe des Meßgewandes. Die S. wird um den Hals gelegt. Die Enden reichen vorn bis zu den Knien hinab. (Abb. 19, 85.)

**Stola transversa,** Stola des Diakons in frühmittelalterlicher Zeit. Sie wird deshalb so genannt, weil der Diakon im Unterschied zum Priester die S. t. schärpenförmig trug.

**Stoßfuge,** die senkrechte Mörtelfuge zwischen den Steinen derselben Schicht.

**Stragula,** Decke, Bettuch, Fußbodenteppich.

**Stratum,** Polster, Matratze.

**Stria** (it.), Streifen zwischen den Kanneluren einer Säule, bisweilen auch Bezeichnung für die Kanneluren selbst.

**Striatura** (lat., ›Streifenform‹) → Kannelur.

**Strickbandmuster,** Bandornament in Form von gewundenen Stricken.

**Strictoria** = → Tunica interior.

**Strigilis,** Schabeisen, mit dem z. B. der Athlet nach dem Wettkampf sich das Öl vom Körper abstreifte.

**Strongyla,** Brustbild.

**Strophium,** Streifen, Schlaufe, zum Durchziehen des Gürtels auf Gewänder aufgenäht, auch gedrehter Strick, Seil, Tau.

**Structor,** Bauunternehmer, auch Maurer.

**Structura,** Mauer- und Steinverband.

**Stucco-lustro-Manier** (it.), das Auftragen von Malerei auf frischen Stuck mit Kalkfarben, wobei Malerei und Schicht in einem Arbeitsgang mit heißer Mauerkelle geglättet werden, wahrscheinlich auch eine Maltechnik in den Katakomben.

**Stuck,** Masse aus Gips, Kalk und Sand. Sie ist nach dem Anrühren weich und leicht zu behandeln, erhärtet dann aber rasch. Schon im Altertum für Plastiken, Ornamentstreifen und Deckenverzierungen verwendet.

**Stukkatur,** eine in Stuck ausgeführte plastische Arbeit. Vgl. → Opus coronarium.

**Sturz** → Fenstersturz, → Türsturz.

**Stützenwechsel,** die rhythmische Aufeinanderfolge von Pfeilern und Säulen (jambisch) oder von je einem Pfeiler und zwei Säulen (daktylisch).

**Stützmauer** vgl. → Futtermauer.

**Stylit,** Säulenheiliger. Der Name wird auf das Stehen des Heiligen auf der Säule zurückgeführt.

**Stylobat** (griech. στύλος ›Säule‹, βατός ›zugänglich‹), oberste Stufe des → Krepidoma. Auf dem S. ruhen unmittelbar die Säulen des Tempels. (Abb. 75.)

**Stylus** → Stilus.

**Suastica, Svastica,** Hakenkreuz. → Crux gammata (Abb. 21).

**Subaedianus,** Kunsttischler.

**Subdiakon,** unterste Stufe der höheren Kleriker.

**sub divo** oder **subdivalisch,** oberirdisch, unter freiem Himmel. So spricht man von einem Friedhof s. d.

**Subgrunda, Suggrundatio,** Dachrinne, Traufe.

**sublaqueatus,** mit Decken versehen.

**sublicius,** auf Pfählen gebaut.

**Subligaculum,** schmales Lendentuch.

**Subsellia** (n. pl.), **Subsellien. 1.** Priestersitze, die sich bogenförmig um die Kathedra des Bischofs herumzogen. – **2.** Bewegliche Fußbänke. Bei den Römern fanden sie v. a. in den Speisezimmern Verwendung. – **3.** Tribüne.

**subsericus,** halbseiden.

**Substratorium,** Fußbodenteppich.

**Substruktion,** Unterbau, entweder massive Stütz- oder Grundmauern.

**Subtemen,** Gewebe.

**Subucula,** Unterkleid, gegürtet, = → Tunica interior.

**suburbikarisch, suburbanus,** wörtlich: dicht bei der Stadt, in ihrem Weichbild befindlich. So spricht man von suburbikarischen Coemeterien und versteht darunter die Friedhöfe, die bis zu einer Entfernung von 30 Meilen rings um Rom herum liegen. Die Kardinalbistümer in der Nähe von Rom tragen noch heute den Namen suburbikarische Bistümer.

**Succinctorium,** Gürtel.

**Succinum, Sucinum,** Bernstein. → Elektrum.

**Sudarium,** Taschentuch der Priester.

**Sudatio, Sudatorium,** Raum für das Warmluftbad in den → Thermen (Abb. 90).

**Suffitus sacer,** Räucherung mit Weihrauch.

**Suggestus,** jede aufgerichtete Erhöhung, Rednertribüne.

**Suggrunda,** überhängendes Wetterdach. Solche Dächer umgaben die röm. → Cavaedia. Unter ihnen wurden Kinder, die starben, bevor sie den ersten Zahn bekamen, beigesetzt.

**Suggrundatio** → Subgrunda.

**Superaltare,** Altarplatte.

**Supercilium,** überragender Rand, obere Endigung des →

Trochilus, Türsturz, aber auch Augenbraue.

**Superhumerale** → Amikt.

**Superpellicium,** Chorhemd.

**Superstitio,** bei den Römern die Bezeichnung für das Abweichen vom offiziell erlaubten Gottesdienst.

**Supparus** = → Alba.

**Suppedaneum. 1.** Breite Fußbank, Fußgestell, auf dem z. B. ein Sessel stehen kann. – **2.** Fußstütze des Kruzifixus. – **3.** Breite Stufe.

**Suppositorium. 1.** Präsentierteller. – **2.** Fußschemel, → Subsellia (2).

**Suspensio. 1.** Gefäß, das vom Ciborium über dem Altar herabhing und in dem man die Hostien aufbewahrte. – **2.** Schwibbogen, Gewölbe.

**Suspensura,** Aufmauerung auf einem Schwibbogen; auch schwebender Fußboden, um Heizung darunter zu ermöglichen.

**Svastica, Suastica,** Hakenkreuz. → Crux gammata (Abb. 21).

**Syllogie, Syllogium,** die

Kunst, richtige Schlußfolgerungen zu ziehen.

**Synagoge,** gottesdienstlicher Versammlungsraum der jüd. Gemeinde.

**Synaxar,** Verzeichnis der alljährlichen Gedenk- und Feiertage einer Kirche.

**Synaxis** (griech., ›Zusammenführung‹), bezeichnet in der Ostkirche: 1. den Versammlungsraum der Gläubigen; 2. auch einfach den liturgischen Gottesdienst; 3. die heilige Eucharistie.

**Synkretismus,** eine Verbindung verschiedener Religionsformen, v. a. im Zeitalter des Hellenismus und der Kaiserzeit. Im wesentlichen sind dabei hellenistische und orientalische Elemente miteinander verschmolzen. Derselbe Prozeß ist in der Kunst feststellbar.

**Synthronon,** der Apsisrundung einer Kirche angepaßte Sitzbänke, oft in Reihen übereinander, für den Klerus. Der Thron des Bischofs in der Mitte ist herausgehoben.

**Syrinx,** griech. Hirtenflöte, nach einer Nymphe benannt, besteht aus sieben nebeneinanderliegenden Röhrchen.

# T

**T,** Abkürzung auf Münzen für *Tarraco* (Tarragona).

**T.,** Abkürzung des Vornamens *Titus*.

**Tabella,** Tafel, insbesondere Marmorplatte an einem Grabmal, welche die Inschrift des Verstorbenen trägt, dann auch mit Wachs überzogenes Schreibtäfelchen.

**Tabellae** → Diptychon.

**Tabellarius,** Briefbote, Sklave, welcher für seine Herren die Briefe vermittelte (der Ausdruck findet sich auf christl. Inschriften).

**Tabernakel** (lat. *tabernaculum* ›Hütte, Zelt‹), zunächst ein auf vier Säulen ruhendes Dach über dem Altar (→ Ciborium, → Baldachin); später auch Bezeichnung für einen Aufbau, ein Sakramentshäuschen, in dem sich die geweihte Hostie befindet.

**Tabernarius,** Inhaber eines Kaufladens (die Bezeichnung findet sich auf christl. Inschriften).

**Tablai,** Holztäfelchen, die zur Identifizierung der Mumien dienten und mit diesen verbunden waren, ägypt. Ursprungs.

**Tablinum,** der an das Atrium anstoßende Haupt- und Prachtraum, Bilder- und Ahnensaal des röm. Hauses zur Einnahme des Mahles. Wände und Fußböden waren getäfelt (daher der Name). Er war zum Atrium geöffnet. Seit dem 2. Jh. n. Chr. war er nur noch Durchgangsraum vom vorderen zum hinteren Teil des Hauses, bis er später ganz fortfiel.

**Tablion,** am byz. Hofgewand in Brusthöhe angenähte Stoffstreifen, die man zur Übergabe besonderer Geräte an den Kaiser benutzte, um sie nicht mit den bloßen Händen zu entweihen.

**Tablita,** syr. Bezeichnung für geheiligte Holzplatte. Sie wurde anstelle der sonst üblichen Altarreliquie in eine Vertiefung des Altars gelegt und war mit Symbolen und Inschriften bedeckt.

**Tabot** heißt in der abessinischen Kirche eine etwa 50 bis 60 cm hohe geheiligte Tafel.

**Tabula. 1.** Altarplatte. – **2.** → Antependium. – **3.** Großer, rechteckiger Einsatz, der gleichzeitig Schmuckstück war, bei → Chlamys und → Paludamentum. Mit ihm wurden höhere Würdenträger ausgezeichnet (Abb. 62). – **4.** Gewandfalte. Der gefaltete Streifen, der bei der Toga über die Brust des Mannes führt. – **5.** Deckel über einem Sarg, Verschlußplatte bei einer Begräbnisstätte. – **6.** Mit Wachs überzogenes Täfelchen zum Schreiben.

*Abb. 86.* Tabula ansata.

**Tabula ansata,** Inschriftentafel, die nach beiden Seiten Ausladungen (Henkel) hat (Abb. 86).

**Tabula cerata** → Cerea.

**Tabula clericorum,** amtliches Verzeichnis von Geistlichen.

**Tabula defixionum,** Tafel, auf

der Fluchformeln zusammengetragen sind.

**Tabula lignea** → Lacunaria.

**Tabula lusoria,** Spielbrett, ähnlich dem Schachbrett.

**Tabula nuptialis,** Tafel, auf der der Ehekontrakt vermerkt ist. Bei den Darstellungen auf frühchristl. Goldgläsern und Sarkophagen tragen die Ehepartner bisweilen statt der Täfelchen Volumina (→ Volumen), die den Kontrakt enthalten.

**Tabularium,** Archiv.

**Tabularius,** Rechnungsführer, Archivar.

**Tabulatum,** getäfelter Gegenstand.

**Taenia. 1.** Binde, Band. Man findet sie etwa als Schmuckband in einem Kranz aus Ölbaumzweigen. Dann bezeichnet sie aber auch das Band zum Umschnüren des Leichnams. – **2.** Auch Streifenornamente werden so genannt. – **3.** Am Tempelbau ist die T. eine durchlaufende Leiste an der Oberkante des Architravs (Abb. 75, 89; vgl. Dorische → Säulenordnung).

**Tafelbild,** ein Gemälde auf Holz oder Leinwand. Im Unterschied zum Wandgemälde ist es transportabel.

**Täfeldecke** → Lacunaria.

**Tafelgrab** → Sepulcrum a mensa.

**Talantos** → Talent.

**Talartunika** → Tunika, → Alba.

**Talea,** kleiner Balken.

**Talent, Talantos, Talentum** (griech. *τάλαντον*, zunächst ›Waage‹, dann auch ›das Gewogene‹), griech. Gewichtseinheit. 26,196 kg maß das *attische T.*, 37,2 kg das *äginetische T.* Vgl. → Gewichtseinheiten.

**Tambour** (frz.), zylindrischer oder polygonaler Unterbau einer Kuppel (Abb. 47).

**Tapes,** Teppich, Tapete.

**Tasconium,** weiße Tonerde.

**Taufbrunnen.** Konnte in der frühchristl. Kunst aus Stein oder Metall verfertigt sein. In späterer Zeit unterschied man Ständer (Fuß) und Becken (Kessel).

**Taufkirche** → Baptisterium.

**Taukreuz** → Crux Antoniana (Abb. 21).

**Tauschierung** (von arab. *tauschija* ›Färbung‹), eine schon im Altertum geübte Kunst, die darin bestand, daß man Gefäße aus unedlem Metall durch Einlegen von Fäden aus Gold oder Silber verzierte.

**Tector,** Verputz- und Stuckarbeiter.

**Tectorium,** Stuckuntergrund.

**Tectum proclinatum,** schiefe Dachfläche, Dachvorsprung.

**Tectura,** Zementierung.

**Tecuarium,** Decke, Altarüberbau.

**Tegillum,** Kapuze (→ Caracalla minor), kleine Decke, Hülle.

**Tegimen, Tegumen,** Altarüberbau.

**Teglatae** → Tegulatae.

**Tegula,** gebrannter Plattziegel, → Dachziegel (Abb. 22). (Vgl. → Hohlziegel.)

**Tegularius,** Dacharbeiter, Dachziegelhersteller.

**Tegulatae, Teglatae,** kleine Ziegeldächer, Schutzdächer, die bisweilen an den Außen-

mauern der Basiliken angebracht waren, um die dar-
unterliegenden Gräber zu
schützen.

**Tegumen** → Tegimen.

**Tegurium,** Dach über einem
Sarkophag, das auf vier Säulen mit Architraven ruhte.
Später nur im Sinne von → Ciborium gebraucht.

**Teichgrab,** eine teichartige
Vertiefung im Boden einer
Grabkammer, v. a. in Palä-
stina.

**Tela,** Leinwand.

**Telae pendulae,** aufrecht stehender Webstuhl bei den Römern, an dem auch stehend
gearbeitet wurde.

**Telamon,** männlicher Ge-
bälkträger anstelle einer Säule. Er entspricht der weiblichen → Karyatide. Der Name
wird auf Telamon, den Sohn
des Atlas, zurückgeführt. Vgl.
→ Atlant.

**Temenos** (griech., ›abgegrenzt‹), heiliger Bezirk.
Urspr. eine Bezeichnung für
eine griech. Tempelanlage innerhalb einer Umzäunung.
Dementsprechend in christl.
Zeit der große, mit Hallen ge-
säumte Platz um die Basilika.
Gelegentlich auch Bezeichnung für die christl. Kirche
selbst.

**Tempel, Templum.** Der T. der
Antike, über rechteckigem
oder rundem Grundriß (Abb.
88), ist das Haus des Kultbil-
des einer Gottheit, das in einem unzugänglichen Raum
(→ Adyton) des → Naos
stand. Die Bautypen des T.s
werden in der archäologischen
Fachsprache nach ihrer Form
bezeichnet (Abb. 87), die hi-
storische Entwicklung nach

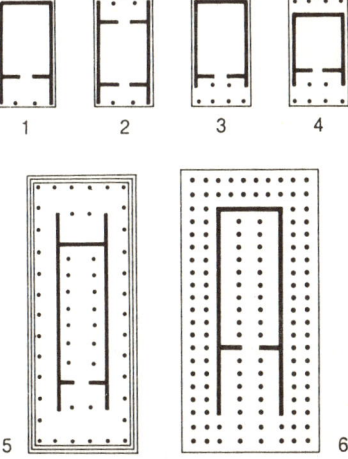

*Abb. 87.* Tempelformen. 1. Antentempel, Templum in antis. 2.
Doppelantentempel. 3. Prostylos.
4. Amphiprostylos. 5. Peripteros.
6. Dipteros.

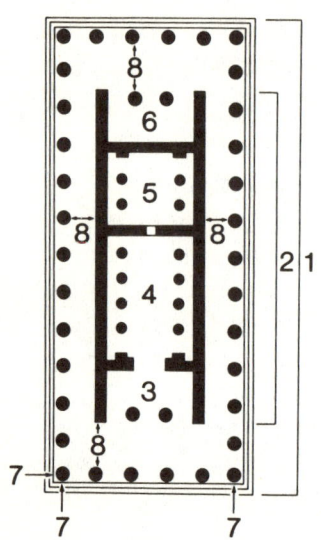

*Abb. 88.* Tempel. Grundriß. 1. Krepis. 2. Naos. 3. Pronaos. 4. Cella. 5. Adyton. 6. Opisthodom. 7. Peristase. 8. Pteron.

Stilen (vgl. → Säulenordnung). – Auch das christl. Gotteshaus wird seit dem 4. Jh. gelegentlich T. genannt.

**Templon,** Schranke zwischen Altarraum und Kirchenschiff, bestehend aus Säulen mit Gebälk und Fußschranken. Vorform der → Ikonostasis.

**Templum** → Tempel.

**Templum in antis** → Antentempel.

*Abb. 89.* Tempeldach. 1. Sima. 2. Akroter. 3. Wasserspeier. 4. Antefix. 5. Geison. 6. Mutulus mit Guttae. 7. Via. 8. Triglyphe. 9. Metope. 10. Taenia. 11. Regula mit Guttae. 12. Architrav.

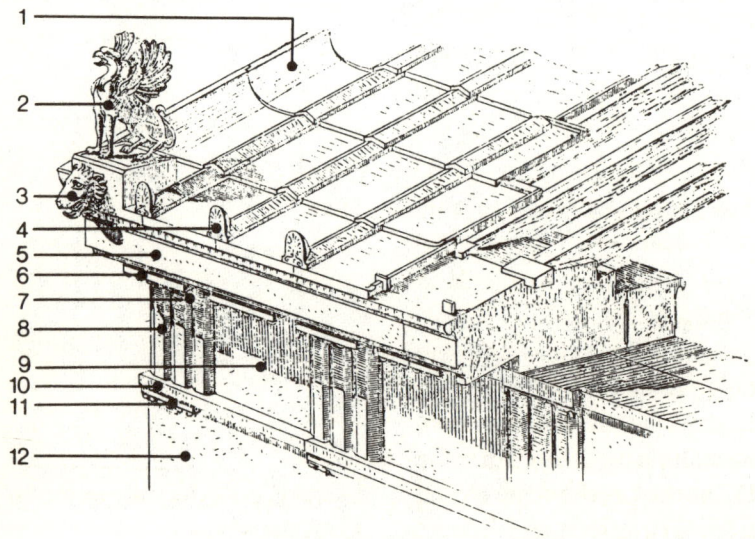

**Tentorium,** Zelt.

**Tephillin** (hebr., ›Gebetsriemen‹), müssen nach jüd. Vorschrift von den Männern beim Morgengebet an Wochentagen um den linken Arm und um die Stirn getragen werden. Sie enthalten in Kapseln folgende vier Thorastellen: 2. Mose 13,1–10; 11–16; 5. Mose 6,4–9; 13–21.

**Tepidarium** (lat. *tepidus* ›lau, kühl‹), mäßig warmer Abkühlraum zwischen Warm- und Kaltwasserräumen der → Thermen (Abb. 90).

**Terrakotta** (it., ›gebrannte Erde‹), unglasierter gebrannter Ton. Er wird für Bauplastik und Gefäße verwendet und gehört zu den ältesten künstlerischen Werkstoffen der Menschen.

**Terra sigillata** (lat., ›gestempelte Keramik‹), rote, glänzend gebrannte Keramik als Tafelgeschirr, oft mit Reliefs verziert, die in eigenen Modeln geformt und vor dem Brand appliziert wurden, wenn man nicht das ganze Gefäß in entsprechend ausgestalteten Formschüsseln bildete.

Berühmt war die T. s. aus Arretium (Arezzo).

**TES,** Abkürzung auf Münzen für *Thessalonica* (Saloniki).

**Tessela, Tessera, Tesserula.** **1.** Kleiner Würfel aus Stein, Glas oder anderem Material, der zu Mosaikarbeiten benutzt wurde. – **2.** Ein ebenso geformtes Elfenbeinstückchen. – **3.** Bezeichnung für ein Täfelchen, das man sich als Symbol der Freundschaft überreichte. – **4.** Viereckiger Lappen, der auf dem Leib getragen wurde, um den Magen zu erwärmen.

**Tesselarius,** Fußbodenmosaizist.

**Tesselator, Tessellator,** Mosaikarbeiter.

**Tessera, Tesserula** → Tessela.

**Testa,** gebrannter Ziegelstein.

**testaceus,** aus gebranntem Ziegel.

**Testudo,** schildkrötenförmige Bedachung, Gewölbe.

**Tetrachorum,** Kultgebäude mit vier Apsiden an den vier Seiten eines quadratischen Grundrisses.

**Tetraevangelium,** eine Evangelienharmonie aus den vier Evangelien.

**Tetramorph,** ein Wesen, das vier Köpfe (von Mensch, Adler, Löwe und Stier) und vier mit Augen bedeckte Flügel besitzt. In der frühchristl.-mittelalterlichen Kunst gehören meistens noch zwei Räder, die sich gegenseitig durchschneiden, zur Darstellung. Zugrunde liegen Ez. 1,5–25 und Offb. Joh. 4,6–8. Der T. kommt zunächst in der syr. und byz. Kunst vor, so schon im → Rabbula-Codex. Daher die Symbole der Evangelisten (nach Hieronymus): Engel (geflügelter Mensch) = Matthäus, Löwe = Markus, Lukas = Stier, Adler = Johannes.

**Tetrans,** $^{1}/_{4}$ des Halbkreises.

**Tetrapodium,** zunächst Bezeichnung für jeden Tisch. In der griech. Kirche ist der Vorbereitungstisch für das Abendmahl damit gemeint, auf dem Brot und Wein ihren Platz fanden.

**Tetrarch,** seit Diokletian (284 bis 305) einer der 4 röm. Kaiser (2 Augusti und 2 Caesares), die zusammen die Reichsgewalt ausübten.

**tetrastylos,** viersäulig.

**Tetravela** (griech.-lat. Mischwort), Bezeichnung für vier Vorhänge, die zwischen den vier Säulen des Ciboriums angebracht waren.

**Textrina plumariorum,** Weberei.

**Thaumaturg,** Gaukler, aber auch Wundertäter, daher Beiname vieler Heiliger.

**Theca,** Reliquienkästchen.

**Theca calamaria,** Lederetui für Rohrfedern.

**Theca persica,** Emailkästchen zur Aufbewahrung, etwa von Evangelientexten.

**Thema,** Bezeichnung für die größte Verwaltungsbezirkseinheit im Byz. Reich. Jedem T. stand ein *Themenstratege* vor.

**theomorph,** gottgestaltig, wenn Wesen, die nicht göttlich sind, göttlich gebildet sind oder wenn von ihnen wie von Gott geredet wird.

**Theophanie,** Erscheinung Gottes vor den Menschen in überirdischer Herrlichkeit.

**Theotokos,** Gottesmutter. Frühchristl. und byz. Kunst haben verschiedene feste Darstellungsformen und Beinamen für Maria entwickelt. Vgl. → Blacherniotissa, → Eleusa, → Galaktotrophusa, → Glykophilusa, → Hodegetria, → Kyriotissa, → Nikopoia, → Platytera.

**Thermen,** öffentliche Hallenbadeeinrichtungen der Römer (Abb. 90).

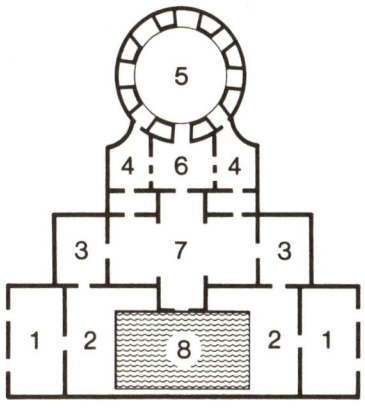

*Abb. 90.* System einer römischen Thermenanlage. 1. Apodyterium (Aus- und Ankleideraum). 2. Palästra (Sporthalle). 3. Sudatio (Warmluftraum). 4. Laconicum (Schwitzbaderaum). 5. Caldarium (Warmwasserbad). 6. Tepidarium (Abkühlraum). 7. Frigidarium (Kaltwasserbad). 8. Natatio (Freibadebecken).

**ΘΕΣ,** Abkürzung auf Münzen für *Thessalonica* (Saloniki).

**Thesaurarium,** Schatzkammer der Kirche im → Diakonikon.

**Thesaurarius,** Schatzbewahrer der reichen Kirchen.

**Tholos,** Kuppel, die als Dach für ein rundes Gebäude diente, dann Rundbau mit Säulenumgang.

**Thora** (hebr., ›heilige Lehre‹), das alttestamentliche Gesetz, v. a. die fünf Bücher Mose.

**Thronus** = → Kathedra.

**Thurarius, Turarius,** Weihrauchhändler.

**Thuribulum, Thuricremium** → Rauchfaß.

**Thurificatio, Turificatio,** Räucherung, Weihrauchopfer.

**Thus,** Weihrauch.

**Thymiaterion** → Rauchfaß.

**ΘΥΠΟΛ,** Abkürzung auf Münzen für Antiochia nach der Neugründung der Stadt als *Theupolis* unter Justinian, Mitte des 6. Jh.

**Thyroma,** Tür.

**Thyron,** Haupttür der Basilika.

**Thyrsusstab,** wird von den Anhängern des Gottes Bacchus getragen. Er ist leicht, mit Efeu und Weinlaub umrankt und endet oben in einem → Pinienzapfen. In den Katakomben von Neapel befindet sich die Darstellung eines Ziegenbocks mit einem T.

**Thysiasterium,** ursprünglich Bezeichnung für einen Altar, besonders einen Opferaltar. Später wurde der Ausdruck für den christl. Altarraum gebraucht, beginnend bei den → Cancelli.

**TI.,** Abkürzung des Vornamens *Tiberius*.

**Tiara,** ursprünglich orientalische Kopfbedeckung in Gestalt eines mit einem Goldreif umgebenen Turbans. Später Bezeichnung für die nicht während des Gottesdienstes getragene Papstkrone.

**TIB.,** Abkürzung des Vornamens *Tiberius*.

**Tibia,** Pfeife, Flöte.

**Tibialia** (n. pl.), eine Art Strumpf aus Stoff, der das Schienbein schützen sollte, ähnlich der → Fascia.

**Tibicen,** Flötenbläser.

**Tibraca** → Tubrucus.

**Tignum,** Balken, v. a. Querbalken, der durch die Mauer läuft.

**Tintinnabulum,    Tintinna,** Glocke, Glöckchen im Refectorium bzw. Dormitorium eines Klosters.

**Titelkirche.** Schon im 3. Jh. nachweisbar und seit dem 4. Jh. als Bezeichnung gebräuchlich für die innerhalb der Stadtmauern Roms gelegenen (Pfarr-)Kirchen. Da die Einrichtung gottesdienstlicher Räume sehr oft in Privathäusern stattfand, trugen solche »Kirchen« den Namen (= Titel) des Besitzers. Die an den T. hauptamtlich angestellten Priester waren die Cardinales, aus denen dann Amt und Würde der Kardinäle hervorgegangen sind, und bis in die Gegenwart ist jeder Kardinal zugleich Inhaber einer T. Die heute im ganzen röm. Stadtgebiet zu findenden T. sind als solche an den Wappenschilden des regierenden Papstes

und des Titelinhabers er-
kennbar.

**Titulus. 1.** Epitaph. – **2.** Eine
oft in Verse gesetzte Inschrift
bei Bilddarstellungen.

**Tofus,** Tuffstein. → Tuff.

**Toga,** weißes, wollenes Obergewand des Römers. Es be-
stand in der Kaiserzeit aus einem Tuch, das etwa 6 m lang
und 1,5 m breit war. Bevor
man es um den Körper legte,
wurde es der Länge nach gefal-
tet. Man warf das gefaltete
Tuch über die linke Schulter,
so daß ein Drittel nach vorn
herabhing. Die übrigen zwei
Drittel wurden hinter dem
Rücken unter dem rechten
Arm herumgeführt und endeten gewöhnlich wieder auf der
linken Schulter, die somit Anfang und Ende des Gewandes
trug. Variationen waren möglich. So konnte die T. u. a.
auch doppelt um den Körper
herumdrapiert werden.

**Toga contabulata,** Gewand
wie die Toga, nur daß es über
der Brust zum kunstvoll breiten Streifen (→ Tabula) gefal-
tet wurde.

**Toga picta,** Toga aus Purpur-
seide mit Goldstickereien.

**Toga praetexta,** Toga mit breitem Purpurrand, getragen von
Magistratspersonen (Abb.
91).

*Abb. 91.* Toga praetexta.

**Togatus,** der mit der Toga (als
Zeichen der röm. Bürgerwür-
de) Bekleidete.

**Tomentum,** Polsterung.

**Tonnengewölbe** → Gewölbe.

**Tonsur, Tonsura,** auch **Corona clericalis,** Haarausschnitt.
Vor Christi Geburt schon im
Orient bekannt. Im 4. Jh. wurde sie zunächst von den Mönchen im Orient übernommen;
seit dem 6. Jh. fand sie auch im
Abendland bei den Klerikern
Eingang.

**Tophus,** Tuffstein. → Tuff.

**Topia** (n. pl.), dekoratives Landschaftsstück.

**Topographie,** Ortsbeschreibung, Festlegung der Örtlichkeit.

**Topos** → Locus.

**Tora** → Thora.

**Toreutik,** die Kunst, Metalle zu bearbeiten und zu zieren.

**tornare,** drechseln.

**Tornus,** spitzes Werkzeug zum Eingravieren.

**Torques,** Halsband aus Gold, Silber oder Bronze, gewunden wie ein Seil.

**Tortula,** Terrakottamedaillon.

**Torus. 1.** Matratze. – **2.** Wulst an antiken Säulenbasen (Abb. 76, 77, 83). Vgl. → Säulenordnung.

**Toskanische (Tuskische) Ordnung** (Abb. 78) → Säulenordnung.

**TR,** Abkürzung auf Münzen für *Treveris* (Trier).

**Trabea,** weißer Mantel mit waagerechten roten Streifen, von Königen getragen.

**Trabes liminares** (f. pl.), Querbalken.

**Trabs,** Balken, auch Triumphkreuz. Trabes ist gelegentlich die Bezeichnung für → Cancelli.

**Trachyt,** Eruptivgestein, rötlich oder hellgrau.

**Tractatio manus,** Handarbeit.

**Traditio clavium,** Schlüsselübergabe.

**Traditio legis,** Übergabe des Gesetzes (→ Lex christiana) durch Christus an Petrus (und Paulus) als Verkündigungsauftrag, eines der herausragenden Bildthemen der frühchristl. Kunst.

**Tragaltar** → Altare portatile.

**Tragkreuz,** auch **Stabkreuz,** wird im Unterschied zu dem fest auf dem Altar stehenden Kreuz bei Prozessionen usw. getragen.

**Tragstein** → Konsole.

**Trama,** Gewebekette.

**tramosericus,** halbseiden.

**Transenna,** durchbrochene Marmorplatte. Oft waren die → Cancelli aus ihnen zusammengesetzt; sie dienten aber auch als Fenster. Ebenso wurden sie als Abschluß einer Märtyrergruft benutzt; sie ermöglichten einen Durchblick in das Märtyrergrab.

**Transept, Transeptum,** Querhaus einer → Basilika. Dieses wurde im 5. Jh., vielleicht schon im 4. Jh., durch die vermehrte Zahl der Kleriker notwendig.

**Transfiguration,** Verklärung Christi (Mt. 17).

**Translation,** die Überführung von Märtyrerleibern an einen neuen Ort, oft eine Schutzmaßnahme.

**transparent,** durchscheinend.

**Transtrum,** Querbalken, Spannriegel, bei Holzkonstruktionen des Daches.

**Transversaria** (n. pl.), Querbalken, Querriegel.

**transvolvere,** wölben.

**Trapeza,** Speisesaal im frühchristl. Kloster. → Refectorium.

**Trapezkapitell,** Kapitell mit Seitenflächen in Trapezform, besonders beliebt in der byz. Bauweise (Abb. 40).

**Travée** (frz.), Gewölbe-, Raumabschnitt in einer Folge. → Joch.

**Travertin,** ein weißgelblicher Kalktuff. War als Baustoff beliebt.

**TRE,** Abkürzung auf Münzen für *Treveris* (Trier).

**Treibarbeit** → getriebene Arbeit.

**triangulus,** dreieckig.

**Tribelon, Trivelium,** Durchgang oder Fenster in Form von 3 Bogenstellungen, häufig als Verbindung von Kirchenschiff und Narthex.

**Tribuces, Tribucus** → Tubrucus.

**Tribuna,** urspr. der apsisartige Raum in der forensischen Basilika, wo der Richter seinen Platz hatte. In der frühchristl. Kunst eine der vielen Bezeichnungen für → Apsis. Später wurde bisweilen auch der → Triumphbogen so genannt.

**Tribunal,** Bezeichnung für → Ambo, → Bema (die Gleichsetzung mit Bema ist daher zu erklären, daß der Sitz des Tribunus Bema genannt wurde).

**Trichora** → Cella (4).

**Trichterkapitell** → Faltkapitell in der byz. Kunst.

**Triclinium,** ursprünglich Bezeichnung für drei Lagerstätten, die in einem rechten Winkel hufeisenförmig aufgestellt waren. Sie umgaben den Tisch in der Mitte, und man nahm von hier aus die Speisen zu sich. Durch die offene Seite wurden die Speisen herbeigetragen. Später wurde bei den Römern auch das Speisezimmer so genannt.

**Triens. 1.** Röm. Münze = $^1/_3$ As. Vgl. → Münzen. – **2.** $^1/_3$ röm. Fuß. Vgl. → Längenmaße.

**Trifolium,** Kleeblatt, kam u. a. als Interpunktionszeichen auf Inschriften zur Anwendung.

**Triglyphe,** dreiteilige Zierplatte im **Triglyphon,** dem Fries des dorischen Tempels (Abb. 75, 89). Vgl. → Säulenordnung.

**Trikonchos,** Gebäude, das aus drei kleeblattförmig um einen Mittelraum gruppierten → Konchen besteht (Abb. 92).

**Trinität,** göttliche Dreieinigkeit.

**Tripeccia,** dreibeiniger Stuhl.

**triplinthius,** drei Ziegel dick.

**Triptychon,** erweitertes →

Diptychon. Ferner Bezeichnung für eine dreigeteilte Ikone, die aus einem Mittelstück und zwei Flügeln besteht.

**Tripus,** Dreifuß.

**Trishagion** (griech., ›dreimal heilig‹), bezeichnet das »Heilig, heilig, heilig ist der Herr Zebaoth« (Jes. 6,3) in der Liturgie.

**Trisomus,** erweiterter → Bisomus.

**Tristega** (n. pl.), drittes Geschoß, auch Glockenstuhl.

**Triton,** antikes Meerfabelwesen mit Fischleib, Pferdefüßen und einem Horn in der Hand.

**Triumphbogen,** in der christl. Basilika ein weit gespannter Bogen, der entweder die Apsis oder das Querschiff von dem Raum der Laien trennt.

*Abb. 92.* Trikonchos.

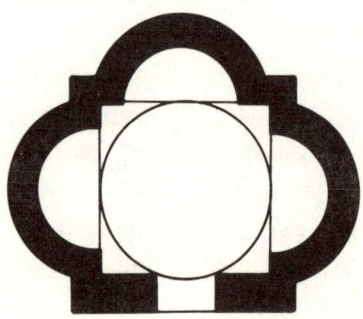

In frühchristl. Zeit wurde er *Arcus* genannt. (Abb. 11.)

**Triumphus,** feierlicher Einzug des röm. Imperators nach einem Sieg. Christlich umgedeutet ist damit die Überreichung des Siegeszeichens durch Christus an die Märtyrer gemeint.

**Trivelium** → Tribelon.

**Trochilus,** Hohlkehle, oft Zwischenkehle zwischen zwei Wülsten (→ Torus) antiker Säulenbasen (Abb. 76, 77). Vgl. → Säulenordnung, → Attische Basis.

**Trochus,** Reifen als Kinderspielzeug.

**Troggrab,** wird in einem felsigen Boden ausgehauen und hat etwa die Form eines Troges. Es ist also ein Senk- oder Schachtgrab. Auch ein Grab, das im Boden einer Nische eingelassen ist, kann so bezeichnet werden.

**Trommel** → Säulentrommel.

**Trompe,** Nische in der Form eines halben Trichters (Abb. 93), Übergang vom quadratischen Grundriß zum kreisförmigen unteren Rand einer → Kuppel (Abb. 47).

**Tropaion, Tropaeum,** das Siegeszeichen, das an der Stelle aufgerichtet wurde, wo der Feind beim Kampf sich zur Flucht wandte. Dann auch Bezeichnung für das Siegeszeichen, das Christus verleiht.

**Troparion,** ein Gebet der Ostkirche in mehrzeiliger Liedform.

**TRP,** Abkürzung für *Treveris prima* auf Münzen der 1. Trierer Offizin.

**Trulleum,** Waschbecken.

**Truncus,** Säulenstamm.

**trussilare, trulliscere,** roh bewerfen.

*Abb. 93.* Trompe.

**TS,** Abkürzung auf Münzen für *Tessalonica*.

**Tschin,** bei der → Ikonostasis die erste Reihe von Ikonen über den Eingangsportalen zum Altar und zu den apsidalen Nebenräumen. Wegen der Bedeutung dieser Reihe sind diese Ikonen meistens größer als die der anderen. Der T. ist eine weiterentwickelte → Deesis-Gruppe. Das (russ.) Wort T. bedeutet hier Ordnung. So sind rechts und links von der Deesis-Gruppe Engel, Apostel und Hierarchen, die im Himmel und auf Erden die Heiligkeit vertreten, aufgestellt.

**Tu-** vgl. auch → Thu-.

**Tualeum, Tuella,** Altartuch.

**Tubrucus,** auch **Tybrucus, Tibraca, Tribuces, Tribucus,** Stutzen aus Leinenstoff, die am Knie durch ein Strumpfband zusammengehalten wurden und über dem Stiefel wulstartig endeten. Sie bedeckten also nicht die Füße.

**Tubulus,** der hohle Mauerziegel der → Hypokausten.

**Tubus,** Röhrchen aus Metall oder Ton für Wasserleitungen und Luftheizung.

**Tuella** → Tualeum.

**Tuff** (lat. *tofus*), poröses und körniges Gestein (*Tufa granulare*), leicht zu bearbeiten, aber doch so fest, daß es auch in geringer Mauerstärke hält. Als *Tufa litoide* ist es wiederum ein sehr hartes Gestein. Es kommt v. a. in der Umgebung Roms und auch in der gesamten Campagna vor (z. B. sind die Katakomben in Tuff gehauen).

**Tumba,** ein über dem Niveau des Friedhofs errichtetes kistenförmiges Grab, das auch Füße haben konnte.

**Tumulus,** Erdhügel über einem Bestatteten, ohne künstlerischen Schmuck.

**Tunica** → Tunika.

**Tunica asema,** Tunika ohne → Clavi.

**Tunica chirodota,** Tunika mit langen Ärmeln.

**Tunica linea** → Linea.

**Tunika, Tunica,** hemdartiges Gewand aus Wolle, das von den Römern als Unterkleid getragen wurde (Abb. 60). In der Machart gab es verschiedene Formen. Man unter-

scheidet die ungegürtete T.
(**T. discincta**) und die gegürte-
te T. (**T. cincta**), ferner die mit
Spangen auf beiden Schultern
oder auch nur auf der rechten
Schulter befestigte T., ferner
die, welche die rechte Schulter
unbekleidet ließ (**T. exomis**;
Abb. 94). Diese war das Gewand der Arbeiter, Seeleute
usw. Auch in der Behandlung
der Ärmel gab es Unterschiede. Die **T. manicata** hatte lange, enge Ärmel; sie wurde
auch **Talar-T.** (→ Alba) genannt. Die → Dalmatik dagegen, eine Abart der T., hatte
kurze, weit herunterhängende
Ärmel. Oft wurde eine zweite
T. unter der oberen getragen;
sie hatte die naheliegenden
Namen **T. interior** oder **T.
interula**. Die T. war häufig
mit Streifen (→ Clavi) geschmückt, wobei man großen
Wert darauf legte, daß diese
auch genau senkrecht nach unten liefen. An der Art der Clavi konnte man den Stand erkennen. Enge, schmale Purpurstreifen zierten den Ritter
(**T. angusticlavia**; Abb. 95),
breite die Senatoren (**T. laticlavia**; Abb. 95). Außerdem
gab es nach der Zahl der Streifen noch folgende Bezeich-

*Abb. 94.* Tunica exomis.

nungen: *monolores* (lat. *lora*
›Band, Streifen‹), *bilores*, *tri-
lores* usw. Die T. aus einem
Stück hatte den Namen **T.
inconsutilis**. Ein besonders
kostbares Gewand war die **T.**

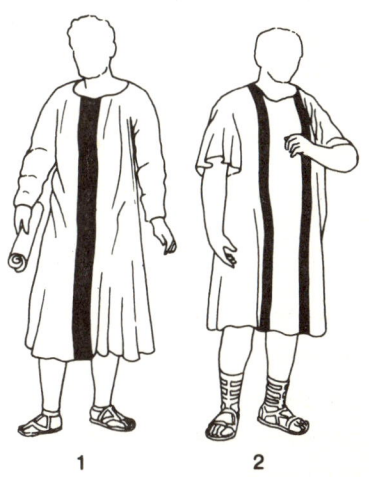

*Abb. 95.* 1. Tunica laticlavia. 2.
Tunica angusticlavia.

**praetexta.** Bei ihr war das sehr feine Leinen mit verschiedenfarbiger Wolle geschmückt. – Die **Frauen-T.** unterschied sich im allgemeinen nur durch die größere Länge und durch die Art der Gürtung unter der Brust. – **T. alba** → Alba.

**Turbistum,** Mittel, das Einziehen der Farbe zu fördern.

**Turibulum, Turicremium,** Bezeichnungen für → Rauchfaß.

**Türkis,** grünblauer Schmuckstein.

**Türlünette,** Türbogenfeld. → Lünette.

**Turris,** gelegentliche Bezeichnung für eucharistisches Gefäß, auch für → Ciborium.

**Turris campanaria,** Glockenturm.

**Turris ecclesiastica,** Kirchturm. Er erscheint in Zentralsyrien bereits im 6. Jh.

**Türsturz,** waagerechter oberer Abschluß der Tür.

**Tuskische Säulenordnung** (Abb. 78) → Säulenordnung.

**Tutulus,** Haartracht der röm. Flaminica (Priestergattin) und der Mater familias. Die Haare werden auf dem Scheitel aufgetürmt und mit einem Band, oft einer Purpurbinde, zusammengehalten.

**Tybrucus** → Tubrucus.

**Tympanon** (griech., ›Handpauke, Trommel‹). – **1.** Das Giebeldreieck des antiken Tempels (Abb. 75). – **2.** Das Bogenfeld eines Portals, also die Fläche zwischen dem Türsturz und dem darüberschwingenden Halbbogen.

**Typikon,** Stiftungsurkunde eines Klosters.

**Typologie** (griech. τύπος ›Vorbild‹), eine Darstellungsweise, bei der einem Geschehen des Alten Testaments (*Typus*) eine Szene aus dem Neuen Testament (*Antitypus*) gegenübergestellt ist. Die Bilder sind sinnvoll so aufeinander bezogen, daß der zugrunde liegende Gedanke, die Auslegung des Alten Bundes als Vorausweisung auf den Neuen Bund, augenfällig wird. So entspricht z. B. Isaak, der das Holz zur eigenen Opferung trägt, dem kreuztragenden Christus, die Aufrichtung der Ehernen Schlange der Kreuzigung Christi usw.

# U

**Überschutt,** das Übergießen eines Gewölbes mit Mörtel, um die Fugen auszufüllen.

**ubi fecit** geht auf Inschriften bisweilen der Angabe des Todesmonats voraus, also etwa: *»ubi fecit Genearius dies XV.«*

**Udones,** Filzschuhe aus Bockshaaren, die bis zum Knie heraufreichten.

**Umbaculum,** Altarüberbau, Baldachin.

**Umbella,** Sonnenschirm der Römerinnen, später auch Bezeichnung für → Flabellum.

**Umbellum,** Altarüberbau, Baldachin.

**Umbilicus. 1.** Der Stock, um den die Papyrusrolle gelegt wurde und der sehr kostbar gestaltet sein konnte. – **2.** Mitte des Kirchenschiffs unter der Kuppel.

**Umbo,** plastische Rundung, etwa eines Edelsteins. Gelegentlicher Ausdruck für → Toga.

**Umbraculum,** Sonnenschirm, Baldachin, auch Altarüberbau.

**umbrosus,** schattenreich.

**Umgang** → Pteron, → Ambitus.

**Uncia. 1.** Röm. Gewichtseinheit von durchschnittlich 27,29 g. 12 Unciae ergaben 1 As (schweres röm. Pfund). Vgl. → Gewichtseinheiten. – **2.** Kupfermünze; 12 Unciae = 1 As. Vgl. → Münzen. – **3.** Zoll, der 12. Teil eines röm. Fußes. Vgl. → Längenmaße.

**Unda,** Kehlleiste.

**Unguentarium,** Tongefäß ohne Henkel, das der heutigen Wasserflasche im Aussehen entspricht.

**Unguentum,** Salbe, Balsam, Firnis.

**Ungula,** Kralle, Marterwerkzeug.

**Unterchor,** der Chor, der in der alten Kirche bisweilen vor dem höheren lag. Er war mit Schranken umgeben und für die Sänger, zum Teil auch für die niederen Kleriker bestimmt.

**Unzialschrift,** genannt nach

der urspr. Größe eines Zolls (lat. *uncia*). In der späteren Kaiserzeit hatte die U. längere

INOMI
CONFITEB
INOIRE

*Abb. 96.* Unzialschrift.

und rundlichere Formen als die → Kapitalschrift. (Abb. 96.)

**Urceolus,** kleinere Form von → Amula, entspricht etwa dem heutigen Meßkännchen.

**Urceus,** Vase mit Henkeln, Krug.

**Urna,** röm. Volumenmaß, = $1/2$ → Amphora.

**Usticium,** gebrannte Farbe.

**Uter,** lederner Schlauch, der zum Aufbewahren von Wein benutzt wurde.

**utere felix,** abgekürzt **UT,** Acclamatio auf christl. Gegenständen und Inschriften.

# V

**V.,** Abkürzung des Vornamens *Vibius.*

**vale** (lat.), auf Grabinschriften im Sinne von ›Lebe wohl‹.

**Valetudinarium** (lat. *valetudo* ›Gesundheit‹), Krankenhaus, Spital.

**Valvae,** Türflügel im röm. Haus.

**Vaporarium,** ein geheizter Raum.

**Vara,** Querholzbrett.

**Vas,** Gefäß. – **1.** Die antiken Gefäßformen werden nach Form oder Verwendung benannt (Abb. 97). – **2.** Der eigentliche Becher beim Calix; → Kelch.

**Vasculum,** kleines Gefäß.

**Vas diatretum** = → Diatreta.

**Vas lustrale,** Weihwassergefäß.

**Vas pseudodiatretum,** Glasbecher mit angesetzten Ornamenten, der die Kunst der → Diatreta vermissen läßt.

**Vas sacrum,** Gefäß, das unmittelbar mit dem Abendmahl in Verbindung steht, wie Kelch und Patene, dann aber auch Behältnis zum Aufbewahren und Überbringen der Abendmahlselemente, etwa an Kranke.

**Vas vinarium** = → Lagena.

**Vas vitreum,** Glasgefäß.

**Vectis,** Stange, Torriegel.

**Velamen,** Schleier der Frau, dann auch Altartuch.

**Velamen nuptiale,** Hochzeitsschleier.

**Velarium,** großes Leinentuch, welches über den Zuschauern im Theater und Amphitheater ausgebreitet wurde, um die Sonnenstrahlen abzufangen, dann aber auch einfach Bezeichnung für Vorhang.

**Vellutum,** Samt.

**Velotherum, Velothyrum** = → Velum (5).

**Velum. 1.** Kopftuch, Schleier der Frau. Dieser bedeckte meistens die Haare der Frau und fiel in zwei Zipfeln auf die Brust. Bisweilen hingen an dem V. Fransen. – **2.** Vorhang zwischen den Säulen des Ciboriums. – **3.** Umhüllung des

*Abb. 97.* Vasenformen. – Vorratsgefäße: a Amphora; b Pelike; c Stamnos. – Mischgefäße: d Dinos; e und t Krater (e1 Glockenkrater, e2 Kelchkrater, e3 Kolonettenkrater, e4 Volutenkrater); f Psykter. – Gieß-/Schöpfgefäße: g Hydria; h Oinochoe; i Olpe; n Olla. – Trink-

Abendmahlskelches auf dem Altar. – **4.** Schultertuch des Priesters, wenn er das Allerheiligste trägt. Er benutzt es dann zum Umhüllen der Abendmahlsgeräte. – **5.** Vorhang an der Eingangstür der Basilika.

**Venatio,** Jagd.

**Ventrale,** Kleidungsstück, v. a. der Fischer, eine Art Badehose in Gestalt einer breiten Schärpe, deren Enden vorn herunterhingen, Leibgurt als Tasche.

**verblenden,** die Verschönerung eines aus schlichten Steinen bestehenden Mauerwerks durch Vorsetzen von gutgefügten Quadern, Marmor usw. oder durch Verputzen.

**Verde antico** (it.) → Marmor (18).

**Verehrungsreihe** heißt die unterste Reihe der → Ikonosta-

sis, also diejenige, die von den drei Türen zum Presbyterium durchbrochen wird. Sie hat wohl daher den Namen, weil die verhältnismäßig tief aufgestellten Bilder durch Küsse verehrt werden können, oder auch daher, daß sich aus dieser Reihe die → Ikonen des jeweiligen Monats oder Feiertags abnehmen lassen, um sie auf dem Pult zur Verehrung aufzustellen.

**Verjüngung,** Verkleinerung des Radius z. B. einer Säule, die nach oben hin einen kleineren Durchmesser bekommt.

**Verklärung Christi** → Transfiguration.

**Verkündigung** = Annuntiatio Beatae Mariae Virginis, die Botschaft des Engels Gabriel an Maria (Lk. 1,26 ff.).

**Vernix,** Firnis.

**verso** (zu ergänzen: *folio*), auf der Rückseite eines Blattes.

**Vestiarium,** zunächst der Raum in der Kirche, wo die Priester ihre Kleider umzogen und wo diese aufbewahrt wurden, meistens ein Teil des → Diakonikons, dann aber auch

---

gefäße: j1 Kantharos (j2 Italischer Kantharos); k Kelch (k1 Buccherokelch, k2 Kolonettenkelch); l Kylix; m Skyphos; u Rhyton. – Kultgefäß: o Lutrophoros. – Salbgefäße: p Alabastron; q Aryballos; r1 Lekythos (r2 bauchige Lekythos); s Pyxis.

Raum für die Schätze und Kostbarkeiten der Kirche.

**Vestibulum,** bei den Römern der Platz zwischen der Straße und dem zurückliegenden Hauseingang. Später gelegentliche Bezeichnung für die Vorhalle der frühchristl. → Basilika.

**Vestimentum,** Altarbekleidung.

**Vestio,** anliegendes Männergewand.

**Vestis. 1.** Kleid, Kleidung. – **2.** Auch (**V. super altari, V. in altari**) Altarbekleidung, die nicht fest mit dem Altar verbunden ist.

**Vestis alba** = → Alba.

**Vestis augusta,** Bezeichnung für das → Pallium z. B. bei Tertullian.

**Vestis clavata,** Kleid, das mit → Clavi versehen ist.

**Vestis conchyliata,** Kleid mit Purpurstreifen.

**Vestis litterata,** Gewand, das mit Buchstaben verziert ist. Die frühchristl. Kunst kennt viele Beispiele dafür.

**Vestis palmata,** Oberkleid der Frau aus brokatartigen Stoffen.

**Via,** der Abstand zwischen den → Mutuli unter dem Horizontalgeison eines dorischen Tempels (Abb. 89). Bisweilen auch für den Zwischenraum zwischen den → Guttae verwendet.

**Vibia,** Balken, der auf einem Querholz ruht.

**Victoria,** Siegesgöttin mit Flügeln. Sie wird auch in der frühchristl. Kunst im übertragenen Sinne dargestellt.

**Victoriae laetae,** Bezeichnung für Münzen mit der Aufschrift »*Victoriae laetae prin(cipum) perp(etuae)*«.

**Viertelkehle.** Ihr Schnitt entspricht einem Viertelkreis. Sie wird als Zierleiste verwendet, etwa dort, wo Säule und Balken im rechten Winkel aufeinanderstoßen.

**Vierung,** die rechteckige Durchdringung von Längs- und Querschiff einer Kirche. Bei gleicher Breite der Schiffe ist die V. ein Quadrat. Sie kann auch einen polygonalen Grundriß haben. In späterer Zeit wird über der V. oft die

Kuppel errichtet. Ist der Kirchengrundriß aus einem griech. Kreuz (→ Crux immissa) gebildet, so rückt die V. in den Mittelpunkt der ganzen Anlage.

**Vinarium** = → Lagena.

**Vindemia,** Schilderung der Weinernte.

**virgatus, virgulatus,** gestreift.

**Virginitätsprobe.** Nach apokryphen Berichten wurde die Jungfrau Maria in der Zeit der Schwangerschaft durch einen Trunk Bitterwasser auf die Probe gestellt, ob sie ein reines Leben geführt habe oder schuldig sei.

**Virginius** kommt auf Inschriften vor, ist in der Deutung nicht ganz klar. Entweder ist es ein Mann, der seiner Frau immer die Treue gehalten hat oder dessen Frau unberührt in den Ehestand getreten ist.

**Virgo pastoralis,** Hirten- und Bischofsstab. → Pedum.

**Virgula,** Röhrchen zum Entnehmen des Abendmahlsweines aus dem Kelch. → Fistula.

**Virgula normalis,** Winkelmaß.

**virgulatus** → virgatus.

**Visitatio B. M. V.** (*V. Beatae Mariae Virginis*), Heimsuchung Mariae, der Besuch der Maria bei Elisabeth (Lk. 1,39 ff.).

**Vitelliani,** Schreibtafeln.

**Vitreamen,** Glasgefäß, allgemeine Bezeichnung für die verschiedensten Formen.

**Vitrum,** Glas.

**Vitta,** Kopfband, welches das Haar der freigeborenen Römerin schmückte.

**Vitulus,** das Goldene Kalb, das Aaron in der Wüste aus goldenen Ohrringen goß (2. Mose 32,4).

**Vivarium,** Behälter, Käfig für lebende Tiere.

**vivas in deo** (lat., ›lebe in Gott‹), Acclamatio auf Inschriften für Tote.

**Vividarium,** grüner Platz, etwa in einem Peristyl.

**Volumen,** Bezeichnung für ein Schriftstück in Form einer Rolle. Sie bestand aus nebeneinandergeklebten Papyrusstreifen, die beschrieben wurden. Der so geklebte lange Streifen wurde um einen

Stockzylinder gewickelt. Beim Lesen mußte das Schriftstück dann wieder aufgerollt werden bis zu der Stelle, wo der gewünschte Text stand.

**Volute** (lat. *volutum* ›das Gerollte, Schnecke‹), spiralförmige Einrollung als Verzierung in der Baukunst, so am ionischen Kapitell (Abb. 38, 39).

**Volutio,** Wölbung, Gewölbe.

**Vorlage,** ein Bauglied, das der Wand aufliegt, wie etwa eine → Lisene oder ein → Pilaster.

**Vortragekreuz,** Kreuz, das bei einer Feier wie einer Prozession vorangetragen wird. Vgl. → Tragkreuz.

**Votum,** Gelübde und Wunsch, kann in Form eines Kreuzes, eines Altars, eines Steines, einer Münze oder dergleichen zum Ausdruck gebracht werden.

**V.Q.F.,** Abkürzung für lat. *valeat qui fecit,* ›es möge dem wohl ergehen, der das gemacht hat‹.

**VX(T),** in Inschriften für lat. *vixit,* ›hat gelebt‹.

# W

**Walmdach,** ein Dach, das nach allen vier Seiten, auch über den Giebelseiten, schräg abfällt.

**Wandbogen** → Schildbogen.

**Wandgrab,** eine → Tumba, die mit einer Seite an eine Kirchenwand angelehnt ist und meist von einer Bogennische oder einem baldachinartigen Mauervorsprung überdeckt ist.

**Wandpfeiler,** Pfeiler, der aus der Wand heraustritt. Er wird auch Halbpfeiler oder → Pilaster genannt.

**Wasserlaub,** Blattwerk des Lesbischen → Kymas.

**Wedelranke,** asiatisches Bauornament, bei dem es v. a. auf die Schattenwirkung von hell und dunkel ankommt, oft unter Vernachlässigung der architektonischen Form.

**Weihrauch,** Räucherwerk aus Harzen und anderen Duftstoffen, wurde etwa seit dem 4. Jh. im christl. Gottesdienst gebraucht.

**Weihrauchgefäß,** ein Gerät, das zum Räuchern gebraucht wird. Gewöhnlich hat es Ketten, mit denen man es schwenken kann. Vgl. → Rauchfaß.

**Weihwasser,** geweihtes Wasser. Seit dem 5. Jh. wird es in der Westkirche verwendet, in der Ostkirche schon früher.

**Weihwassergefäß,** Gefäß für das Weihwasser aus verschiedensten Materialien. Es war schon in der frühen Kirche bekannt und an einer Säule, möglichst nahe dem Eingang, angebracht.

**Wellenband,** Ornament in Form rollender Wellen (Abb. 50). → Mäander.

**Werkinschrift,** Inschrift und Werkzeichen von Architekten und Unternehmern bei der Grundlegung eines Hauses.

**Widerlager,** eine Hintermauerung oder eine Stützmauer, die das Ausbrechen einer Mauer unter dem Druck einer Last verhindern will, etwa bei einer Kuppel.

**Wiener Genesis,** Fragment einer Purpurhandschrift aus

der Mitte des 6. Jh. (Österreichische Nationalbibliothek, Wien). Die Pergamentblätter enthalten 48 Miniaturen vom Sündenfall bis zu Jakobs Begräbnis, also Erzählungen aus dem 1. Buch Mose (Genesis).

**Wölbsteine,** keilförmige Steine zur Bildung eines Bogens, auch beim Horizontalbogen.

# X

**Xenodochion, Xenodochium,** Pilgerhospiz, Pilgerhaus.

**X M Γ,** gelegentlich vorkommende christl. Zeichen auf Wohngebäuden. Die Deutung ist unsicher. Es kann ein Hinweis sein auf Christus, Michael, Gabriel, wird aber auch gedeutet als Maria, die Gottgebärerin. Auch auf Siegeln und Fabrikzeichen kommen diese drei Buchstaben vor.

**Xystus,** bedeckter Gang, Halle.

# Z (vgl. auch C)

**Zahlzeichen.** Griechen und Römer bildeten die Ziffern aus Buchstaben des Alphabets.

*Griech. Zahlzeichen:*

| | | | |
|---|---|---|---|
| $\alpha'$ = | 1 | $\varrho'$ = | 100 |
| $\beta'$ = | 2 | $\sigma'$ = | 200 |
| $\gamma'$ = | 3 | $\tau'$ = | 300 |
| $\delta'$ = | 4 | $\upsilon'$ = | 400 |
| $\varepsilon'$ = | 5 | $\varphi'$ = | 500 |
| $F'$ (wau) | | $\chi'$ = | 600 |
| = | 6 | $\psi'$ = | 700 |
| $\zeta'$ = | 7 | $\omega'$ = | 800 |
| $\eta'$ = | 8 | $\gimel'$ (sampi) | |
| $\vartheta'$ = | 9 | = | 900 |
| $\iota'$ = | 10 | ,$\alpha$ = | 1000 |
| $\varkappa'$ = | 20 | ,$\beta$ = | 2000 |
| $\lambda'$ = | 30 | (usw.: | |
| $\mu'$ = | 40 | ,$\Box$ = das Tau- | |
| $\nu'$ = | 50 | sendfache | |
| $\xi'$ = | 60 | von $\Box'$) | |
| $o'$ = | 70 | ,$\iota$ = | 10 000 |
| $\pi'$ = | 80 | (in Inschrif- | |
| $\varrho'$ (koppa) | | ten: M) | |
| = | 90 | | |

*Röm. Zahlzeichen:*

| | | | |
|---|---|---|---|
| I = | 1 | IX = | 9 |
| II = | 2 | X = | 10 |
| III = | 3 | XI = | 11 |
| IV = | 4 | (usw.) | |
| V = | 5 | XX = | 20 |
| VI = | 6 | XXI = | 21 |
| VII = | 7 | (usw.) | |
| VIII = | 8 | XXIX = | 29 |

| | | | |
|---|---|---|---|
| XXX = | 30 | CC = | 200 |
| XL = | 40 | CCC = | 300 |
| L = | 50 | I$\supset$, später D | |
| LX = | 60 | = | 500 |
| LXX = | 70 | DC = | 600 |
| LXXX = | 80 | CI$\supset$, später M | |
| XC = | 90 | = | 1000 |
| C = | 100 | MCM = | 1900 |

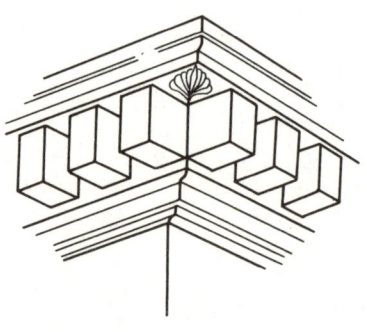

*Abb. 98.* Zahnschnitt.

**Zahnschnitt, Zahnfries** (lat. *denticuli*), die regelmäßige Abfolge von rechteckigen Steinklötzchen und etwa gleich großen Zwischenräumen (Abb. 76, 77, 98). Vgl. → Säulenordnung.

**Zangenfries,** Fries aus zangenförmigen, nebeneinandergereihten Gebilden (Abb. 99). Bei den Germanen beliebt.

**Zellenschmelz** → Email.

**Zeltdach,** ein Dach über vier- oder mehreckigem Grundriß, dessen Flächen gleich sind und in einer Spitze zusammenlaufen (Abb. 100).

**Zentralbau,** ein Bauwerk, dessen Hauptachsen gleich lang sind, also meist von kreisrundem oder polygonalem Grundriß.

**Ziegel,** Backstein, aus Lehm oder Ton geformter Baustein, luftgetrocknet oder gebrannt. – Vgl. → Dachziegel.

**Ziegelbau,** Bau aus unverputzten Backsteinen oder Lehmziegeln.

**Ziegelstempel** sind Stempel, die in die noch ungebrannten

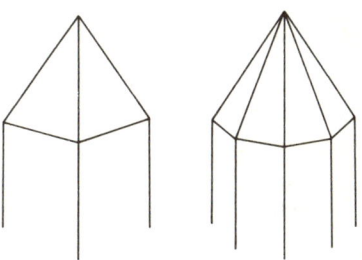

*Abb. 100.* Zeltdachformen.

Ziegel eingedrückt werden. Im röm. Imperium gaben sie meistens die Legion an, die den Bau auszuführen hatte. Eingeführt wurden sie im 1. Jh. n. Chr. als Fabrikmarken.

**Ziegelverband** bezeichnet die Art und Weise, wie die Ziegel eines Baues zueinander geordnet sind. So kann z. B. eine Reihe der Ziegel parallel zur Flucht liegen, die andere senkrecht dazu. Vgl. → Mauerverband (Abb. 51).

**Zone, Zonarion,** ein Gürtel zum Festhalten des → Epitrachelions oder des → Sticharions. Der schmale Bandstreifen wird auf dem Rücken durch eine Agraffe oder eine Schnur zusammengehalten. Auf ihm befinden sich ein oder drei Kreuze. Urspr. war es der Gürtel, der um die Hüfte ging, im Unterschied zum → Cin-

*Abb. 99.* Zangenfriesformen.

gulum, das ein Gewand unter der Brust zusammenhielt.

**zonatim,** streifenweise.

**zoomorph,** tiergestaltig.

**Zophoros** (griech., ›Bilderträger‹), Fries, der sich oft über dem Epistyl erstreckt.

**Zotheca,** Kabinett, geheimes Zimmer, wo man am Tage gerne ruhte.

**Zwickel,** dreiseitig begrenzte ebene oder sphärische Fläche, z. B. zwischen zwei Arkadenbögen und dem darüberliegenden Architrav (Bogenzwickel).

**Zwischenweite,** ist die Entfernung von Pfeiler zu Pfeiler oder von Säule zu Säule, entspricht dem → Interkolumnium.

**Zyklopenmauerwerk,** Pelasgisches Mauerwerk → Opus siliceum (Abb. 52).

Anhang

# Altgriechische Fachwörter

ἄβαξ, ἀβάκιον → Abakus.

ἄβατον → Abaton.

ἄγαλμα Bildsäule, Statue.

ἄγιαι δέλτοι → Diptychon.

ἄγιον, ἀγίασμα Priesterraum.

ἄγιος σπόγγος Schwamm, der in der Ostkirche zum Abwaschen des Altartisches und Kelches benutzt wird.

τῶν ἀγίων ἄγιον gelegentliche Bezeichnung für Altar, auch = → Apsis.

ἀγωνοθετήρ Kampfrichter beim Wettsport.

ἄδυτον → Adyton.

ἀειπαρθενία ewige Jungfräulichkeit der Maria, durch drei Sterne auf dem Gewand der Madonna versinnbildlicht; drei Sterne, da die Jungfräulichkeit *vor*, *während* und *nach* der Geburt betont werden soll.

ἀετός Dachgiebel.

αἴθριον → Atrium.

ἄκανθος, ἄκανθα → Akanthus.

ἀκέστρα → Acus.

ἄκρα Dachgiebel.

ἀκρογωνιαῖος → Akrogoniaios.

ἀκρωτήριον → Akroterie.

ἀλουργίς Altartuch (→ Opertorium), Purpurtuch.

ἄμη Ama, Eimer. → Amula.

ἀμμίτης scharfkantiger Sandquaderstein.

ἄμμος Sand.

ἀμπεχόνη Türumrahmung.

ἀμφίβαλον Kasel. → Casula.

ἀμφιδέαι Querbretter der Tür.

ἀμφίθυρα Vorhang.

ἄμφων → Ambon.

ἀναβολάδιον → Amikt.

ἀναγνώστης Vorleser im Gottesdienst.

ἀναγραφή Planzeichnung.

ἀνάθημα → Anathema.

ἀνακαμπτήριον kleine Herberge für Pilger, Nebenraum einer Kirche.

ἀνακλιντήριον → Accubitum.

ἀνάκτορον → Apsis.

ἀνάλημμα → Substruktion.

ἀναξυρίδες → Bracae.

ἀνδριαντοποιός Bildhauer, Modelleur.

ἀνδριάς Bildsäule, Statue.

ἄνοδος freie Steinstiege.

ἄξαι Diele, Brett, Bohle.

ἄπλωμα Altarbekleidung.

ἀπόθεσις → Apothesis. → Apotheose.

ἀποθήκη βιβλίων Büchersammlung.

ἀποστολεῖον eine zu Ehren der Apostel erbaute Kirche.

ἀρτοφόριον Oblate beim Abendmahl.

ἀρτοφόρον Brotkorb, in dem bei Tisch Brot aufgetragen wurde.

ἀρχιστρατηγός Haupt der Scharen, Bezeichnung für Erzengel Michael.

ἀρχιτεκτονικὴ τέχνη Architektur.

ἄρχων τῆς μάνδρας Klostervorsteher. → Archimandrit.

ἀσκητήριον Kloster.

ἀσπασμός Gruß, Begrüßung.

ἀσπαστικὸς οἶκος → Salutatorium, Bezeichnung für → Diakonikon, weil hier die Begrüßungen stattfanden.

ἄσφαλτος Asphalt; die Antike kannte festen und flüssigen A.

ἄτρακτος Spindel.

αὐλαία Vorhang. → Velum.

αὔλειοι πύλαι Hofportale.

αὐλή heiliger Bezirk, Bezeichnung für → Atrium bei griech. Autoren.

αὐλή πρώτη Vorhof. → Cavaedium.

ἀφεδρών → Forica.

ἀχειροποίητος → Acheiropoietos.

ἁψίς, ἅψις → Apsis; gelegentlich auch Bezeichnung für Gurtbögen, welche die Kuppelpfeiler einer Kuppelbasilika verbinden, auch Triumphbogen.

βάθρον Stufe, Auftritt, Untersatz für Altar.

βαιτύλιον Steinwand, Steinfetisch.

βαπτιστήριον → Baptisterium.

βασιλικὴ στοά → Basilika.

βάτον Priesterraum, für Laien unzugänglich.

βελόνη → Acus.

βῆμα → Bema.

βήματος διακονικόν Raum im Diakonikon zum Wechseln der Kleider und zum Verwahren der heiligen Geräte.

βήρυλλος → Beryllus.

βιβλιοθήκη Büchersammlung.

βιβλίον, βίβλος Bezeichnung für Schreibstoff.

βουτιστής, βαπτιστής der

Priester, der bei der Taufe die Funktion des Untertauchens hat.

*βροχίς* Tinte, Tintenfaß.

*βύβλος* Bast der Papyrusstaude für Schreibmaterial.

*βωμός* Altar (von *βαίνω* ›ich steige hinauf‹).

*γαζοφυλάκιον* Schatzkammer, oft Teil des Diakonikons, auch Opferstock.

*γαζοφύλαξ* Schatzwächter.

*γένειον* Bart am Kinn.

*γλυφαί* Schnitzwerk, etwa an der Decke einer Basilika.

*γράμματα πιστά* Lehre der Pädagogen.

*γραμματεῖον* das beschriebene Papyrusblatt.

*γραφεῖον* spitzer Griffel zum Schreiben auf Wachstafeln. → Stilus.

*γραφεύς* Rohr zum Schreiben.

*γραφή* Gemälde, Bild.

*γραφίδος* Zeichenkunst.

*γραφικός* Maler.

*γυναικαῖα* Aufenthaltsraum der Frauen, in der Ostkirche gern auf der Empore.

*γύψος* Gips.

*γωνία, γνώμων* Winkel, Winkelmaß.

*δάκτυλος* → Daktylos.

*δαλματική* → Dalmatik.

*δανάκη* Obolus, den man Verstorbenen in den Mund steckt als Fährgeld für den Charon.

*δάπεδον* Estrich, Beton.

*δελματικὴ ἄσημος τρίμιτος* eine mit drei Farben gefärbte → Dalmatik ohne Streifen.

*δελματικὴ λάσειος ἔχουσα πορφύρας* Dalmatik aus flauschigem Stoff mit Purpurstreifen.

*δελματικὴ ὁλοσηρική* Seidendalmatik.

*δελματικομαφέρτιον, δελματικομάφερτος λάσειος, δελματικομάφορτον* Kapuzendalmatik bei Frauen.

*δέλτοι* Täfelchen, die mit Wachs (*μάλθη*) überzogen waren und zum Schreiben dienten.

*δέλτοι ἱεροί* → Diptychon.

*δεχαμένη* Reservoir, in dem Wasser aufgehoben wurde, das dann in die → *φιάλη* gegossen wurde.

*δημιουργεῖον* Kunstwerkstätte.

*δημιουργός* Handwerksmeister.

*διαγραφή* Abbildungen, Plan.

διάθεσις  Einteilung und Entwurf des Bauplans.

διαιτητήριον  →Valetudinarium.

διακονικόν  → Diakonikon.

διαμικτῶν  → Diamikton.

διάστυλα  → Cancelli.

διάτονος  → Diatonicon.

δίθυρος  → Biforus.

δικήριον  → Cereus bisulcus.

δίκτυοι  → Cancelli.

διπλίνθιος  → diplinthius.

δίπτερος  doppelsäulig, doppelflügelig.

δισκοκάλυμμα  Tuch über der Patene.

δίφρος  Rückenlehne bei der Kathedra.

δίχαλκος  ¼ Obulos.

δοκός  Querbalken.

δρομικὸς ναός  basilikaler Kirchenbau.

δρύφακτα  → Cancelli.


ἐγκαίνια  Kirchweihfest, eingeführt zur Erinnerung an die von Konstantin d. Gr. in Jerusalem erbaute Anastasis-Basilika.

ἔγκαρπα  → Feston.

ἐγκαύστον  Tintenfaß.

ἐγχείριον  Taschentuch oder Schweißtuch, das in der Ostkirche von den Priestern am Gürtel befestigt wurde. → Mappula.

ἔδαφος  Estrich, Beton.

ἔδος  Tempelstätte.

εἴδωλον  Götzenbild.

εἰκόνες ἀχειροποιήθαι  → Acheiropoietos.

εἰκονόστασις, εἰκονοστάσιον  → Ikonostasis.

εἰκών  Bild.

εἰλητόν  Kelchtuch.

εἰρμολόγιον  liturgisches Buch in der Ostkirche, das die εἰρμοί = geistliche Lieder, die sog. *Kanones*, umfaßt. Diese sind meistens in 9 Oden eingeteilt. Jede dieser Oden ist aus bestimmten *Troparia* zusammengesetzt.

εἷς Σεὺς Σάραπις  Beschwörungsformel. Auch einfach εἷς abgekürzt. Findet sich auch auf christl. Inschriften.

εἴσοδος  1. Fest der Einführung der Muttergottes in den Tempel. – 2. Türeingang im Unterschied zur eigentlichen Tür.

ἐκκλησία  Kirche, auch Kirchenschiff.

ἐκκλησιαστήριον  Versammlungshalle.

ἐκκλησιαστικοὶ κατάλογοι  kirchliche Diptychen.

ἐκτυπώματα Weihgeschenke.

ἐκφορά → Ekphora.

ἔκφρασις → Ekphrasis.

ἔλαιον → Chrismarium.

ἔλασμα Metallblech jeder Art.

ἐμβάτη Phiale, der im Atrium befindliche Brunnen.

ἐμβάτης Einheitsmaß beim Bau, ähnlich dem Modulus.

ἔμπλεκτον → Emplekton.

ἔνδον τῶν κλίων locus inter → cancellos.

ἐνδρομίς → Endromis.

ἔνδυμα → Tunika; auch Altarbekleidung.

ἐνδυτή Altarbekleidung.

ἐνετή → Fibula.

ἐξέδρα → Exedra.

ἐξονάρθηξ → Exonarthex.

ἐξωμίς Tunica exomis. → Tunika.

ἐπεναίτης selten vorkommendes Kleidungsstück über dem Hemd und unter dem Mantel.

ἐπενδύτης Altarbekleidung.

ἐπίβλημα Altartuch; auch Obergewand.

ἐπιγονάτιον → Epigonation.

ἐπίκρανον → Capitulum, → Kapitell.

ἐπιμάνικα, ἐπιμανίκια → Epimanikia.

ἐπιστύλιον → Epistyl.

ἐπιτραχήλιον → Epitrachelion.

ἐπιφώνησις → Acclamatio.

ἐρείσματα Anteres. → Anteris.

ἐρέψιμα Sparren.

ἕρκος Altarschranke, auch Umzäunung eines großen Platzes; vgl. → Peribolos.

ἑρμογλύφος Bildschnitzer.

ἐσθὴς φωτιστική → Alba.

ἐσχάραι Altar, eigtl. Feuerlöscher.

ἐτήσια → Annona.

ἑτοιμασία τοῦ θρόνου → Etimasia.

εὐθύγραμμον Lineal, Richtscheit.

εὐκτήριοι οἶκοι bei Eusebius (4. Jh.) gebrauchter Ausdruck für gottesdienstlichen Raum, Oratorium.


ζωγράφος Maler.

ζωνάριον → Cingulum.

ζώνη → Cingulum.

ζωοδόχος πηγή lebenspendende Quelle. Bezeichnung für das wunderwirkende Muttergottesbild der πηγή, eines vor den Toren von Byzanz gelegenen Brunnens, der die →

Blacherniotissa stehend zeigt.

*ζωοφόρος* → Zophoros.

*ζωστήρ* → Cingulum.

*ἡγεμών* Stirnziegel.

*ἡγούμενος* Bezeichnung für einen Abt in griech. Klöstern.

*ἠθμός* Colum vinarium. → Cola.

*ἤλεκτρον* Bernstein. → Electrum.

*ἡμέρα γενίθλιος* → Natalis.

*ἡμικύκλον* innerer Teil einer Apsis, eine große Nische oder ein im Halbkreis gebautes Monument.

*ἡμιπλίνθιον* Halbziegel.

*θαλασσίδιον, θάλασσα* zugehauenes Wasserbecken bei einem Altar, teilweise auch unter dem Altar, um das gebrauchte Wasser aufzunehmen und auch wieder verschwinden zu lassen.

*θεοδόχος* Bezeichnung für Simeon (Lk. 2,28).

*θεοθήκη* Oblate.

*θεοπατέρες* Gotteseltern, Name für die Eltern der Maria.

*θεοτόκος* Gottgebärerin,

Bezeichnung für Maria. → Theotokos.

*θήκη* Reliquienkästchen.

*θ. κ.* = *θεοῖς καταχθόνιοις* → D. M. = Dis manibus.

*θολωτά* Zentralbau.

*θρόνοι δεύτεροι* → Subsellia.

*θρόνος* → Kathedra.

*θυμίαμα* → Thus, Räucherwerk.

*θυμιατήριον* → Thuribulum.

*θύρωμα* die eigentliche Tür. Vgl. *εἴσοδος.*

*θυρωρός* → Ostiarius.

*θυσιαστήριον* → Apsis, Priesterraum, Altar.

*θυτήριον* → Ara.

*ὁ μέσος θῶκος* → Kathedra.

*θώραξ* Altarschranke, auch → Pektorale.

*ἰδέαι* Planzeichnungen eines Baues.

*ἰδιῶται* die noch Ungetauften, die Katechumenen in der alten Kirche.

*ἱεραί* oder *ἅγιαι δέλτοι* kirchliche → Diptychen (pl.).

*ἱερατεῖον* → Sanctuarium, Priesterraum.

*ἱεροθήκη* Reliquie.

*ἱμάτιον* → Himation.

*ἱματιοφυλάκιον* Aufbewahrungsort für Kleider in der Kirche.

*ἰσόδομος* gleichmäßig in den Schichten angeordnet.

*ἰχθύς* Fisch (Symbol für Christus). → Ichthys.

*ἰχνογραφία* → Ichnographia.

*κάγκελοι* → Cancelli.

*καθολικόν* → Katholikon.

*κακκάβη, κάκκαβις, κάκκαβος* → Caccabus.

*κακοδαίμων* böser Geist.

*κάλαθος* → Calathus.

*κάλαμος* Rohr zum Schreiben.

*καλλώπισμα* plastisch-dekorativer Schmuck.

*καλὸς κἀγαθός* schön und gut, das allgemeine Zeitideal der Spätantike.

*κάλτιος, καλκτίνιον, κοῖλον* → Calceus.

*καλυμμάτιον* Schleier, Kopftuch, leichte Deckplatte.

*καλυπτής* → Imbrex.

*καλύπτρα* → Velum.

*κάλχη* → Volute.

*κάμαξ* Latte zum Einhängen von Ziegeln.

*καμάρα* gewölbte Zimmerdecke aus Holz.

*κανονάρχης* Chorleiter in der byz. Kirche.

*κανοῦν, κάνης, κανίσκιον* → Canistrum, Pyxis.

*κανών* Richtschnur, Regel, Lineal.

*καρβατίνη, καρπάτινον* → Carbatinum.

*κατάβλημα* → Velum.

*καταγώγιον* Wohnung für den Hüter einer Basilika oder → Katakombe.

*κατάθεσις* → Depositio. Abkürzung *κατ* auf Inschriften.

*καταπέτασμα* Vorhang.

*κατάστασις* → Confessio. Eigtl. ›das Herabsteigen‹ (nämlich zum Märtyrergrab).

*κατάστρωμα* Schrank hinter dem Altar.

*κατάτεχνος* Künstler, der die Technik besonders beherrscht.

*κατηχούμενα* mit der Kirche verbundene Schulgebäude.

*καύκιοι* Hohlmünzen.

*κειμηλιάρχης* → Thesaurarius.

*κειμηλιαρχεῖον* Schatzkammer im Diakonikon.

*κέλλιον, κελλάριον* → Cella.

*κέραμις, κέραμος* gebrannter Ziegel.

*κηροφόροι* → Ceroferarii.

*κῆτος* Bezeichnung für ein

Ungeheuer wie das, das Jonas verschlingt.

κιβώριον → Ciborium. → Capsa.

κιβωτός Kasten, z. B. Arche Noah. → Capsa.

κιγκλίδες auch → Cancelli.

κιγκλίς → Transenna.

κιδωτός → κιβωτός.

κιόκρανον → Capitulum.

κίστη einfacher, rechteckiger Sarkophag, dann Kiste zum Aufbewahren von Gegenständen.

κιττός Efeu.

κίων Säule.

κλάδοι Kränze in den Händen oder auf dem Kopf der Schutzflehenden, die bisweilen von flatternden weißen Bändern umwickelt waren.

κλίνη → Kline.

κλισμός Schemel, Fußbank der Kathedra.

κόγχη → Ciborium. → Concha.

κοικοίλλιον, κορκούλλα → Cucullus.

κοιλιόδεσμος → Ventrale.

κοίμησις → Koimesis.

κοιμητήριον, κοιμετήριον, κυμετήριον → Coemeterium, in der Ostkirche auch Bezeichnung für Einzel-cubiculum; → Cubiculum.

κοινόβιον → Koinobion.

κοινωνία Kommunion der Apostel.

κολόβιον → Colobium.

κολυμβεῖον, κολυμβήθρα Brunnen im Atrium, auch → Baptisterium.

κολύμβιον, κολύμδιον → Colymbion.

κονίαμα → Albarium, rohe Tüncharbeit.

κονιατός → Dealbatus.

κοξάλιον → Campestre.

κοπιῶντες, κοπιαταί → Fossores.

κορώνη Kranzgesims.

κοσμίτης, κοσμήτης Orden, Gebieter, Bezeichnung für einen Balken, der mehrere Säulen oben miteinander verbindet, so z. B. bei den Cancelli. In der Ostkirche wird der Balken so benannt, der bei der Bilderwand eine Bilderreihe von oben zusammenhält. Die Bilder sind in diesem Fall durch Säulen getrennt.

κρεπίς → Krepidoma.

κρῆναι → Kantharos.

κρηπίδωμα → Krepidoma.

κρούπαλα → Sculponea.

κυκλοειδῆ Rundraum, Zentralbau.

κύκλος Kreis, Kreisfläche.

κυλίνδρωτα Rundraum, Zentralbau.

κύλιξ Kelch. → Kylix.

κυλιχνίς → Acerra.

κύλλημα Klebstelle bei Papyrusrollen.

κυνέη Kappe, Hut.

κυριακόν → Dominicum, Kirche, Gotteshaus.

κώδωνες → Tintinnabulum.

λάβαρον → Labarum.

λαβίς → Cochlearium.

λαμπτήρ → Candelabrum, Öllampe.

λάρναξ Reliquienkästchen.

λατρεία → Latreia.

λευκόμη Weißstuckarbeit.

λημνίσκος Schleife an Kranz oder Palme, Zeichen der Anerkennung.

ληνοβάτηρ Keltertreter.

λίβανος Weihrauch.

λιβανωτίς → Acerra.

λιθοξόος Marmorkünstler.

λιθόστρωτον Mosaikfußboden.

λιθοτομία Steinbruch.

λιθουργός Liturg.

λιψανοθήκη → Lipsanothek, Reliquienkästchen.

λόγχη ἅγια eucharistische kleine Lanze; sie dient in der Ostkirche dazu, in der Prothesis die Hostie von dem dort lagernden Brot abzutrennen. → Culter eucharisticus.

λουτήρ → Kantharos.

λουτρόν, λούτρων → Baptisterium, auch Badehaus bei einer Basilika.

λύχνος → Lychnus pensilis.

μανδήλιον → Mandilion.

μανδίλιον Waschbecken des Priesters.

μαρτύριον → Martyrion.

ματρονίκια (n. pl.) → Matroneum.

μαφόριον Schleier der Frau.

μαφώριον → Mafors.

μέλαν Tinte.

μέλαν γραφικόν, μέλαν ὧ γράφομεν, μελάν δοχεῖον, μελάνδοχον, μελάνιον Tintenfaß.

μεσαύλιον → Atrium.

μηχανικός Architekt.

μίλτος rötliche Tonerde.

μιτατώριον → Mitatorion.

μοναστήριον → Monasterium.

μοῦσα, μουσάκιον, μουσίωμα Ausdrücke für Mosaik in byz. Zeit.

μνήμη Klosteranlage.

μυροθήκιον Weihrauchgefäß.

μύσταξ Bart über der Lippe.

μυστικαὶ δέλτοι → Diptychen.

*μυστικαὶ δίπτυχα* kirchliche → Diptychen.

*ναϊδιόσχημον* Tempelportal mit Akroterien.

*ναΐσκος, ναΐδιον, ναϊσκάριον* Kapelle.

*ναός* → Naos.

*ναὸς ἐν παραστάσι* → Antentempel.

*νόμος Ἰωνικός* ionische → Säulenordnung.

*ξενοδοχεῖον* → Caupona.

*ξυλουργία* Schreiner-, Kunsttischlerarbeit.

*ξύλωσις* Gebälk, Balkenlage. → Contignatio.

*ξυστὶς πέπλος* → Palla.

*ξυστρίς* Striegel. → Strigilis.

*ὁδηγήτρια* → Hodegetria.

*ὀθόνη* → Linteamen.

*οἰκίσκος, οἰκίδιον* Kapelle.

*οἰκοδομεῖν* aufbauen.

*οἰκοδομή* Hauptgottesdienst in der alten Kirche.

*οἰκοδόμημα* ein Gebäude.

*οἰκοδόμος* Unternehmer beim Neubau, Baumeister.

*οἰκονομία* technische Leitung eines Baues.

*οἰκόνομος* Schatzmeister.

*οἰκοπεδόν* Hofreite.

*οἶκος*, auch *οἰκίσκος* achtwinklige Kapelle.

*οἶκος, οἶκος ἐκκλησίας, τῶν ἐκκλησιῶν οἶκος* Haus Gottes.

*οἶκος ἀσπαστικός* → Salutatorium im Diakonikon.

*οἶκος προσευκτήριος*, auch einfach *προσευκτήριον*, Bethaus. So wurde im allgemeinen die gottesdienstliche Stätte vor der Erbauung der Basiliken genannt.

*ὀνοματογραφία* die Eintragung der Namen der → Katechumenen in Kirchenbücher. Konstantinopel besaß dafür ein eigenes Kirchenamt.

*ὀξυγράφος* → Notarius.

*ὀπαῖον* Lichtöffnung im Dach. → Opäon.

*ὅπλισμα* Schmuck der Bauschöpfung.

*ὀρθογραφία* → Orthographia.

*ὄρκη* oder *ὄρχη* → Orga.

*ὅρμος* Halstuch der Frau.

*ὀρνιθοτροφεῖον* Vogelkäfig.

*ὄροφος* Decke einer Basilika.

*ὄστρακα* Scherbe.

*οὐρανίσκος* kleiner Himmel, Thronhimmel. → Baldachin.

*ὄφεις* schlangenförmige Armbänder.

*παιδία* Dienerschaft, Jugend.

*παλαιστή, παλάμη* Handbreit (Maß).

*πανδοκεῖον* → Caupona.

*παντοκράτωρ* Allbeherrscher, Bezeichnung für den thronenden Christus.

*παραπέτασμα,* auch → *περιπέτασμα, προκάλυμμα* → Velum des Altars.

*παρασκευή* sechster Wochentag, der Freitag, der dem Leiden Christi geweiht ist.

*παραστάς* Wandpfeiler, Mauerpfeiler.

*παρατράπεζον* Nebenaltar, an dem Gaben für die Abendmahlsfeier abgegeben wurden.

*πάρεδρος* → Assessor.

*παρθενίκιον* Jungfrauenchor auf der Empore.

*παρυφή* → Clavus.

*παταγεῖον* → Patagium.

*πατάνη* → Patene.

*ὁ ἐν ἁγίοις πατὴρ ἡμῶν* Bezeichnung für Bischofstheologen in der Ostkirche.

*πεῖγμα* → Pegma.

*πέλις* Schüssel.

*πέλτη* → Pelta.

*πεντηκοστάριον* in der griech. Kirche die Zeit zwischen Ostern und Pfingsten.

*πέπλον, πέπλος* → Peplos.

*περίαμμα* gewebtes Amulett.

*περίβλημα* Überwurf als Kleidungsstück, Türumrahmung.

*περιβόδαιον* das → Pallium der Philosophen, das auch gern von Asketen getragen wurde.

*περιβόλαιον* Türumrahmung.

*περίβολος* → Peribolos.

*περίδειπνον* das von den Verwandten im Trauerhaus gehaltene Totenmahl.

*περίζωμα* → Perizoma.

*περικάρπιον* Armband am Handgelenk.

*περιοδευτής* ein Erzpriester, der dem Chorbischof untersteht.

*περιπαντήνιον* Weihwedel zum Gebrauch am Altar.

*περισκελίς* Schmuckstück bei Libertinen, bei denen die Tunika nur bis zum Knie reichte. V. a. eine Verzierung am Knöchel, die gleichzeitig zum Befestigen der Sandale benutzt wurde.

*περιστερεών* → Columbarium.

*περιστρώματα* wertvolle

Decke oder Matratze zum Auflegen auf ein Ruhebett.

περιστύλιον → Peristyl.

περισφαντήριον → Aspergillum.

περιτείχισμα Ummauerung eines Peribolos.

περιτραχήλιον → Stola der Bischöfe und Priester.

περόνη → Fibula.

πέτασος → Petasos.

πηλός Ton, Lehm.

πῆχυς Elle.

πίε ζήσαις Inschrift auf Trinkbechern, auch bei Christen:»Trink, du mögest leben!«

πῖλος → Pilos.

πίναξ → Schreibtäfelchen, das mit Wachs (μάλθη) überzogen wurde. Auch = Bibliothekskatalog.

πινάκια Wandgemälde.

πινακοθήκη Bildersaal.

πλατύσημος → Clavus latus.

πλίνθος Ziegelstein, auch → Plinthe. → Later.

ποδήρης → Alba, → Sticharion.

ποικελία plastisch-dekorativer Schmuck.

ποικίλη Bildersaal, Ahnensaal. → Tablinum.

ποιμαντικὴ δορά Bezeichnung für erzbischöfliches → Pallium. Gelegentlich auch

für → ὠμοφόριον gebraucht.

πολυάνδριον Friedhof.

πόρνη → Fibula.

πορφυραὶ ῥάβδοι purpurne Wollstreifen. → Clavi.

ποτήριον Kelch.

προκάλυμμα → Velum.

πρόναος → Pronaos.

πρόοδος Prozession des heiligen Kreuzes. Eines der drei großen Kreuzesfeste in der Ostkirche.

προπύλαιον → Propyläen.

πρόπυλον Eingangstor zum Atrium oder zum Peribolos.

προσευχή liturgischer Versammlungsort für Juden, die keine Synagoge besaßen.

προσκύνησις Anbetung des Kreuzes, eines der drei großen Kreuzesfeste der Ostkirche.

προσφορά Darbringung der Gaben.

προσφώνημα, προσφώνησις → Acclamatio.

προφητεῖον Kirche, die einem Propheten geweiht ist.

πρῶται εἴσοδοι Zugänge zum Peribolos.

πρώτη εἴσοδος Haupteingangstür zur Kirche gegenüber dem Altar.

πτερόν Flügel eines Gebäudes, v. a. wenn er mit dem Hauptgebäude einen rechten Winkel bildet.

πτέρωμα → Pteron.

πτυχαί Lagen, Falten des Gewandes.

πύλαι Tore.

πύλη βασιλική, πύλη ὡραία Haupttür zum Langhaus der Kirche.

πυλωρός → Ostiarius.

πύξις → Pyxis.

πύργος eigtl. Turm, dann → Ambon, → Ciborium.

πυριατήριον → Laconicum.

πώγων Wangenbart.

πώρινος λίθος Tuffstein.

ῥάβδος Steg zwischen zwei Kanneluren.

ῥαφίς → Acus.

ῥεπίδιον → Flabellum.

ὁ μέγας σακελλάγιος oberster Schatzmeister in Klöstern.

σάκκος → Sakkos. → Saccus.

σανδάλια Sandalen. → Soleae.

σελίδες die aus der Papyrusstaude gewonnenen Baststreifen, die dann zusammengeklebt wurden.

σηκός der Gottheit geweihter Bezirk.

σημεῖον → Clavus.

τὸ κυριακὸν σημεῖον → Signum Christi.

σημέντον → Segmentum.

σινδών Leinentuch. Vgl. → Sacra sindon.

σιτηρέσια → Annona.

σκάλπη Meißel.

σκάπος Scapus.

σκευὴ δεσποτικά, σκευὴ ἐκκλησιαστικά → Vas sacrum.

σκευοφυλάκιον → Diakonikon, im besonderen die darin befindliche Schatzkammer.

σκευοφύλαξ in der Ostkirche Bezeichnung für Wächter über heilige Gefäße, Geräte und Paramente. Kustos der Archive.

ὁ μέγας σκευοφύλαξ oberster Schatzmeister in Konstantinopel.

σκηνογραφία → Scenographia.

σπεῖρα → Basis.

σπήλαιον → Coemeterium.

σταυρός Kreuz.

σταυροφόρος → Staurophoros.

σταυροφύλαξ Wächter über das heilige Kreuzesholz in

der Auferstehungskirche zu Jerusalem.

στενόσημος → Clavus angustus.

στέχη Dachbedeckung.

στήθεα Altarschranke.

στήλη → Stele.

στίξ Steg zwischen → Kanneluren.

στιχάριον → Alba.

στλεγγίς Striegel. → Strigilis.

στοά → Stoa.

στοιχάριον → Alba, → Sticharion.

στρογγύλη Brustbild.

στρῶσις → Pavimentum.

στρωτήρ Latte zum Einhängen der Ziegel.

στυλάτης → Stylobat.

στῦλος Säule.

στωτής Querbalken.

συγκύπτης → Capreolus.

σύμβολον Täfelchen, welches man als Zeichen der Freundschaft nach gemeinsamer Fahrt auswechselte.

συμψέλια → Subsellien.

σύναξις Gottesdienst, Versammlung.

σύνθεσις λίθων das Zusammensetzen der Steinchen durch den Mosaizisten.

ὁ τῶν ψηρίδων συνθέτης Mosaizist.

σύνθρονον → Synthronon.

σφραγίς Siegelring, Taufversiegelung, auch Firmung.

τὸ μέγα σχῆμα große Mönchstracht in der Ostkirche, ein mit Passionskreuzen geschmücktes breites Band; es führt senkrecht vom Hals über die Brust nach unten.

σχινδάλαμος Schindel.

σωλέα, σολία, ὁ σολεάς, ὁ σωλεύς, τὸ σολεῖον, σωλεῖον, σωλίον → Solea.

σωλήν → Fistula.


ταβλίον → Tablion.

τάξις Anordnung des Planschemas bei einem Bau.

τάπης Teppich, auch für Wände.

ταχυγράφος → Notarius.

τέκτων Baumeister.

τέμενος → Temenos.

τέμπλον → Templon.

τετράβλωμοι → Panes decussati, Brote mit 4 Kerben.

τετράκογχος Vierkonchenanlage der Kirche.

τετράστυλον viersäuliger Porticus des Atriums.

τετραστῶον vierseitiger Porticus des Atriums.

τεχνίτης Architekt, Meister der Kunst.

τηροκομεία Wohltätigkeits-anstalt.

τόπος →Forma, Siegel, auch gebraucht für → Loculus.

τράπεζα ἅγια, auch ἱερά → Mensa, auch Altar.

τράπεζα μυστική Altar.

τραπεζοφόρον → Altarium, auch Altarbekleidung.

τράπηξ → Trabs.

τρίχορον → Cella trichora.

τροπαία gelegentliche Be-zeichnung für Kirche, z. B. bei Eusebius.

τρόπαιον → Tropaion.

τρουλλίον Kuppelgewölbe. → Ciborium.

τροχάδια → Gallicae.

τροχιλέα → Tortula.

τύμπανον → Tympanon, auch Felder der Türflügel.

ὑγιαστήριον → Valetudina-rium.

ὑδορρόα Dachrinne, Trau-fe.

ὑδρεῖον → Kantharos.

ὕλη ξύλα Bau-, Rüstholz.

ὕπαιθρος → Hypaethralba-silika.

ὑπερθύριον Fries über dem Türsturz.

ὑπερῷα in der Ostkirche Be-zeichnung für Empore der Frauen.

ὑπογονάτιον → Epigona-tion.

ὑποδερίς Halsschmuck.

ὑπόδημα → Calceus.

ὑπομανικία → Epimanikia.

ὑπόνομος → Baptisterium, auch → Cuniculus.

ὑποπάντη Fest der Begeg-nung Christi mit Simeon im Tempel. Schon im 6. Jh. in Konstantinopel gefeiert.

ὑποπόδιον → Suppedane-um.

ὑποτραχήλιον → Hypotra-chelion.

ὕψωσις Erhöhung des Kreu-zes, eines der drei großen Kreuzesfeste der Ostkir-che. Schon im 6. Jh. er-wähnt.

φαινόλης → Paenula, → Kasel.

φαινόλιον → Phenolion.

φάρμακον ἀθανασίας Heil-mittel der Unsterblichkeit, Ausdruck für das Abend-mahl.

φᾶρος Altarbekleidung.

φάτνωμα → Lacunaria.

φενόλης → Paenula.

φιάκη → Kantharos.

φιάλη Brunnen im Atrium, → Kantharos.

φιλοτέχνης jemand, der sich

im Kunstfach wissenschaftlich beschäftigt.

*φρέαρ* → Kantharus.

*φροντιστήριον* kleiner Raum unter der Empore für eine Privaterbauung.

*φύλαξ τῶν κειμελίων* → Thesaurarius.

*φυλακτήριον* → Amulett.

*φωτισμοί* (pl.) Leuchte.

*φωτισμός* Taufe.

*φωτιστήριον* Ort der Erleuchtung, Taufkapelle.

*χάλιξ* Kalkstein.

*χάρτης* Papyrusrolle.

*χαρτοφυλάκιον* → Scrinium.

*χειριδωτός* Tunica talaris et manicata (→ Tunika).

*χειρίς* → Manica.

*χειρόδοτος* → Dalmatika oder Tunica manicata (→ Tunika).

*χειροθεσία* Handauflegung, z. B. bei der Taufe.

*χέρνιβον, χερνιβύξεστον* → Aquamanile.

*χιτών* → Chiton.

*χιτών ποδήρης καὶ χειρωτός, χιτὼν χειριδωτός* Tunica talaris et manicata (→ Tunika).

*χλαμύς* → Chlamys.

*χορός* Lager, Schicht.

*χρησμοὶ σιβυλλιακοί* sibyllinische Bücher.

*χυτρόπους* → Foculus.

*χωρεπίσκοπος* → Chorbischof.

*χωρόγραφος* Geograph.

*ψαλίς* Gewölbe.

*ψάλται* → Cantores.

*ψάμμος* → Sand.

*ψέλλιον, ψέλιον* → Armillum.

*ψευδοισόδομος* ungleichartig in den Schichten angeordnet.

*ψῆφος* → Gemme.

*ὠμοφόριον* entspricht in der Ostkirche dem erzbischöflichen → Pallium der Westkirche.

*ὠράριον* → Orarium.

*ὠρολόγιον, ὠρονόμιον, ὠροσκοπεῖον* Sonnenuhr.

# Literaturhinweise

Andresen, Carl: Einführung in die Christliche Archäologie. Göttingen 1971. (Die Kirche in ihrer Geschichte. 1,B,1.)

Braun, Joseph: Die liturgische Gewandung im Occident und Orient nach Ursprung und Entwicklung, Verwendung und Symbolik. Freiburg i. Br. 1907 (Neudruck Darmstadt 1964).

Brenk, Beat: Spätantike und frühes Christentum. Berlin 1977. (Propyläen Kunstgeschichte. Suppl.-Bd. 1.)

Byzantine Illumination. Introd. Otto Paecht. Oxford 1952.

Cabrol, Fernand / Leclercq, Henri: Dictionnaire d'Archéologie chrétienne et de Liturgie. 15 Bde. Paris 1921–53.

Daremberg, Charles Victor / Saglio, Edmond: Dictionnaire des Antiquités Greques et Romaines d'après les textes et les monuments. 9 Bde. Paris 1877–1919.

Deichmann, Friedrich Wilhelm: Einführung in die christliche Archäologie. Darmstadt 1983.

Du Cange, Charles du Fresne Sieur: Glossarium mediae et infimae Latinitatis. (1678.) 10 Tle. in 5 Bdn. Graz 1954 (unveränderter Nachdruck d. Ausg. Niort 1883–87).

Evangelisches Kirchenlexikon. Kirchlich-theologisches Handwörterbuch. Hrsg. v. Heinz Brunotte u. Otto Weber. 3 Bde. u. Registerbd. 1956 ff., ²1962.

Georges, Karl Ernst: Ausführliches Lateinisch-Deutsches Handwörterbuch. Verbessert u. vermehrt v. Heinrich Georges. 2 Bde. Basel ⁸1912–18 (u. unveränderte Neudrucke).

Grabar, André: Christian Iconography. A Study of its Origins. London 1968.

– Die Kunst des frühen Christentums. Von den ersten Zeugnissen christlicher Kunst bis zur Zeit Theodosius' I. München 1967. (Universum der Kunst. Bd. 9.)

– Die Kunst im Zeitalter Justinians. Vom Tod Theodosius' I. bis zum Vordringen des Islam. München 1967. (Universum der Kunst. Bd. 10.)

– Martyrium. Recherches sur le culte des reliques et l'art chrétien antique. 2 Bde. Paris 1943–46.

Hauck, Friedrich / Schwinge, Gerhard: Theologisches Fach- und Fremdwörterbuch. Göttingen ⁶1987.

Holtzinger, Heinrich: Die altchristliche Architektur in systematischer Darstellung. Stuttgart 1889.

Jahn, Johannes: Wörterbuch der Kunst. Bearb. v. Wolfgang Haubenreisser. Stuttgart [10]1983.

Kaufmann, Carl Maria: Handbuch der christlichen Archäologie. Paderborn [3]1922.

Kraus, Ferdinand Xaver: Reallexikon der Christlichen Altertümer. 2 Bde. Freiburg i. Br. 1882–86.

Kraus, Theodor: Das römische Weltreich. Berlin 1967. (Propyläen Kunstgeschichte. Bd. 2.)

Krautheimer, Richard: Early Christian and Byzantine Architecture. (The Pelican History of Art.) Harmondsworth 1965.

Lamer, Hans: Wörterbuch der Antike. Fortgeführt v. Paul Kroh. Stuttgart [8]1976.

Lexikon der Alten Welt. Hrsg. v. Carl Andresen, Hartmut Erbse, Olof Gigon, Karl Schefold, Karl Friedrich Stroheker, Ernst Zinn. Zürich/Stuttgart 1965.

Lexikon für Theologie und Kirche. Begründet v. Michael Buchberger. Hrsg. v. Josef Höfer u. Karl Rahner. 10 Bde., 1 Registerbd., 3 Kommentarbde. Freiburg i. Br. [2]1957–65 (1–10), 1967 (11), 1967–68 (12–14).

Lützeler, Heinrich: Bildwörterbuch der Kunst. Bonn [3]1981.

Mango, Cyril: The Art of the Byzantine Empire. 312–1453. New Jersey 1972. (Sources and Documents.)

Meer, Frederik van der: Altchristliche Kunst. Köln 1960.

Müller, Hermann Alexander / Mothes, Oskar: Illustriertes archäologisches Wörterbuch der Kunst. 2 Bde. Leipzig/Berlin 1877–78.

Otte, Heinrich: Archäologisches Wörterbuch. Zur Erklärung der in den Schriften über christliche Kunstalterthümer vorkommenden Kunstausdrücke. Leipzig [2]1877.

Paulys Real-Encyclopädie der classischen Altertumswissenschaft. Neue Bearbeitung, begonnen von Georg Wissowa. 68 Halbbde., 15 + 1 Suppl.-Bde. Stuttgart 1894 ff.

Der Kleine Pauly. Lexikon der Antike. Hrsg. v. Konrat Ziegler u. Walther Sontheimer. 5 Bde. Stuttgart 1964 – München 1975. (Taschenbuch-Ausg. München 1979.)

Reallexikon für Antike und Christentum. Sachwörterbuch zur Auseinandersetzung des Christentums mit der antiken Welt. Hrsg. v. Theodor Klauser u. a. Ca. 40 Bde. Stuttgart 1950 ff. (im Erscheinen).

Reallexikon zur Byzantinischen Kunst. Hrsg. v. Klaus Wessel u. Marcell Restle. Geplant 6 Bde., 1 Tafelbd. Stuttgart 1966 ff. (im Erscheinen).

Reallexikon zur Deutschen Kunstgeschichte. Begründet v. Otto Schmitt. Fortgeführt von Ernst Gall u. a. Hrsg. v. Zentralinstitut f. Kunstgeschichte München. Stuttgart 1937 ff., München 1973 ff. (im Erscheinen).

Réau, Louis: Dictionnaire illustré d'art et archéologie. Paris 1930.

Religion in Geschichte und Gegenwart. Hrsg. v. Hermann Gunkel u. Leopold Zscharnack. 4 Bde. Tübingen ²1927–32.

Die Religion in Geschichte und Gegenwart. Handwörterbuch für Theologie und Religionswissenschaft. Hrsg. v. Kurt Galling. 7 Bde. Tübingen ³1986.

Sophokles, Evangelinus Apostolides: Greek Lexicon of the Roman and Byzantine Periods. New York / Leipzig 1898.

Talbot Rice, David: Byzantinische Kunst. München 1964.

Volbach, Wolfgang Fritz: Frühchristliche Kunst. Die Kunst der Spätantike in West- und Ostrom. München 1958.

– / Lafontaine-Dosogne, Jacqueline: Byzanz und der christliche Osten. Berlin 1968. (Propyläen Kunstgeschichte. Bd. 3.)

Wasmuths Lexikon der Baukunst. Hrsg. Günther Wasmuth. 5 Bde. Berlin 1929–37.

Wilpert, Joseph: Die Gewandung der Christen in den ersten Jahrhunderten. Köln 1898.

Witting, Felix: Die antike Kunstsprache. Technisches lat.-deutsches Wörterbuch. Straßburg 1913.

# Abbildungsnachweis

Durm, Joseph: Handbuch der Architektur. 2. Teil: Die Baustile. 1. Bd.: Die Baukunst der Griechen. 2. Bd.: Die Baukunst der Etrusker. Die Baukunst der Römer. Darmstadt 1881–85. – Abb. 22, 42, 52, 73, 89.

Glossarium artis. Faszikel 4: Paramente und liturgische Bücher. Tübingen 1973. – Abb. 27, 55, 58.

Johnston, Edward: Schreibschrift, Zierschrift und angewandte Schrift. Berlin [4]1936. – Abb. 96.

Klebe-von der Heyde, Christiane, Langenselbold. – Abb. 3, 61/1.

Krautheimer, Richard: Early Christian and Byzantine Architecture. Harmondsworth 1965. – Abb. 46.

Meyer, Franz Sales: Handbuch der Ornamentik. München [2]1986 (unveränd. Reprint d. Ausg. Leipzig [12]1927). – Abb. 2, 6, 28, 30, 72.

Meyers Konversationslexikon. Bd. 12. 1905. – Abb. 49.

Mützel, Hans: Vom Lendenschurz zur Modetracht. Berlin 1925. – Abb. 20, 66.

E. A. Seemanns Kunsthistorische Bilderbogen. Nr. 31. Antike Kleinkunst. III. Hausgeräth und Schmucksachen. Leipzig [4]1879. – Abb. 13.

Speltz, Alexander: (Die Proportionen in der Architektur. 1.) Die Säulenformen der ägyptischen, griechischen und römischen Baukunst. Berlin/New York 1905. o. J. – Abb. 16.

Springer, Anton Heinrich: Handbuch der Kunstgeschichte. 6 Bde. Leipzig 1912–29 (1. Bd. Das Altertum, [12]1923; 2. Bd. Frühchristliche Kunst und Mittelalter, [11]1921). – Abb. 5, 32, 35, 36, 40/4, 44, 45.

Weiss, Hermann: Kostümkunde. 2 Bde. Stuttgart [2]1881–83. – Abb. 17, 18, 19, 24, 53, 54, 57, 59, 60, 61/2, 62, 67, 68, 69, 70, 74, 80, 81, 82, 85, 94.

Alle übrigen Abbildungen: Theodor Schwarz, Urbach, bzw. Verlagsarchiv.

ALFRED J. KOLATCH

# JÜDISCHE WELT VERSTEHEN

### SECHSHUNDERT
### FRAGEN UND ANTWORTEN

*fourier*

Warum wird ein jüdischer Junge beschnitten? Warum muß Fisch nicht koscher gemacht werden? Warum dürfen nur Frauen die Sabbatkerzen anzünden? – Auf diese und weitere 330 Fragen gibt das Buch von Rabbi Alfred Kolatch Antwort. Ohne Verhaltensmaßregeln zu erteilen und jenseits aller Bewertungen wird hier dem „Warum" der Vielzahl von Bräuchen, Vorschriften, Geboten und Zeremonien nachgespürt, die jüdisches Leben bestimmen. 376 Seiten. Literaturverz., Glossar, Index. Efalin. 4. Auflage. ISBN 3-925037-68-3. DM 29,80.

*fourier*

FOURIER VERLAG GMBH
Großantiquariat und Verlag
Gallierweg 9 · 65187 Wiesbaden
Telefon (06 11) 8 55 66
Telefax (06 11) 80 55 88